经 济 管 理 类 书 籍

Enjoy Management

享受管理

管 理 研 究 随 笔

蔡苏昌 / 著

西北大学出版社

图书在版编目（CIP）数据

享受管理 / 蔡苏昌著． -- 西安：西北大学出版社，2017.12
ISBN 978-7-5604-4114-6

Ⅰ.①享… Ⅱ.①蔡… Ⅲ.①企业管理 Ⅳ.①F272

中国版本图书馆CIP数据核字（2017）第322839号

享 受 管 理

蔡苏昌 著

西北大学出版社出版发行

（西北大学校内　邮编：710069　电话：029-88302621 88303593
https://nwupress.nwu.edu.cn　E-mail: xdpress@nwu.edu.cn）

新华书店经销　　陕西博文印务有限责任公司
开本：720毫米×1020毫米　1/16　印张：21

2017年12月第1版　　2017年12月第1次印刷
字数：290千字

ISBN 978-7-5604-4114-6　　定价：46.00元

如有印装质量问题，请与西北大学出版社有限责任公司联系调换。
电话：029-88302966

写在前面的话

　　我是一个对管理偏爱的人,大学毕业之后,在对自己未来的人生进行规划时,朦胧地感觉到自己比较喜欢管理,所以,从那个时候开始就自觉寻找一些管理方面的书来看。后来认识中国人民大学的一位老师,他借给我很多有关经济管理方面的书。大概三年时间,我看完了这些书,对管理有了初步的概念。

　　随着时间推移和自己阅历的增加,我感觉要想搞好管理,需要对人性有理解。因此,大约又用了三年时间,我跟一位"高人"学了传统文化的基础知识。1998年2月担任陕西凌云电器总公司总经理,有了亲身实践的机会。在任期间,我采取了一系列创新举措和人性化管理方法,把企业带上了良性发展的轨道。由我主创的"方圆管理法",还荣获"陕西省第九届企业管理现代化创新成果一等奖",算是圆了自己当初的这个梦。

　　记得刚当厂长的时候,问题比较多,也比较忙,随着制度、文化的建立,到了第三年的时候,我基本上就是一个闲得发慌的人。我出差一个月,如果不打电话回去或者企业有什么特殊的事情,一般很少有人打电话向我请示工作,在家主持工作的党委书记或者总工程师会负责。我对自己的定位,就做好三件事:一是方向,二是文化,三是培训用人,其他事均按各自职责分工负责。

　　大约是2002年,所在公司将我在企业的管理理念、实践、感悟,以及在各种不同场合的讲话、文稿汇集到一块结集出版,除了供同行交流外,还想以此成为我们的干部职工解读企业管理理念的一把钥匙。没想到书出版发行后，得到同行的高度关注，索要该书的读者不断，不得不重印两次。

2004年，我由企业调入政府部门工作后，努力想做点事，对组织的信任能够回报。但很快发现，政府与企业做事方式有较大不同，我感觉自己可能"进错"了门，第一次对一位哲人的"人生适合你干的事很少"这句话有了理解。但选择了就要积极去面对、去适应、去应变。我觉得必须给自己的人生重新定位，努力去做一个学者型官员，在做好本职工作的前提下，做一些自己感兴趣的又对社会有益的事。于是就为自己制订了一个计划，坚持每天看书4小时，看完后写下来讲出去。特别是2007年，在几个朋友的支持下，我们创建了"西安MBA学会"，每月的第一个星期日上午，都举办专题讲座，走进企业、走进校园，传播管理理念，分享成功经验。由于我们始终不忘初心，几年下来人气越来越旺。

得益于这个平台，我利用工作之余再续"方圆论"，每次举办专题讲座之前，我都会认真准备。十年下来，竟然累积下二三十万字的手稿，周围的同志多次催促我续集出版。虽然我也做了出版前的文字整理工作，但我总觉得还不十分成熟，没有超出前本书的水平。

但自豪的是：我讲的所有的东西都是自己亲身体会的，觉得应该和需要的人去交流。因而，将近年来（2005—2017年）在MBA学会论坛上的部分演讲和在企业期间（1998—2004年）担任公司总经理时的讲话做了精编后，分成上篇：感悟，下篇：实践，以《享受管理》为书名出版，把我对企业管理的偏爱，对生活理念的理解，给年轻人、给需要的人讲出去，这就是我要出这本书的初衷。

2017年9月于西安

序
管理的今世与未来

企业管理来自实践，近200多年来，企业的组织创新总是同时代变化相适应，经历了三次变革。

第一次工业革命，其核心是机器取代体力，技术超越技能。

第二次是生产力革命，科学管理普及，即工作被知识化，强调标准化度量的概念。

第三次是管理革命，知识成为超越资本和劳动力的最重要的生产力要素。管理的重心转向激励，特别是动机匹配、期权激励。

现在我们面临着第四次"创意革命"，对企业组织创新的推动与冲击，新的变革已来临。

一、管理面临的冲击

冲击一，以科层制为特征，以管理为核心的职能公司，将面临巨大的挑战。

冲击二，为了解决稀缺性（信息稀缺、资源稀缺、市场覆盖不足，选择有限）而创建的企业，在信息、连接以及计算能力这三大要素变便宜后面临挑战。

在这种冲击下，没有人可以肯定的回答，那种"指挥——控制"式企业结构，即传统式的现代管理模式在"创意革命"时代会在企业管理中占多大的权重。这就是今天企业组织创新面临的困惑或挑战。

二、管理的今世

现代管理始于20世纪初，泰勒于1906年提出科学管理理论，把管理分为"计划、组织、指挥、协调和控制"五大职能。随后行为科学理论、决策分析理论、运筹学形成相对完备的"组织、行为、决策、运筹、辅助"五大理论体系支撑的系统理论体系。

当然还有权变理论学派、法商管理学派、经理角色学派等。从20世纪初到1992年，管理理论指导实践，大师辈出。克莱斯勒、GE、松下、丰田、东芝等企业由大师创造。德鲁克、韦尔奇备受推崇和追捧。人们（企业家）恨不得从管理中挖出一座金山出来。

然而好景不长，2012年《哈佛商业评论》把创刊90年来被学术刊用超过1000次的文章列表后发现，1980—2005年，管理理论创新迭出，并深刻影响实业界。2005年后，被学术刊用1000次的理论很少，管理理论对实业的影响式微。实业界大佬四处宣扬，应该把管理去掉，把中心和中介去掉，不要听商学院教授的话。这也从一个侧面印证了管理的影响力从理论到实践的消退。

其原因是从1992年始，中国改革开放、东欧剧变、冷战结束，全球化和世界政经新结构成为主流。特别是以中国为首的发展中国家进入前所未有的改革浪潮，从而驱动企业和资本聚焦于在世界范围内角逐由此释放出巨大的改革红利。以发达国家为首的全球企业进入了从挖掘管理红利到挖掘改革红利的时期。

数据显示：1990年，发展中国家共引入外资398亿美元，1996年达到3300亿美元。全世界中跨国公司1990年3.5万家，2007年达到8.1万家，他们控制的外国子公司由15万家激增至81万家。其产出占全球总产出的三分之一，占全球工业生产的五分之四，世界贸易的三分之二，国际技术转让的70%~80%。

在此背景下，无论是本土企业，还是跨国公司全球布局，发展的关键就在于把握时代的切换，抓住改革的机遇。换句话说，谁能对改革红利快速反应，踏准发展节拍加快布局，谁就更易占得先机、赢得发展。相反，若还执着于内部"把毛巾挤出水来"，难免错失机遇。

随着站在管理实践前沿的跨国大企业把发展的重点从通过在内部挖潜转向寻找外部机遇，相应的管理理论的探索也随之消退。2005年后，全球改革红利消退，2008年之后，全球化退潮，按说企业管理应该再次回归到内部要素，实际上并非如此。

三、管理的未来

可以预见，今后的管理"适应时代和组织匹配"的要素权重会尤显重要。

1. 踏准时代

泰勒的科学管理、马克斯·韦伯的科层制、法约尔的一般管理理论，德鲁克、韦尔奇的管理实践，均是建立在传统工业经济的基础之上的，其管理的主要目的在于降低交易成本和提高生产力。这仍然很重要，但是随着互联网打破时空界限，全世界被"一网打尽"，各种资源、要素通过网络"唾手可得"，企业的边界、产业的边界消失，去中心化、去中介化，以及智能化制造带来的个性化，正在不断改变企业的组织架构和形态，经典管理理论正在被颠覆。

当企业的发展乃至命运愈来愈受到外部影响，企业没有做错什么，就被不知道是从哪里冒出来的"愣头青"莫名其妙地搞"熄火"了，重在内部的管理早已鞭长莫及。

特别是在传统经济面临转型，新经济发展面临不确定性和各种想象的背景下，如何顺应外部形势变化，踏准时代起伏转折的浪潮，已是企业管理的首要问题。而以"创意革命"为核心的科技革命是这一时代的主要因素。适应这一新时代的管理方式，没有现成的路子可走，也搬不来书本经验。只有"开放、创新、适应"的理念与行动才可以把控。

可以肯定的是，未来企业最有价值的是人，是以创造力、洞察力、对客户的感知力为核心创造出卓越新产品的负责人，与之匹配的组织管理体系都是以某个群体为中心而建立的。这个群体并不是一组超级明星，而更像一个联盟的球队——出众的板凳队员在机遇来临时就能随时上场。聪明的教练明白，再多的战略也无法代替人才。物色人才好似刮胡子，如果不每天下功夫，别人就会看出来。拥有成长型思维模式的企业可以适应这种冲击。

2. 组织匹配

从世界范围内大型企业成长发展的五大阶段来看，战略引领——生产经营——科技创新——服务集成——产融结合。前四个阶段管理在企业中占较大权重，企业要聚焦于产品的生产经营，重在"内功"。

而当时代发展进入"产融结合"阶段以后，"平台和要素集成"的权重迅速上升，打造开放的资源整合平台，在世界范围内进行要素的整合集成，成为决定企业发展的关键。

这就是说，相较于传统管理围绕"权力与秩序"，未来管理将会在"权力与秩序"的基础上，重点围绕"组织与匹配"展开。意味着企业管理中，内部管理的权重趋小，股权的权重下降，要素集成能力的管理权重上升，并成为核心之一。由此可以推论今后企业管理中人力资源的权重将大幅度提升，企业今后的组织形态"不是你网络了多少人才，而是你联盟了多少人才"。

组织的核心在"开放与分享"理念的落实，最有能力的管理者不独霸信息，而会分享信息，特意去营造一个让大家敢于提出难题和发表忠言的环境。

匹配的关键是"联盟"理念的落实，在企业内部，让员工的专长、兴趣和客户的问题匹配，这往往要求组织按更多自主性、更高流动性和灵活性来架构化。在企业外部，以"平台＋生态"的方式同需要的人和组织合作，共同满足客户需求。就是说员工与公司的关系是员工使用了企业的公共服务，而不是企业雇用了员工。

几千年前，设计和建造了金字塔的埃及人，堪称世界上最伟大的管理者之一。互联网时代到处都是尚未开始建造的"金字塔"，只是这一次不再用"奴隶"了，这就是这个时代管理者要牢记的关键词。

2017 年 10 月于西安

目录 Catalog

写在前面的话 / 蔡苏昌 ·· 1

序　管理的今世与未来 / 蔡苏昌 ·· 3

上篇：感悟 2005—2017 年

难管的"国人" ·· 3

国情与国事 ·· 15

时势、宿命、希望 ·· 38

有了信仰，人才能活得明白 ·· 47

企业家的"宿命" ·· 51

企业家的困惑与烦恼 ·· 54

企业家的定力 ·· 56

文化兴，则企业兴 ·· 60

专注方有成功 ·· 65

"喜欢人的人"可以做好企业领导 ·· 69

开放、公益、自然 ·· 76

企业管理的"方"与"圆" …… 79
企业中的显规则与潜规则 …… 97
大洗牌背景下的企业经营模式 …… 102
人性可塑 …… 109
犹太人的黄金定律 …… 112
无人看见的鞠躬 …… 114
尽人事、知天命、顺自然 …… 117
底蕴决定高度 …… 120
水知道答案 …… 127
享受管理 …… 129

下篇：实践 1998—2004 年

方圆论 …… 135
凌云企业文化与价值观 …… 138
从心态、悟性到企业文化 …… 142
团队精神是企业成熟的标志 …… 165
说说心里话 …… 170
总经理的反思 …… 172
在动中化解矛盾 …… 182
别了，"谷底" …… 188
诚信：企业支撑点 …… 191
理念・精神・价值观 …… 193
让"活人"成为现实 …… 195

为"33个字"而言	198
管理者的悟性和韧性	199
产权改革要讲境界	203
保护根本	206
值得回味的几个观点	208
自豪的理由	211
凌云的危险	214
归　位	218
让管理无真空	220
100-1=0	223
要遵循规律做事	225
国企改制要善待历史，换位处置，预埋未来	235
奉公先要克己	242
让七六五厂垮掉需要怎么做	244
胜利是一种信念	247
"方圆"与"应变"	250
开放的团队才能保持强大	272
让行动与理念一致	274
赴美散记	277

附录

强化管理从严治厂条例	283
中层领导干部年度考评办法	290

财务稽查管理办法 …………………………………… 294

总公司科技成果评定与管理办法 …………………… 297

经济责任制考核奖罚办法 …………………………… 300

经济责任制量化考核实施办法 ……………………… 305

凌云式的质量细节 …………………………………… 310

在人力资源开发中如何"区别对待" ………………… 313

跋一：感悟管理 / 孙涛

  ——为《让管理无真空》出版而作 ………………… 317

跋二："百年凌云"感谢有你 / 武润奎 ……………… 320

致谢 / 蔡苏昌 ………………………………………… 323

上篇·感悟

2005—2017 年

难管的"国人"

我是一个对管理偏爱、自信，有时还有一点自负的人。在企业的时候，将管理当做一种享受，并不认为管人有多么难，关键在于管理者的心态。

2006年8月，有机会去美国进修半年。去的时候，选择的是美国的中小企业管理，待了一段时间后，对我刺激很大。因为之前也去过美国，对美国的现代化虽然佩服，但是并不羡慕，总觉得我们还有赶上的机会。这一次待的时间比较长，我就想，伟大的文化哺育了伟大的民族，但今天中国人、中国社会为什么会是这样。在国外不讲诚信，竟然是中国人的代名词。人与社会、人与人之间的和谐，在我们这里如此之难。穷吃、浪费与可怜的自然资源占有量相比，反差竟然如此之大，子孙后代将来咋办？我的世界观、价值观，在心中剧烈的冲撞着。于是，就去看宗教、哲学方面的书，想从中寻找答案。

一、中国人难管的原因在于根文化上的瑕疵

中国人不容易管，因为都喜欢自主，一旦心不甘、情不愿，充满了被动的感觉就很难商量，更谈不上合作。根据能量守恒定律，世界上不存在永动机。在组织管理中，同样也不存在没有管理就自动运行的团队。而管理的核心就是管人，在中国做企业，就要学会管很难管的中国人，就要找到中国企业教员工做人难的原因。

台湾著名学者柏杨先生1984年9月24日在美国爱荷华大学发表演说，题目是《丑陋的中国人》，此后备受非议。日本人也有一本叫《丑陋的日本人》的书，作者是日本驻阿根廷大使，出书之后被日本政府撤

职而下岗。美国也有人写了一本书叫《丑陋的美国人》，而美国政府却把这本书翻印后，发给大家去对照改正。亚洲人处理自己的瑕疵和西方人处理自己的瑕疵，竟然如此不同。人家是不怕亮丑，勇于改错。我们是家丑不能外扬，讳疾忌医。柏杨先生提到的中国文化是一种酱缸文化，还有内耗和窝里斗。在当今的企业、政府中表现得淋漓尽致。

中国人的劣根性，首先表现在脏乱差、随地吐痰、乱扔东西、马路上撒尿等诸多方面。有朋友讲，在国外有国人住的地方，外国人一般会搬走。是不是这样，我没有考证。到留学生公寓去看，如果事先不打招呼，里面会很杂乱。而且很少有人会去维护公共财物，别人的东西不心疼，这就是缺公德。还有就是说话声大、旁若无人，更多地往往是浅薄和卖弄。开会时上面开大会，下面就开小会，你要不断的维持秩序。接手机时旁若无人，看不到对别人的尊重，对环境的尊重。

还有窝里斗，几乎无处不在。做生意你卖30元，他卖20元，第三个人就卖15元，互相挤兑，我不挣钱也不让你挣钱。在企业里帮派体系林立，往往是关系至上，而没有是非标准。外国人说，你知道中国人为什么不团结吗？这是上帝的意思。因为中国人太多了，团结起来谁受得了？中国人窝里斗的历史很长，由于东亚地理的半封闭结构，中华文明是独立发生，独自形成的，属于精耕细作型。只关注自己的福祉，强化家族利益，重视安定和延续，厌恶动荡和迁徙，因而过分关注人际关系，淡化物质文明和科学技术。儒家人文主义的入世观，也就根值于此。因而使中华文明在后世走向岔道，把人与人斗，关注别人的弱点，作为基本思维。中国历史剧和大多数文学作品，都是描写争斗的。这样的结果是什么呢？大部分人活得不轻松也不单纯。俗话讲百般使命，只要人际关系复杂就什么也做不成。反之山高路远，只要人际关系单纯，怎么样也走得通。这就向中国的企业管理者提出一个问题，如何让人与人之间的关系变得简单？如何把人引向单纯？简单靠制度规范，单纯靠文化和价值观的调整。

企业普遍存在制度化误区。第一个误区是中国人就要管住。越是不听招呼越要管,心要黑、手要狠,无情似有情。我碰到过很多这样的人,他认为中国人就要管住。实际上是没有搞明白,中国人的最大特点是灵活,如果你太严格了,他就会钻空子。上有政策下有对策,他会软对抗,让你没有办法。就是发现了他的毛病,有时也奈何不得。举个典型的例子:我们旁边有个企业,老板对企业管理得非常严格,一直是我学习的对象。他强调语言和形象制度化生存,非常能干。他们企业的球场、社区、宾馆,管理都非常好。有一次我同他们单位的人聊天,我说你们管理得好,他说都是骗人的,是在做表面文章。我还不太相信,以为此人对领导有成见。直到有一次在他们宾馆开会,第二天一起吃饭时,这个人竟带着全家人,饭后还吩咐服务员多开点票。我当时非常吃惊,就说这样能报吗?他说明天要开个会,加进去就好了,这样的人我不会用。但也暴露出他们管理的漏洞是多么的大。五年后,这家企业在技术上没突破,员工很听话,循规蹈矩,但创新能力差。这说明如果老板太显能,领了一群绵羊,上不了战场。如果老板太严酷,不让别人说话,自由度太小,别人就钻空子骗你。我们国人往往就是这样,不管你怎么做,他都有应对你的办法。

　　心特软的好人老板,不是被欺就是被骗。他的特点是总把人往好处想,处处善待人。这当然是好的,但是要有个度。制度的弹性太大,总搞下不为例,弄得制度形同虚设。国人对善心有好报,大多数人会认同。但是人有劣根性的一面,好也要适度,要有区分,现实社会中君子少,小人也少。一般人在此环境下,如果太宽松了,小人的心思就上升了,君子也培养成小人了。为什么在中国百年老店是个别的?为什么在中国管理很好的企业并不普遍?为什么在中国管理好的企业一定有领袖级的人物存在?一定是管理中始终能把握宽与严的度。面对一个诚信缺失的群体,仅仅依靠企业把握宽严的度,是无法内外一致的。我之所以讲内方外圆,就是为了适应现实的环境。

　　电影《阿甘正传》里有段对白,说的是中国人缺什么?故事情节是这样的,"文革"后期的中国,阿甘越战回来了,有人问他去过中国吗?阿甘说:"是。""听说那里很穷,几个人穿一条裤子?他们不相信上帝?"阿甘说:"是。""天呐,他们为什么活着呢?不追求物质,没有信仰。"今天物质虽然丰富了,但人们的心态更浮躁,甚至变得更加贪得无厌,这才出现了"经济盛世、文化乱世"的现象。

有一个国人跟哲学家对话:"你是哲学教授?""是的。""麻烦问你一个问题,听说到了共产主义是按需分配,那么如果我要10个老婆,能给吗?"哲学家没有办法回答。过了一会儿说:"各尽所能,10老婆能应付得来吗?没有家庭要老婆干嘛?"这就是中国人的贪心。现实的情况是社会财富总量的增加,并没有带来社会快乐同步的增加,穷人和富人都不快乐。原因是支撑社会物质与精神两个轮子的平衡出了问题,如果从源头上进行分析,则在于根文化的瑕疵。

那么,西方是如何解决这一问题的呢?

二、西方企业是如何教员工负责任地做事

在美国期间,通过对中小企业的考察,从制度规范上看,大多数是可以的。从产品的外观去看,市场分布、客户管理、客户评价普遍都是很好的。但从员工的精神状态上看,似乎很随意、很自由,劳动纪律也不是很严格,我对美国的中小企业管理普遍打分不高。但对员工与老板之间的融洽关系印象深刻,敬业精神尤为赞叹。

有一天,我们去美国一个中小企业,那个企业100多人,有两条生产线。生产的产品也不复杂,企业已有50多年的历史。我们进去一看,现场比较杂乱,工作台上差一点就能养鱼、养鸟。工作的时候,有的戴着耳机摇头晃脑,一边听歌一边工作。在我们看来是不可理解的,但是产品质量很好,几十年来收入一直保持在二三千万的水平,觉得已经很好了。就没有我们那种浮躁,今年一千万,明年三千万,后年就是五千万,大后年恨不得把世界统治了。

他们信奉工作永远是快乐生活的一部分,而不是生活的全部。两

条生产线只有两个检验员，一个过程检验，一个产品检验。当时我就问那个检验员，假如你的员工不认真，你们只有两个人，漏检了怎么办？他一听脸色都变了，觉得你咋能问这个问题。停了一下回答我说："他们是为上帝在干活，怎么能不认真呢？"明明是在为老板干活，怎么说成是为上帝呢？带着这个问题我又去问老板，"你只有两个检验，假如检验那天情绪不好，漏检了产品，你怎么来保证你的产品出厂是合格的呢？"非常惊奇的是，老板对我这种提问也是不悦的，回答跟那个检验员是一样的。"这是为上帝干活，怎么能不认真？"我就觉得他们不管是老板，还是员工，都认为是为上帝干活。

所以，我就和指导老师商量，我不想再研究美国的中小企业管理了。反正也研究不出一个名堂，能不能去跟着社会学教授去学点东西。他就问我愿意不愿意到宗教场所去看看？我说好啊。于是，每个礼拜五晚上，就去参加教会的礼拜，去看人家讲什么。听到看到的都是念念圣经，讲讲怎么帮助别人。到礼拜天去唱诗，也是讲怎么奉献、怎么帮助人。试想一下，在这个环境里头，一个人生下来，都是让你想着怎么帮助别人，怎么与人为善，而且周围都是这样的人，你想坏也坏不到哪儿去啊。

在美国道德就是基督教的理念，就像当年我们学"老三篇"一样。美国95%的人信仰上帝，86%的人是基督徒。每年出席宗教活动的人是52亿人次，而看三大球，即棒球、篮球、橄榄球的只有3.28亿人次。美国人每年对教会的奉献是600亿美元，而三大球的联赛收入的总和也没有那么多。我们对美国人的印象是充满暴力、性紊乱、酒池肉林、毒品泛滥。实际上美国人的夜生活并不丰富，比我们现在差远了，中国人的开放程度，已远远超越了美国人。在美国人看来，工作勤奋、乐于致富、善于投资，那是天职。努力工作、创造财富、服务人类、荣耀上帝是信徒的义务，简直和我们的雷锋精神是一样的。不仇恨别人，即使给老板做保姆，也是上帝给予的工作，不是主人给的。因此在美国企业中，你不用专心去教员工如何做人，你只培训技能就可以了。而在中国，你先要教员工做人，其次才教技能。问题还在于究竟有多少老板，自己会做人。若整天寻思的不是偷税漏税，就是坑蒙拐骗，怎么能带出好的企业文化和氛围呢？

为什么我们今天人心浮躁，这和精神的空虚有很大关系。但这绝不是改革开放的错。不论是腐败问题，还是精神问题，都是改革开放的衍生品，是物质发展到一定程度后的瑕疵。对于人类进化过程来说，物质永远是第一性的，精神是第二性的。物质发展到一定程度，必然会引导人们对精神的追求，物质和精神的平衡，永远是人类社会追求的目标。

为什么东西方在这个问题有这么大的差异呢？主要原因是东西方文化在怎么活和为什么活的问题上的差异，是企业管人难的主要原因之一。中国人始终无法区分怎么活和为什么活的问题，为什么活是个信仰问题，怎么活是个理性问题。理性问题代替不了信仰，宗教代替不了科学，科学也代替不了宗教。制度与宗教的结合在美国成功，为什么宗教在欧洲又备受冷落呢？美国的宗教是从欧洲延伸过去的，但在欧洲进教堂的人已经不多了，欧洲的已经变成了世俗国家。欧洲人自己是受什么影响的呢？其实是传统习惯加现在民主自由法制化形成的。与我们在文化上的差异是什么呢？这就是下面我要来回答的问题。

第一次思考活着与活人的区别，是1999年去美国进修。在回来的路上，我们二十几个人，有一人提议说在美国待了这么长的时间，能不能每个人用一句话讲一下在美国的感受，得到了大家的积极响应。大部分人讲的都没有印象了，只有一个人说他从来没有到过美国，这次来了之后的感觉是："美国人是活人，中国人是活着。"当时，没有人赞同，也没有人反对，大家都沉默了，好沉重的结论，但却引起我的联想和思考。

第一次思考生存问题是高中毕业后回家当民工，首先想的是怎么养活自己。有一阵子挖土方，那是个重体力活，住在四面不透风的破庙里，每月只能吃到2斤白面。那时候我想得最多的就是学个手艺，不但能养活自己，还能活得舒服点。

第一次具体讲对生活的向往是大学毕业离校前的最后一天晚上，与老杜同学讨论今后如何评价成功。他说什么时候每天早上能吃一个鸡蛋，喝一杯牛奶，就说明我们这辈子混成了。我感同身受，因为大学四年，由于家贫，靠助学金，从不敢大方地去吃好，仅维持温饱，对好生活的向往就是吃得好点。

从第一次思考生存问题到第二次向往生活，都仍然停留在生存和物质层面上。我人生最大的困惑是到了政府之后，有车有房，生活安逸，打球、看书、学习、讲学，但还是感觉失去了自我。感觉离目标远了，但目标是什么又有些迷茫。

为什么活？是个信仰问题。是人生全部目标和最后的归宿，是动力的源泉。宗教的产生，就是为了解决为什么活的问题。在西方文化中，为什么活和怎么活这两个问题分得很清楚。因此，宗教和科学得以平衡发展，共同支配着西方人的生活。科学的线索源自古希腊的理性精神，宗教的线索源自西伯来人、犹太人的信仰精神。在古希腊那个时代，人们更多的思考是如何摆脱自然的束缚，因此，民主与科学居于支配的地位。到了罗马时期，生产力水平达到相当高的程度，怎么活的问题已不那么重要，活着就是享受现实幸福生活，追求情欲满足感官刺激。随后，中世纪宗教占了上风，指导人们怎么生活，由纵欲转向禁欲、守欲。

为什么会这样呢？当物质达到一定目标之后，人们一定会向宗教、精神层面上走。因为物质的东西总有满足的时候，而精神的追求是没有止境的。因此人生的最终目标，不能在现实世界的此岸世界里头寻找，一定要在彼岸精神世界中寻找。虽然目标无限接近，但永远无达到之日。只有这样的人生，才会永远充满动力，永远有精神支柱。信仰的地盘只能在彼岸世界，信仰的对象也只能在彼岸世界中寻找。于是人类就创造了宗教，创造了上帝、真主、神等可望而不可即的信仰对象。宗教统治了一千年之后，人类又嫌他对自由的干涉过多，于是文艺复兴至今，民主与科学又战胜了宗教，再度处于支配地位。今日的欧洲，宗教居下风，进教堂的人不多，这就是欧洲成为世俗国家的原因之一。

今天中国社会，物质达到一定程度后，物质与精神的迷茫，恰恰也就是精神与物质的平衡出了问题，也就是宗教与科学之间的平衡出了问题。从根文化上去分析中国人，一直没有把为什么活和怎么活的问题区分开，而是合二为一。因此，中国文化也就一直没有产生出像西方那样的科学与宗教。儒家讲入世、道家讲顺世、佛家讲出世；儒家讲天命、道家讲自然、佛家讲解脱。儒家的最高境界是格物致知，追求修身齐家治国平天下。为什么活、怎么活才能被统一在一起。道家讲无为，只是一种处事方式，并不是人生的归宿。佛教与道教虽属于宗教，也都回答了为什么活的问题。佛家的目标是成佛，道家的目标是成仙，佛和仙，似乎都是属于彼岸世界超自然的力量。由于根深蒂固的文化背景，佛道两家总是把佛道从彼岸拉回此岸，从根本上抹杀了人与佛的区别。

因此，中国人拜佛的目的中总有哪一天自己成为佛的愿望。而西方人总认为自己是上帝的子民，从来不会去想自己会成为上帝。所以，国人的信仰中崇拜的成分大于信仰的成分。这就是为什么中国人难管在根文化上的原因。

三、市场经济中，企业、市场、政府三者之间复杂的动态关系，也为管人增加了难度

市场经济改变了人在社会中原来认同的游戏规则。

规则之一：我的是我的，你的也是我的。世界越来越小，全球化使经济没有国界，你中有我，我中有你。国界对经济的作用越来越小，世界越来越一体化。人类社会进入到一个空前残酷，对资源财富重新瓜分的阶段。企业今天是你的，不知不觉之间，可能明天就会变成别人的。美国用金融霸主贬值货币来转移国内危机，中国深受其害，就是利用了这个规则。

规则之二：人不犯我，我要犯人。你要犯我，我更犯人。政治上的规则是人不犯我，我不犯人，仍有现实意义。但在经济上，无论你的企

业多么弱小，别人都要欺负你。不论你的企业多么强大，别人都要同你竞争。

规则之三：什么是强者？是那些能够占用别人的资源获得财富的企业。政府的责任恰恰是不断鼓励这些规则，而不是去消灭这些规则。这就是市场经济和计划经济之不同。

政府与市场的关系是规范与自由之间的关系。政府确定市场的基本框架和制定相应的制度，约束不良行为。市场的基本规则是丛林法则，赢家通吃、弱肉强食。

政府与企业的关系。政府在让企业发展的同时，要求对社会贡献最大化。就业、环保、缴税，让企业尽社会责任。而企业要自己利益最大化，就逃避社会责任，这些都是可以理解的。不要认为企业逃避一点社会责任就是十恶不赦，其实完全是可以理解的。这是市场经济环境下形成的一种正常心理。

市场与企业的关系。市场是企业的生命线，企业是市场的主体。市场有其自身规则，赢家通吃、弱肉强食，企业总想摆脱规则的约束。从总体来讲，就是政府建立市场制度，体现"引导、规范、管理、调控"的功能。企业体现的是利益与社会责任，市场体现的是自由竞争。市场经济让人更复杂，利益驱动、生存压力，使大多数人不相信人、自我浮躁，也为我们的企业管理增加了巨大的难度。

实际上，历史原因是根文化的瑕疵，使人们只关注自己的亲属和人际关系，走上人与人斗的岔路，所以国人不单纯，活的都累。现实原因是市场经济、民主、自由、人权的现代气息，使人们的选择多样化、流动性增加，个性化强化。想法多了，人就变得不简单，也就不单纯了。信仰的缺失，使得很多人心中没有信条，社会公约数没有了，胆子贼大的人就越来越多。

四、要管好中国人就要不断完善全民"价值体系"

价值体系是在人生的基本矛盾基础上形成的。总体上来看，有四种矛盾：即人与自我的关系，包括现实状况与对理想的追求，"人格"与"人品"的塑造，物质生活与精神生活；个人与他人的关系，包括人际关系，人伦关系，群体关系；个人与民族、国家关系，长期以来所形成的"天下兴亡，匹夫有责"，在许多人心目中根深蒂固；人与自然的关系，天人合一，天道与人道，无不影响着人们的价值观。

从价值体系的演化来看，西方普世价值的核心是自由、民主和人权。所谓自由是谁也不能享受比他人更多的自由，民主是多数人说了算，哪怕真理是在少数人手中，而人权则是指一个人应该享有的基本权力。它是由希腊民主、罗马军政文明和基督文明三部分组成，经历了科学与民主、宗教、文艺复兴、理性回归等过程。其价值体系演化有四个阶段：努力工作，解决生存的问题，也就是"怎么活"的问题，科学技术在其中发挥了重要的作用；追求财富，这个阶段生存与发展并举，由科学与民主共同推动；社会参与，为别人做事，体现"为什么活"的问题，宗教、科学、民主共同作用，寻求三者之间的平衡；实现自我，这是理性回归的阶段，求得人权、自由、民主、宗教、物质与精神之间的平衡。其实质还是"怎么活"与"为什么活"的不断平衡，衍生不同的认识，形成不同时期的价值体系。目前西方社会处于社会参与与自我实现之间。

中国价值体系的演化过程，在历史上中国价值体系向来由释、道、儒组成。现今仍由马列主义主导，但也受到西方价值体系的冲击，形成"经济盛世，文化乱世"的现象。处于努力工作与追求财富之间，也就是发展中国家的定义。其特征是科学与民主、"怎么活"与"为什么活"均在激烈交锋。而吏制腐败愈演愈烈，社会价值体系被完全扭曲，部分人的权力向地方伸展，让中央的权力出不了中南海。中央调查组满天飞，老百姓不大相信地方政府，仅存对中央的信任。根据我们的国情，在体制上实行"有限民主、温和独裁"，更符合实际。

为什么要这么做呢？

一是世界历史证明，制度崛起，尤其是国家政治制度的崛起，才是一个国家的真正崛起。鸦片战争前的1820年，中国经济总量占世界经济总量的32.9%，比欧洲的总量还要多。但到了清朝后期，闭关锁国以自我为中心的封建体制，导致了中国近代的落后。

二是改革开放、经济发展，中国特色社会主义被世界认同，特别是被众多发展中国家认同，成为其借鉴的体制模式。

三是中国人是个"软不得、硬不得"的民族，能吃苦，骨子中渗透出善，又好窝里斗，相互踩踏，不讲诚信，共患难易，同富贵难，均贫意识强，爱斤斤计较，既可爱又无赖。如地震中体现出的善与关爱，可舍弃生命救人，但灾后却会因为一些小事情而纠缠不清，现实得很。对此民族特点，统一思想不易，故先要强制，即政治上强制，民主只能在政治统一的前提下逐步推进。

四是由于市场经济的特点，决定了变革的艰难，要有强有力的中央政府来化解。所谓市场就是有规则的交换，特性是有偿的，无论你以什么形式拿去多少，都要以另外一种方式还回来；所谓改革就是从一些人手中拿走一些东西，给另外一些人，拿的过程中增值，也就是利益的再分配；政府职能的转换，就是政府权力的适度退出。在这么一种变革过程中，没有强有力的中央政府行吗？

同时由于大国的兴起，往往会改变世界格局，现今主宰世界的西方会很不乐意，会不断制造事端和麻烦，让我们不顺当。以美国为首的意识形态国家，一方面会不断地用"人权、民主、自由"输出普世意识。另一方面用经济规则制衡你，在一个相当长的时期，冲突会不断，麻烦也会越来越多。但最关键的是你要做好自己的事，排除这些干扰。经济学家泰勒在《第二次世界大战起源》一书中说："政治家的首要责任是确保稳定和繁荣，民主、自由和人权这些东西，如果要的话，也只能是在一条漫长道路的尽头。"

在当今民众思想解放、言论激烈，各种学说大行其道，基本生活满足以后，民主意识、政治权力、自由观念开始进入生活视野的时代，估价我们社会价值体系就似一个人进入了青春期。我们必须要用历史唯物主义的辩证观，用发展的眼光，客观地看问题，根据中国产生不了统一的宗教，信仰多元化的特点，善待传统，中体西用，重塑全民价值体系。将马列主义作为全党的主导价值观，并同释道儒文化相结合。具体而言，就是用儒家思想持家治国，回归和谐与关爱；用佛道思想修身养心，明因果、结善缘、顺自然；用市场经济强国富民，满足人追名遂利的本性，推动社会物质财富的不断增加。

创建全民价值体系，还必须遵循"行王道、持中庸、正吏治、裕民生"的十二字方针。

2017年3月整理此文稿时，以习近平同志为核心的党中央今天的所有作为正是十二字方针的明证。

（本文系作者2009年在西安MBA学会方圆管理论坛上的演讲）

国情与国事

为什么要讲国情？

地大物博，曾是我们的骄傲。其实，实际情况远不是这样的。

过去，伟人一句"人多好办事"，让中国多生了几亿人，计划生育实行几十年，人口压力仍然化解不了。这块土地能养活这么多人吗？

经过三十多年的改革开放，GDP世界第二，今天的中国是强国，也是弱国；是富国，也是穷国，这样的逻辑符合国情。

我们的血液里还流淌着古代文明的基因，又不会拒绝现代文明的养分。我们的成长生机勃勃，我们的山河却遍体鳞伤。

这是个全社会深深地被各种欲望搅动，但同时又发自内心渴望和谐、正义与幸福的国度。

梁启超先生曾喊："纵有千古，横有八荒，前途似海，来日方长，壮哉，我少年中国。"不言千古大国，而言少年中国，是看到与西方相比，我们还是少年，现代化的初来者，让我们认清自己。

经过34年的改革开放，整整20年的市场经济和11年的融入全球化，今天出现在世人面前的实际上是两个"中国"：

一是拥有巨大的"成就中国"，始于2003年"胡温新政"。这十年GDP年均增长超过10%，人均GDP按平均汇率计算由2002年的1135美元上升到2011年5432美元，农民人均纯收入连续8年增长达到6977元。如此称之为"胡温景气"并不为过。

二是拥有巨大的"问题中国"，今日中国，谋求增长与变化的雄心，多少类似于工业革命发端时的英国。当年狄更斯就评价为"那是最美好的时代，那是最糟糕的时代""说他好，是最高级的好，说他不好，也是最高级的"。

无论从哪一个角度审视，这两个中国都是真实的，今日两个中国正在赛跑，看谁能跑过谁。

2012年3月14日，时任国务院总理温家宝在人大会期间答记者会上讲："随着经济的发展，产生了分配不公，诚信缺失，贪污腐败问题，我深知解决这些问题不仅要进行经济体制改革，而且要进行政治体制改革，特别是党和国家领导体制的改革。""没有政改的成功，'文革'可能重现。"

习总书记在十八大后答记者问时讲："腐败问题让中国人民烦恼，国家面临严重挑战。"政改"注重改党的领导方式和执政方式"，经改"更加尊重市场规律"，改革要注重顶层设计，系统配套。

党的高层对问题的认知是清楚的。今天"成就中国"让中国人自豪，"问题中国"让中国人担忧，"问题中国"主要集中在五大困境。

一、困境

1. 发展困境

2012年年初以来，GDP低于8%运行，是2009年全球金融危机以来最慢的，素有外贸"晴雨表"之称的秋季广交会，从来未有的惨淡，不仅国外参展商很少，连国内参展商也不来，情况心酸得让人懒得去。

2012年9月底，全国规模以上工业企业应收账款增至8.2万亿，同比增长16.5%，上市公司截至2012年9月底，A股可比的2268家公司应收账款总数已达1.99万亿，同比增长19.78%，远远超越主营业务的收入。三角债重回经济运行之中。

以上现象仅仅是经济周期波动问题，还是发展困境，值得深思，经济波动规律是繁荣——衰退——萧条——复苏。是前者，两年后形势好转就可以了；属后者，意味着中国经济发展会长期停滞，问题就大了。1970年被认为有101个国家达到了中等收入水平，而直到2008年也只有 13 个国家进入高收入国家行列。

关于中等收入陷阱：秘鲁、阿根廷等拉美国家，按西方市场经济理论，开放市场，经济提速之后，人均 GDP 达到 3000～5000 美元，资源有限，产业结构单一，产出有限，市场被西方控制，发展处于停滞，至今半个多世纪过去了，看不到经济走出困境的希望。

欧美 20 世纪 80 年代，重工业化后出现铁锈时代，恰逢中国开放，转移产能，帮了中国，救了西方。世界历史上的较大规模的产业转移发生过三次：

第一次是 20 世纪 50 年代，美国将钢铁、纺织等传统产业向日本、德国转移。

第二次是 20 世纪 60-70 年代，日本、德国向亚洲"四小龙"和部分拉美国家转移轻工、纺织等劳动密集型加工产业。

第三次是 20 世纪 80 年代，欧、美、日等发达国家和亚洲"四小龙"等新兴工业化国家把劳动密集型产业和低技术型产业向发展中国家转移，特别是向中国转移。从 1992 年到 2007 年，中国累计利用外资 8200 亿美元。

今天第四次产业转移已经开始。劳动密集型以出口或代工为主的中小制造企业，由中国向越南、缅甸、印度、印尼转移。如耐克、阿迪达斯外迁，高端制造业回巢发达国家本土已成潮流。

我们面临失去低端制造业又失去高端制治业的双重危险。

可以肯定，中国经济超高速增长的时代结束，今后会逐步走向"适度增长"。

历史上，日本（1973 年）、韩国、新加坡、台湾地区在 1997 年从高速骤降之后，再也没有重回高速。我国能逃脱这一规律吗？如果不能逃脱，中国就业怎么办？近 3 亿农民进城干什么？城市化能持续推进吗？

清华大学国情研究院院长胡鞍钢很乐观，认为中国的战略机遇期并没有终结，未来十年，将是中国全面赶超美国的十年，到 2020 年，按汇率法（现价）计算中国 GDP 相当于美国的 1.04 倍，按购买力计算中国 GDP 相当于美国的 1.34 倍，从而打破美国自 1891 年到 2020 年 130 年世界第一的霸主地位，中国将进入中等收入国家行列，意味着全面小康建成。胡鞍钢认为，中国本轮经济困局是经济周期性波动，我们要还的是过渡投资债。理念是由"发展是硬道理"上升为"转型是硬道理"。即转变发展方式。但愿这个预测是正确的。

2. 城市化困境

改革开放以来，中国城市化规模是人类历史上没有的，亦是罕见的，仅以摩天大楼为例，当前全球十大超级摩天大楼中，中国就占 5 个，按计划未来 3 年，每 5 天就有一座摩天大楼在中国封顶，5 年后，中国的摩天大楼总数将超过 800 座，是现在美国的 4 倍。

专家预测，按此速度发展，未来 10 年，中国 80% 的城市超级化、联体化、20% 的城市边缘化。

高速城市化过程中，十年前快速城市化的喜悦已被今日生活环境急剧恶化，生活成本急剧增加，不宜人居的客观现实取代。

从 1999 年始，中国城市生活污水排放总量已超工业废水排放总量，每年 13% 的机动车增速，已使大城市人均路上时间由 10 年前的 28 分钟，达到创纪录的 52 分钟。单交通拥堵使 15 座中国主要城市每天损失 10 亿元。十年城市化率常住人口增加了 12.2%，但户籍人口仅增加 1%，这意味着城市化虚增，20% 的半边缘化人群或为未来动荡埋下地雷。

城市垃圾成灾，大量水土被"毒化"。

美国美世咨询公司公布 2012 年全球生活成本最高城市排行榜，在被调查的 214 个城市中，上海第 16 位，北京第 17 位，深圳第 30 位，广州第 31 位。而在 2008 年，上海仅 111 位，2009 年 28 位，2010 年 25 位。生活成本上升，已使"逃离北上广"成为潮流。

全球化退潮，市场化呆滞，未来中国经济要靠城市化，若城市化在中国失速，中国经济下面如何走？

3. 维稳困境

做蛋糕是经济方面的事，分蛋糕是政治方面的事，历来做蛋糕容易，分蛋糕难。

中国人民银行与西南财经大学共同创立的中国家庭金融调查与研究中心对8438个家庭所做调查显示，2010年中国家庭基尼系数为0.61，远高于0.4的警戒线，这在全世界是罕见的。目前世界主要经济体中，南非基尼系数为0.65，排第一，中国第二。20世纪60年代中国基尼系数为0.17，80年代为0.27，2000年为0.4，2006年为0.496，最高收入的20%人口的平均收入和最低收入20%的平均收入之比是10.7，而同期的美国是8.4，日本是3.4，俄罗斯4.5，印度是4.9倍。

2012年7月，家庭金融调查与研究中心发布的城镇失业率为8.05%，几乎是官方数字的两倍。

中国版"街头运动"已散落于医疗、教育、环保等各方面，并呈现爆发式增长，从1993年的1万起暴增到2003年的6万起，2006年的约9万起，2011年已是每天500起。

这也难怪"北京在找稳定，广东在找幸福，法庭在找平衡，穷人在找底线，农民在找土地，GDP在找神话，特权在找理由，社会在找道德"。各阶层板块相互撞击，释放出矛盾冲突。

我国的改革始于普遍贫穷的社会主义，改革的策略是让一部分人先富裕起来，让一部分地区先富裕起来，这一策略让中国经济高速发展了30年，应当说非常符合人性，为人们提供了无限的动机追求财富。

问题是先富者越来越富，其他人要么富裕不起来，要么趋于贫穷，"官二代""富二代"出现"城堡"式社会阶层世袭化现象。

土地是农民脱贫实现基本社会公平的最主要的经济要素，在集体土地所有制下，集体土地已变成人人都想吃的"唐僧肉"，唯独名义上是土地主人的农民则拿到的好处不多。很显然，由土地引出的社会冲突已经成为今天我国社会冲突的主要根源。

当今中外的历史经验证明，当人们处于不温饱状态时，社会成员之间会为最基本的生存权而相互冲突（动物世界），而一旦达到温饱以上水平，经济公平就变得非常重要。

我国传统法家强调"养民"，相信"仓廪实而知廉耻，衣食足而知礼义"。儒家强调社会公平，相信"不患寡而患不均"。

今天法儒结合才能平衡，利益分配不公、行业不平衡、地区差异大、城乡差异大、官民差别大和对社会问题的处置不当导致社会中积聚了很多怨气。社会公平正义的缺失是革命最强有力的驱动力。因此，维稳的压力很大，代价沉重，出路只有一条，执政者把维护社会的公平当作第一要务，也就是分好蛋糕。

4. 合法性困境

新中国成立以来到改革开放之初，唯有共产党方能救中国，是国人共识。

我们小时候对毛主席、共产党的爱是发自内心的，不是单纯、愚忠，是信仰是希望。为人民服务、愚公移山，纪念白求恩，是行为准则，毛主席语录是价值观，没有人不听毛主席的话，没有人怀疑共产党。只是想跟着毛主席和共产党，国家民族有希望，那个年代全国人民步调一致地过着贫穷的社会主义生活。

但1978年改革开放以来，精英们把统治绩效作为执政合法性的主要来源，以为GDP高速、经济繁荣，人民就会认同，而市场经济全球化导致经济增长存在周期性波动是一个客观存在。从1825年英国第一次爆发经济危机以来，在整个19世纪，大约每隔10年周期性的爆发一次经济危机，进入20世纪经济危机缩短为大约每隔7～8年爆发一次，二战以后，经济危机的周期已缩短到大约每隔5年爆发一次。

最有影响的经济危机发生过三次。1873年-1893年、1929年-1941年、20世纪70年代。黑色星期四就是1929年10月24日华尔街股市下跌，引起恐慌，股民疯狂抛售股票，大把的积蓄转眼烟消云散，没有谁可以幸免于难，近十年大的危机基本上没有哪个国家可以逃脱。

我们国家从1978年—2012年大约经历了三个经济周期。

1978年—1991年，改革开放逐步过渡到价格改革，结果引发1988年严重通胀，遭受国际制裁经济处于低潮。

1992年—2001年，邓小平南巡，又一轮投资高峰，随之通胀，海南地产泡沫和调控，到亚洲金融危机爆发。

2002年—2008年，加入WTO和房地产投资、汽车消费进入家庭，引发新一轮经济增长，到2008年次贷危机结束，现在仍在调整之中。

第一次周期打破旧框架，由计划向市场过渡；第二次周期建立新框架，市场和政府双轮推动；第三次周期政府市场均坐享其成到百弊丛生。

经济周期是规律性的，如果政府的执政合法性仍由经济增长和经济效益来支撑，这种合法性的来源就无法维持。实际上执政合法性来源一定来自"意识形态、领袖魅力、统治绩效、民主法制"四方面的加权。

意识形态：国家主导价值观，统治阶级的信仰，这非常关键，是最重要的。习总书记在多次讲话中特别关注到了共产党人信仰重建的问题。全民公约数，行为准则。

领袖魅力：毛、邓是伟人，他们让中国人放心，认为跟着他们不会错，愿听他们的话，习总书记已展现领袖潜质。他深知君之道在得民心。

统治绩效：综合发展与分配情况，经济权重。

民主法制：人权、自由、民主三者平衡，司法与政治平衡，司法的独立性。

按我们的民族特性，国家民族的出路在共产党，共产党的出路在党内民主，而党内民主的主要体现在党的领导体制制度化。年龄限制、任期制已是一大进步。

5. 互不信任困境

从火腿肠中认识敌敌畏，在咸鸭蛋中认识苏丹红，在火锅中认识福尔马林，三聚氰胺、地沟油、塑化剂，做假账、山寨机、假文凭、虚假交易等，信任危机已从汽车、楼市、金融等领域中衍生到百姓的日常生活中，国人已让各种"坑蒙拐骗"迷惑了眼睛，不知所措。感觉是坏人更坏，人心不古，好人亦变坏了，人们没有自信。

在个体层面，人人自危，谁也不信任谁，互相欺诈，社会交易的成本急剧上升；在集体层面，一个村子不信任另一个村子，一个组织不信任另一个组织；在国家层面，政府要靠维稳来控制社会局面，以免伤害自己。而社会要靠暴力甚至生命来争取他们认同的社会正义，从而形成局部无政府状态的边缘。

从五大困境的交集与衍生、发酵，从个人到企业、从经济到政治，如果改革开放中淤积的矛盾不以"大平仓"稀放，就会以"人人自卫"的形式展现，那样的话，改革开放以来取得的巨大成就就会被冲击，新一届党中央面临巨大挑战。

由困境衍生的难题，这也是新一届政府的几大难题。

难题一：如何协调短期增长与长期调整的关系。

出口和投资是中国经济两大动力，全球贸易总量下降，世界经济"再平衡"之中，如何使中国经济减少对出口和投资的依赖，又能保持总量增速下降到中速区间（7.2%左右），就要解决下滑速度过快，短期增长占上风，地方政府对GDP崇拜，三者的平衡，说易行难啊。

难题二：怎样刺激消费。

消费增长取决于居民可支配收入增速并受制于居民对未来的预期这两大因素。目前这两大条件短期内均无法改善，原因是养老制度滞后，医疗和教育改革失效，房价高位运行，导致居民不敢增加即期消费，而是通过储蓄来满足未来安全需要。在此观念下，刺激消费政策难以实现。

难题三：如何启动民间投资。

由于民间资本只能在过度竞争性领域投资，近十年来，实业投资回报率偏低，泡沫经济严重，投机盛行，民营经济生存环境恶化，民间资本对实业投资的期望降至近年最低，逃离、观望已成趋势。出口受限，投资不敢，消费不振，左右为难。

难题四：如何重塑党的信仰。

新中国成立以来，共产党人把马列主义、毛泽东思想当做指导思想，为共产主义奋斗作为目标与信念。传统文化被隔绝，西方文化进来后被证明在中国难以立足，国人失去了精神寄托。不仅是共产党人心灵无处安放，国人亦失去了价值的公约数。

重建重塑共产党人的共产主义信仰，不仅意味着要对共产主义在现阶段从理论上丰富与创新，更要与之相吻合产生的领袖人物其人格魅力让全党全国人民敬仰。中国人民幸运的是，我们似乎已看到了曙光。

难题五：如何惩治腐败。

腐败不单单是政治上的问题，也不是只有现在才出现，更不是中国特色。然而目前我国整治腐败现象发展迅猛的势头，已经达到了一个刻不容缓的地步，腐败具有腐蚀性和扩散性。它逐渐扩散到整个统治阶级，腐蚀高官掌权者的群体，既危及和破坏法律的权威性和有效实施，又破坏我国社会主义的经济基础，动摇着我国社会的政治基础。腐败问题已经对党，对国家和社会构成了巨大的威胁。零容忍惩治"腐败"是新一届党中央所持的态度，深得民心、党心、军心。

难题六：如何改变分配不公等问题。

中国社会收入分配不公现象，当属中国经济改革的副产品——自从邓小平上世纪80年代提出"允许一部分人先富起来"之后，这个本属方法论的论调，成了少数中国人跑马圈地、囤积财富的政治保障。深化改革是唯一出路。

二、国情

近些年，西方学者创建了一个词汇"中国之谜"。

为什么在一个人均资源贫乏，技术创新几近空白，产权不完全清晰，市场不完全开放，社会不完全平等，对外安全不开放的制度条件下，中国人出乎意料的创造了经济奇迹。

美国哈佛大学教授韦茨曼提出，按照西方主流经济学家设计的东欧和苏联各国的改革，伴随而来的是经济大萧条，而在他看来，不那么正宗的中国改革却与高速经济增长并行，他将这种现象称之为"中国之谜"。

诺贝尔经济学奖得主布坎南说："'中国之谜'看上去不合理，可是却管用。"

以往我们提到国情时，往往说，人口多，底子薄，人均资源相对不足。但今天，这一句话已远远不能描述出中国的基本国情。13亿人心中，会有13亿个国情版本。

经济学家胡鞍钢讲："研究国情如同读一部天书，天天读，知之不多，也知之不深，因为他太大，太复杂。没人给出一个完整的解决办法。"

1. 经济

GDP世界第二，粮食自给自足，三十年让2亿人摆脱了贫困，世界大国俱乐部中国已坐到了中间位置，今天没有人不看重中国，没有国家敢轻看中国。从经济总量上看，我们似乎已重回到1750年之前的中国在世界上的地位，经济奇迹缘于"北京共识"与"华盛顿共识"之异同。

"华盛顿共识"是1989年由经济学家约翰·威廉姆森根据西方学者的意见执笔发布。其内涵是：经济体制不像超市，不能保证得到计划与市场两个世界最好部分拼凑起来装入一个篮子里。他认为经济体制不可分割相互替代，只能作为一个整体，其转轨结论就是大爆炸式的激进改革路径。主要包括：加强财经纪律、进行税制改革、利率市场化、贸易自由化、放松外资限制、国企私有化、政府开支用于改善收入分配的领域。关键词是"放开、自由"。而中国恰恰是装入一个篮子里，由政府和市场二人转，并取得成功。

20世纪80年代初，拉美国家成为"华盛顿共识"的试验场，大力推行市场化、私有化、贸易自由化以及紧缩性的财政政策，不幸沦为重灾区。阿根廷、乌拉圭的新自由改革失败。

拉美国家二十年经济停滞，发展质量下降，"华盛顿共识"的新自由主义思潮难辞其咎。

杰弗里·萨克斯这位休克疗法的创始人，到访中国的时候，对中国的评价是"我觉得中国走在正确的道路上"。

而他按"华盛顿共识"设计的苏联"休克疗法"，让苏联倒退了15年，俄罗斯经济学家把"休克疗法"与俄罗斯历史上三大外敌入侵——蒙古人、拿破仑、希特勒放在同一破坏程度上。认为其带来的经济损失要比二战给苏联造成的损失大一倍多。

历史证明"华盛顿共识"符合经济规律，但有重大缺陷，不完全适合全世界，更不适合中国国情。十分庆幸的是，伟人邓小平对中国道路的选择是"北京共识"的中国之路。

"北京共识"的内涵，解决经济转型要因事而异，灵活应对，不求统一标准。创新和试验是"北京共识"的灵魂。

中国三十年发展的事实已经证明"计划和市场"可以"装入一个篮子里"，但同时遇到的困难之大，矛盾之多，问题之复杂，不是轻易能够认识的，也不是朝夕可以解决的，这亦是中国特色社会主义道路的涵义。

世人皆知中国改革是史无前例的，实际上中国经济现在面临的问题和墨西哥1980年代初居然有几分巧合，但愿只是巧合。

墨西哥经济改革始于1930年，从1945年到1981年长达36年保持了年均6%的经济增速。1984年就已加入了富国俱乐部，墨西哥采取的经济政策是以国家资本主义为主体的出口替代战略，对石油、铁路、银行等实施国有化，对特定产业进行保护，对进口产品进行模仿后出口，背靠美国劳动相对便宜，出口大量简单产品到美国。这同我们今天的产业政策颇有几分类似。

墨西哥1982年的城市化率已达66%，而我国2011年已达52%，若把户籍制度因素考虑进去，我国2011年的城市化率已达63%。

1981年墨西哥人均GDP已达1.0896万美元，而我国按购买力平价计算2010年为7130美元，2012年有望达到8400美元。

1982年墨西哥经济下滑时，政府采取的政策为印钞票，通胀率在整个80年代平均为50%，从1982年到今天，墨西哥年平均增速仅为2.25%，长期陷入中等收入陷阱。我们的通胀在过去的几年中也不再温和，若工资快速上升，而生产率没有相应提高时，资本逃离发生后，很可能步墨西哥后尘陷入中等收入陷阱，这亦是"北京共识"要面对的现实问题。

拉美和苏联的路我们不能走。墨西哥与我们相似的路亦停滞长达了30年，我们的经济之路在计划与市场两矛盾体中如何平衡，还要靠创新与实验的法宝自己走下去。

再来看我们工业经济的实际质量，今日我们是"世界工厂"，在全球的商品上能看到"MADE IN CHINA"的字眼，却找不到中国企业的印记。

2005年前商务部官员向欧盟的官员算了一笔账：中国出口8亿件衬衫，才能换回一架空中客车飞机。一句话击中中国制造的要害——低成本、低利润、无自主品牌、技术含量低。

在中国苏州有个鼠标生产厂，品牌和技术属于美国罗技公司。利益分配是这样的，一只售价40美元的无线鼠标，其中，15美元为分销商和零售商，13美元为零部件供应商，9美元为罗技公司，3美元给中国苏州的制造厂。

在中国合资汽车企业中，普遍的模式为，外资30%资本，拥有50%股份，分走70%的利润，中方只能拿30%。

目前，我国科技进步贡献率不到40%，研发投入占GDP的比率不足2%，对外来技术依赖程度要超过40%。

我们科教兴国的路还很长，中国制造变为中国创造的路很漫长。与别国的经历相比，今日中国是最好的时代，但如果我们不重视中国国情和令人忧思的角落，也许最好的时代会变成最坏的时代。

2. 资源

打开中国地图，绿色的平原很少，大部是黄色、橙色的高原、丘陵，陆地面积960万平方千米，适合人们生存环境的只有300多万平方公里。

全世界平均只有 10% 的人口居住在海拔 400 米以上的地方，而中国超过 20% 的人口居住在海拔 500 米以上地区。中国人生存环境之恶劣，在全世界都是绝无仅有的。

1935 年，胡焕庸发表了我国人口地理和农业地理方面的第一批论文，他绘制了一张与众不同的中国人口分布图。这张地图被一条线分为两半，从黑龙江的黑河到云南的腾冲，线上是中国 64% 的土地，只有 4% 的人口，而线下 36% 的国土居住 96% 的人口，今日线下 300 多万平方公里住 12.2 亿人口，线上仅住 1 亿多人口。人口几乎全挤在线下方。

按土地资源，中国人最好不超过 10 亿（欧洲标准人均年 500kg 粮食）；按能源负载，中国人最好不超过 12.6 亿；按淡水资源，中国人只有 4.5 亿才好。我们是真的地小物薄。

（1）贫瘠的土地

在跨入 2009 年那一刻，全国耕地面积为 18.2574 亿亩，比 10 年前减少了 1 亿亩，相当于每年减少一个中等县的面积。人均耕地不足 1.4 亩，在全世界 26 个 5000 万以上人口国家中，我国人均耕地仅比弹丸之地孟加拉国、日本略胜一点，排在倒数第三位。国土面积比印度多 600 多万平方公里，但耕地面积却比印度少 7 亿亩。比美国少 10 亿亩。18.2 亿亩耕地中，满足光、温、水土质标准的优质土地仅占 6%，中低产田占 90% 以上，而优质土地基本上集中在胡焕庸线下方，一要吃饭，二要建设，如何平衡，考验着全国人的智慧。

自 2008 年起，中国的粮食产量基本上维持在 1 万亿斤左右，每年约进口 5 亿吨的粮食，到 2030 年，我们国内生产能满足需求的 42.5%，大部分粮食要进口，毫无疑问我们有能力支付大量进口粮食，事实是没有一个国家可以增加那么多粮食出口满足中国的缺口。1980 年以来，世界粮食每年出口约 2 亿吨，其中一半来自美国，预计 20 年后，美国人口约增加 1 亿，美国可供出口的粮食不会太多，中国只有靠自己保护耕地。

"但存方寸土，留与子孙耕"，这是中国古代儿童启蒙书《增广贤文》中的词句。珍惜土地，民才能安。

（2）物薄的资源

我国有170种矿产资源，据1996年地矿部资料：煤已探明储量10000亿吨，可开采量4000亿吨，占世界11.09%，排名世界第3位，到2015年煤需求会达到40亿吨。150年前，德国人李希霍芬乐观地预言山西煤炭资源可供世界2000年之用，今天，中国最富足的煤炭仅可供中国百年之用。

2006年底，我国石油可开采量仅为20.43亿吨，仅为世界人均15%，年进口已超2亿吨大关，到2020年石油消费会超过5亿吨，年缺口会达3.5亿吨。据摩根士丹利发布的研究报告称，国际油价每上升10美元/桶，将使中国的GDP减少5%，CPI上升0.3%～0.4%，若成品油价上升10%，则将令交通、建筑用原材料、矿产及建筑业的毛利率下降3%～5.4%不等。同样的工业化进程，我国要比西方国家多付出近50倍的石油成本。

2005年，我国淡水资源总量2.8万亿立方米，人均水资源只有2300立方米，可利用的淡水资源为1.1万亿立方米，人均约900立方米，仅为世界平均水平的1/4，是全球人均水资源最贫乏的国家之一。北京成为了世界上最缺水的大城市之一，人均水资源仅为全国平均水平的1/8，世界水平的1/30。

还有天然气可开采量仅为世界人均10%；森林可开采量已不足10%，仅为世界人均的21.3%，人均森林面积0.132公顷；2/5的资源性城市面临资源枯竭（全国资源性城市118个）；1/5的城市空气污染；3亿人缺水；1/3土地水土流失，受酸雨影响；90%的草原不同程度沙化，不同程度退化；地下水每年下降12cm。

根据《世界资源报告》(2001年-2002年)计算，中国每创造1美元GDP所消耗的能源是美国的4.3倍，日本的11.5倍。如此消耗，中国的资源需求不仅是中国的包袱，也是世界的包袱，而且造成中国人买啥啥贵。

铁矿石一半是进口的，平均价格涨幅率和2002年比上升200%多，2/3的铜精矿需要从国外进口；60%的氧化铝，90%的铬需要进口；仅

2008年，53亿吨的物料和矿产品来自国外。每年增幅达10%以上。

新中国成立60年以来，GDP每增加10倍，矿产资源消耗相应增加40倍。每使用1吨煤，就会带来150元人民币的环境损失。中科院测算，目前由环境污染和生态破坏造成的损失占到GDP的15%，这意味着9%的经济增长会同时产生15%的损失率，而治理永远比不上污染。

2008年5月，国家环保局6个检查小组分赴黄河、长江、淮河等流域调查水污染状况，得出的结论是：四大流域的整体污染现状已经成为常态，七大水系中26%的水质为五类和劣五类，9大湖泊中7个是五类和劣五类。五类和劣五类属于连农用水都不能做的废水。曾经水草丰美的渭河平原被形容为"八百里秦川，一千里污染"。每年注入长江的污水相当于黄河水水量。北京除远郊区有一些水库，支流为二类水质外，市区地下各河、湖几乎全部被劣质的超五类水所覆盖。

以煤为主的能源消耗（煤占3/4），燃烧产生大量粉尘、二氧化碳等污染物，被称作"空中死神"的酸雨不断蔓延，已占国土1/3。酸雨被称为森林的墓地，中国南方已成为世界三大酸雨区之一。中国的环境现实是"逢水必污，逢河必干，逢雨必酸"。

取之有度，用之有节，则常足。取之无度，用之无节，则常不足。千年前《资治通鉴》里的语言今天仍然散发着智慧的光芒。

3. 民生

将"福"字拆开，左边的"示"字，本意是把事物摆出来使人知道，这里有祝愿的意思。"福"字的右半部分是"一、口、田"。"人人有田耕""人人有事干"就是现代的"福"。就业是"福"，就是摆在中国面前的一道民生必答题。

法国《解放日报》北京分社社长彼埃尔·阿斯基在北京生活了十几年，中国经济高速发展和巨大的地区差异，他试图向一个远在巴黎的朋友解释中国，不知如何讲恰当。看高楼、磁悬浮列车、太空之旅，中国活在后现代的21世纪文明之中。看下岗失业的家庭，渴望上学的农村孩子，不完备的医疗和社会保障体系，中国仍然是20世纪初他们国家的状况。

人口13亿多，60岁以上的老人2011年已达1.6亿，超总人口10%，已步入老龄化社会，到2050年，60岁以上老人总数将达4亿，那时每100个劳动年龄人口要负担49个老龄人，2006年中国政府宣布，要在2020年建立起覆盖城乡的社会保障体系。

问题是老龄化以后，养老基金的收支缺口巨大。1998年国家建立了养老金保险资金转移支付制度，每年平均补助约900亿元。到2035年，老龄化高峰期，养老金缺口会达上万亿。江西九江市2009年养老金每月征收2300万元，支出4700万元，刚性缺口就达2400万元。由此可以看出我们的养老压力有多大。

截至2009年上半年，3.3亿人享受城镇基本医疗保险，8.3亿农民参加了新农合，全民医保成为现实。陕西神木县2009年3月1日在全县推行"全民免费医疗"制度，这种特殊的医疗模式，只有在发达国家才会实施。神木模式成为医改的亮点，是国人眼中的"天上掉馅饼"的好事。可复制、可延续性如何有待观察。

从现在开始的未来30年，还将新增人口2亿多（实际上可能客观存在5%左右的新生黑户），有3亿农民要从乡村走向城市。这意味着至少有5亿中国人需要在有限的国土空间上重新布局。

面对这样的状况，我们不禁要问如此继续下去，谁能给我们饭碗？

中国社科院2008年12月发布《社会蓝皮书》称中国城镇失业率是9.4%，已经超过7%的国际警戒线。

从长远看，提升自己的就业能力、调整产业结构、保护中小企业、大力发展服务业，才能创造更多的就业机会，西方发达国家，服务业的从业人数占就业人数的75%，我国仅为35%，拥挤或许还将继续。尽管拥挤、尽管嘈杂、尽管社会中竞争加速了各种不如意，家人、朋友是我们幸福的永恒寄托。

4. 历史

从历史上看，中国在农耕文明的几千年中相对诚信，君主立宪，精英治国，上人统治，县以下自治，国人关注亲属的福祉，重视安定和延续，忠君唯上。释道儒交替作为价值观的公约数，不仅约束了人性，更强化道德标准至上，使中华民族在四大文明中是唯一一上台就没有下台的民族，不走极端，存续至今，1750年以前，世界经济中三分天下有其一。近代落后，原因很多，主要原因是清政府腐败无能闭关锁国，落后是时代的差距，并非文化的差距。

在中国有系统文字记载的约三千年历史中，盛世五个，仅300年。西汉的文景之治、唐代贞观之治、唐朝的开元盛世、明代的永宣之治、清代康乾盛世。

近三千多年里发生的大小战争达3800次之多，人祸远大于天灾。和欧洲或世界历史上别国以宗教为主的战争不同，中国因宗教发生的战争几乎没有，这证明中华民族的文化是有其优越性的，不足之处是内耗与内斗。

所以，中华民族是个自力更生，安于现状，乐于内斗，勤奋有余，创新不足，自我调控，不走极端，认同正统，精英治人的民族。各朝各代，官是大而强，民是大而弱。

虽然本性渴望民主、自由、人权，但主流价值观还是认为被人管着自由的生活。有个好皇帝心中踏实。毛泽东、邓小平，一个让中国人不挨打，一个让中国人不挨饿，人们愿意跟着他们走。今日习总书记一亮相，管自己、改会风、不扰民，律己示民，展领袖风采，露大国领导人气魄，让国人放心。

民族复兴从三十年前起航，今日步子更加坚定。

总之，十三亿人的改革开放，不断挑战国人的历史价值观。时空与环境的不同，资源能耗环保的紧箍咒，国情的复杂性让我们前进的路上陷阱纵生。这就是为什么邓小平要"摸着石头过河"。

发达国家150年工业化过程，走的是"先发展，后治理"的路子，英国可以把罪犯"出口"到澳大利亚，可以把失业者"出口"到非洲，当时的人口仅1000多万人，他们靠扩张"化解"各种社会矛盾。而当时的美国，可以合法到非洲买卖农奴、奴隶华工，其贫富差距达几十倍没有问题。英国泰晤士河曾因污染臭了上百年，治理用了150年。

而今天，面对异常苛刻的国际竞争，哪怕出口一个苹果到欧洲，都须通过别人制定的几十种技术指标的检查，其中很多指标纯属贸易保护主义。

我们不能走"先污染，后治理"的西方之路，这就决定了照搬西方经济理论会摔跟头，要站在巨人的肩上，牢记中国这片热土的特殊性。

三、启示

1. 现实让国人过好日子的胃口小点

被吊起来过西方式好日子的欲望是目标，路漫长。

2009年西方发达国家用于国民的平均福利支出约9000美元。而同期我国的人均财政收入仅为1166美元，约10万多亿人民币的财政收入，已占GDP的35%，支出国防、教育、行政开支之后，用于民生的钱不足西方的二十分之一。况且，我们还要集中力量办那么多大事。

中国的任何一个问题，只要除以13亿则很小，每年死于交通事故的人数2011年约30万人，听起来很吓人，除以13亿则为0.23%，与同期联合国公布的全球交通死亡0.22%相当。

中国的任何一个问题，只要乘以13亿则很大。每天要吃13亿斤粮食，产生10亿吨垃圾，相当于3个西湖的水量每天被马桶抽走，即国人每天上一次厕所要消耗3个西湖的水量。资源有限，根本消耗不起。

新西兰400多万人口，21万平方公里土地、水土丰美，很适合粮食生产、人类居住，而他们国家规定，不种粮、不办工业，只发展畜牧业、旅游业，足够使人过上好日子，我们不可比，命也。

日本人、德国人亦是人口密度较大，资源少，他们过上好日子并维持至今主要原因之一是"勤奋+精细"的生活理念。勤奋我们可以做到，是国人传统，但精细我们差距较大。德国制造、日本质量是民族品牌。能耗我们是日本的11倍，何时能赶上，要学的很多。

所以，知国情，我们浪费不起，大方不起，开大排量车，住大房子，私人飞机，私人游艇，大多数人难以企及，国情不许，循环、科学方可持续。

2. 改革是当下走出困境的唯一出路

习总书记在广东考察期间，走邓小平南巡之路，讲坚持改革开放不动摇。

那么我国的改革怎么下手，在关于改革的突破口上，学者归纳了12种之多：以房市改革为突破口；以土地改革为突破口；以解决民生问题为突破口；以缩小收入差距为突破口；以行政体制改革为突破口；以公众参与为突破口；以铲除垄断行业为突破口；以人事制度为突破口；以建立公民社会为突破口；以宪政改革为突破口；以基层选举和党内民主选举为突破口；以法制改革为突破口等等，活脱脱一副盲人摸象的乱象。

历史的经验证明，不管突破口何在，政改的核心就是"限制政府权力"，而政府权力的限制体现在两个方面。

（1）让政府的归政府，市场的归市场

作为制衡政府权力的重要组成部分，市场遵循自身运行规律，丛林法则，优胜劣汰，政府只限于提供市场运行所需的相应服务，建立和维护市场运行所需的法制环境。

今日中国的市场经济被称为"国家资本主义＋权贵资本主义＋市场资本主义＋有限的福利资本主义"。这同标准的市场经济"市场资本主义＋有限福利资本主义"之所以出现偏差，缘于20世纪80年代的那场风波。

80年代末的党政分离，政企分离等尝试，由于1989年的政治风波而中断，从90年代开始的党政、政企重新合二为一，这既是政治风波之后的无奈之举，客观上也为1992年开始的市场经济创造了政府强力主导推动取得成功的所谓"中国模式"。

这一模式将市场经济简单的理解为"市场＋政府"。而忽略了市场经济是由"市场、政府、社会和法制"四个既各自独立，又互为依存的四位一体的结合。

这一模式在经济迅速成长的同时，也迅速尝到了恶果，其表现就是由于政府权力过大而导致腐败、政商勾结、利益集团控制财富。社会分配模式迅速由原来的"橄榄型"扭曲为"哑铃型"。

四万亿刺激方案被滥用，导致"国进民退"，就是权力市场经济压到法制市场经济的典型案例。

（2）让国家的归国家，个人的归个人

长期以来，国家利益至上成为处理国家（集团）与个人关系的不二法则，大政府、小社会的千年硬壳在今天仍然难以撼动。保障和发展人权是限制政府权力、建立民主法制的最重要的理念与方法。

在今日西方，为了对抗政府权力，曾有人不断呼吁，"个人权力优先于善"，强调不能因社会的共同利益而牺牲个人的选择。国情不同，我国不适应这一理念，但对个人利益的充分尊重已符合长远的国家利益。而这种关系的调整最重要最直接的有效方法是让利于民。

2010 年，我国财政收入接近 GDP 的 35%，财政赤字 1.7%，而同期美国税收为 3.4 万亿美元，占 GDP 的 24%，赤字为 10%。若美国政府和我们同比例税收 GDP 达 35%，他们会是财政盈余。

康乾盛世时期，人口约 3 亿，同今日美国人口相当，当时朝廷一年的财政税收为 5000 万两银子。5000 万两银子是什么概念呢？当时，北京工匠一年收入 24 两银子，普通劳工收入 1 两银子，除以 5000 万两银子，朝廷一年收入是 200 万北京工匠的年收入。这个收入可以支付朝廷所有用度还有盈余。美国政府年财税收入 2.3 万亿美元，相当于 6000 万美国人的年收入，加上地方收入，差不多是 9000 万人的年收入，今天的美国政府的规模是康乾时期的 45 倍多。就这美国还是"小政府大社会"，而我国财政在 GDP 中的占比比美国高出 11%。"大政府小社会"带来了人们对政府的完全依靠，依靠不了就埋怨。

一个良性的社会，政府征税应受到严格制约，更多的收益和财富应留在民间。这就是为什么十八大提出要把根本性实现减税作为经济持续增长的主要原因。

3. 今后十年，中国的国际环境会更加严峻

近两百年，世界由西方主导，顺应西方的国家，基本上均得到了发展，但任一国家和西方利益有冲突均会被打压或侵略。今日世界秩序是建立在西方主导的既文明又血腥的"规则"之中。

全球化让中国发展，西方受益，相比较，中国受益更大，这就动了西方特别是美国人的奶酪，对他们有了威胁，处于全球战略和长期霸主考虑，美国不仅从政治、军事上挤压中国生存空间，重返亚洲在中国周边搞事。更是在经济上利用全球本轮经济危机遏制中国。

诺贝尔经济学奖得主蒂格利茨曾说过美国搞垮一个国家的步骤是：

（1）先让其私有化和市场化，推动大量资本进入这个国家，然后大幅拉高楼市、股市和汇市价格。

（2）引发通胀来激化这个国家的矛盾，制造危机和动荡。

（3）以此迫使资本四散而逃，让这个国家的资产价格跌得一文不值，返回头再买进其核心资产，在经济上完全控制这个国家。

美元贬值但大宗商品涨价是美国之局，中日钓鱼岛之争美国是幕后黑手。

最近，美国又开始猛逼人民币升值了！由于人民币不能自由兑换，出口美国的商品只能用美元结算，加上定价权在美国手中，人民币升值的显著结果就是财富流失。

尽管从2005年起人民币对美国汇率上升了20%，而房价、地价更上涨了数倍。如果人民币再向上升，待到房市泡沫被无限吹大后，热钱就会抛售在中国的资产，掠夺巨大的利润撤回美国，既瘫痪了中国经济，也赖掉一部分美国欠中国的债，可谓一石多鸟。

如果不从根本上改变目前的经济模式、消费思维、政府量入而出，我们很难摆脱美国为我们设的局。实际上，面对当前的复杂局面，我们

最大的敌人是自己,"创新""试验"是中国成长的灵魂,做好自己的事,美国人想扼制我们只能是梦想,主动权还在我们的手中。

4. 大国的特色之路

从文景之治到康乾盛世,无不是社会稳定与繁荣的交集,秩序在自然法则和人治规则间寻找着平衡,而大多数时期,秩序缺失在史学家的衰、弱、乱、荒、叛、危、亡七形之中。

辛亥革命埋葬了中国的千年帝国体系,孙中山先生希望以此迎来共和与现代化的新历程,但最终无法实现。

历史在1949年把中国共产党人推上了掌握国家政权的舞台,历史选择了今天的社会制度,也选择了共产党。

若将十一届三中全会放在历史的坐标轴上进行评价,即使时间的纵轴再延长几倍,也不会缩小它的贡献。

由计划经济向市场经济转轨,需要自由主义作催化剂,但自由过渡会产生社会乱象。强有力的政府和政党是转轨环境稳定的保证。在"华盛顿共识"中,自由至上,政府缺位,不是中国需要的发展模式。墨西哥同中国不同,在于缺乏强有力的政党统一全国行动。

建设创新型国家,已上升为国家战略。已拥有的4000万科技人才,是创新的主力军,国家中长期科技发展规划到2020年,经济增长的科技进步贡献率要从40%提高到60%以上,全社会的研发投入占GDP比重要提高到2.5%。2011年,高新技术企业经济增长速度平均在20%以上,创新是大国经济的灵魂。

改革是一个循环渐进的过程,两种体制衔接,断层、失范、失灵在所难免,安全自由竞争可能会损害国家整体利益。所以,在市场经济前加上社会主义,中国共产党领导的多党合作和政治协商治度是中国特色,又在社会主义前加中国特色的社会主义。三十年,有了巨大成效,让全世界刮目相看,但在经济发展的历史长河中,是刚刚起步,所以又在中国特色社会主义中强调社会主义的初级阶段,这一定位,是长期的。据此,创新、稳健的推进，胜利的曙光就属于中国人民，属于中国特色的大国复兴之道。

习总书记在十八大后政治局第一次集体学习时对国情政情讲："只有中国特色社会主义才能发展中国，社会主义初级阶段是当代中国的最大国情，最大实际，不仅在经济总量低时要立足初级阶段，而且在经济总量提高的时候，仍然要牢记初级阶段。不仅在谋划长远发展时要立足初级阶段，而且在日常工作中也要牢记初级阶段，自觉纠正超越阶段的错误观念和政策措施。"

邓小平同志讲过，中国的社会主义是变不了的，中国肯定要沿着自己选择的社会主义道路走到底。谁也压不垮我们。只要我们不垮，世界上就有五分之一的人口在坚持社会主义。我们对社会主义前途充满信心。

60年弹指一挥间，回望新中国走过的发展岁月，我们看到重生、迷失、坚忍、突围、奋进。

我们的朋友遍天下，老百姓的日子越来越好过，光鲜的一面给我们信心。黯淡的角落，提醒我们要有忧患意识，不过，忧患并不等于绝望，你所抱怨的、厌恶的国家伤疤并不是任其恶化，你、我、他以及我们的政府都在进行着执着而智慧的改造。如果脱离了国情，仅局限于某一个时间的碎片，某一个镜头定格，即使你亲身所感、亲眼所见、亲耳所闻，也不一定就是真相。

我们世代繁衍的国度正在逐步完美，这是我们所有人的历史使命。开放的心态、理性的姿态、谦和的仪态，这是真正属于我们这个文明古国与现代大国的美丽。

让我们一起为这种美丽奋斗！

（本文系作者2013年1月13日在西安MBA学会方圆管理新年论坛上的演讲）

时势、宿命、希望

在 MBA 学会这个平台上，我经常会提出一些新的观点，有些是经过证明和认可的，有些想的还不是很明白，所以用了"信息时代""企业管理""思考"这几个词。因为有些东西还需要验证，思考的方向在哪里还不是很明确，最近多看了一些历史方面的书，抛出一些观点，供大家讨论。

一、时势在变

所谓信息时代，就是全球化和互联网时代。这个时代的特点就是变。顺应时势有应变的战略和相适应的格局，才能生存发展。格局就是要站位高，前段时间马云讲过这样一段话："站在一省看，就能做一省的生意，站在一国看，就能做一国的生意，站在全球看，就能做全球的生意。"指的就是格局。

不论世界怎么变化，运行制度和科技革命是主导世界的两大坐标。运行制度是由大国主导的，1850 年到 1914 年之间，是由英国主导的；1914 年到 1945 年之间，是由美英主导的；1945 年到今天，基本上是美国和西方主导的。不管你愿意不愿意，从 G7、G8 到 G20，主角都是美国和西方。

中国社会几千年来是精英主导，都希望有一个好皇帝。政治运行制度是这样，价值观也是这样，虽然现在民主层面进步了很多，但大家骨子里面，还是希望有一个优秀的领导人来管自己，领着自己，这就是政治。政治是由经济基础决定的，但它又是引领经济的风向标。

那么科技革命呢？从16世纪以来的两次科技革命，近代物理学和相对论、电气化，改变了人类对物质世界的认识，形成了新的世界观和方法论。但是今天，信息化正以大数据和互联网的方式格式化这个世界，特别是从20世纪到21世纪，经过一百多年的积累，信息革命已经渗透到我们生活的各个角落。这就是政治与经济，运行制度与科技革命，世界时势总是在这两个坐标里行走。对此，要有认知，这也是我们思考的立足点。

二、复杂的中国时势

1. 经济的复杂性

2014年是各种议论最多的一年，我国第三季度经济增速7.3%，在全世界经济体中一枝独秀。宏观经济虽然很好，微观经济却惨不忍睹。近期报纸上谈中国经济下滑是大概率事件，就连11月在北京召开的全面深化改革的论坛上，释放出的信息也是台上、台下不一样。中国经济近两年通缩是客观存在，专家和学者公布的数据也是真实和客观的，但是中国改革开放至今，经济学家对中国经济崩溃和失败的绝大部分预言，基本上没有成功的。原因是他们大都是用国外的理论来套，另外很多人对中国行政推动力要素、权重把控的作用认识不清。

经济复杂性的核心是政府与市场，中央和地方的关系平衡。李克强经济学的核心是：改革是最大的红利，把错长在政府身上的手换成市场的手。改革的重点是上层建筑怎么适应生产力。李克强总理的任务是防止有增长潜力的经济增长过早放缓，并提高增长质量。面临着经济增速的换挡期，结构调整的冲突期，前期刺激措施的消化期，如何化解这些结构性矛盾，提高增长质量，中央必须和地方大员合作，而不是作战。我们都习惯了多年来经济的高速增长，稍微放缓后，官员、企业和老百姓都不适应，于是发明了新常态。其实，新常态就是面对经济波动保持平常心的另一种说法。也就是增长快了好，慢了也正常，到底快了好，还是慢了好，都在争论，难下结论。

2. 政治的复杂性

政治的复杂性在于如何重塑执政党的权威，重塑共产党人的信仰，如何让政令走出中南海，在毛泽东时代没有问题。因为新中国成立后毛泽东被神化，毛主席的话一句顶一万句，理解不理解是一回事，只要是毛主席说的，就是正确的，就要不打折扣的执行。但是自从对毛主席"三七开"，毛主席被请下神坛后，新中国成立以来毛泽东思想作为我们民族和国家的价值公约数被淡化了。一个国家，一个民族永远需要物质和精神两个轮子往前走。没有价值公约数后，老百姓不知道把心灵往何处寄托，社会的核心关系是人与人、人与物、人与自然、人与心的关系，心灵无处寄托，社会的治理成本加大。国家多年来短期政策多，积累了很多矛盾。特别是权贵资本主义已形成国家治理的重大障碍，不要说百姓，就是党员不少信仰已不坚定。党和国家的权威受到了挑战。

所以，新一届政府上台做的最重要的事情就是重塑中央权威，高调反腐，打压权贵，重塑信仰。这几个月的反腐已经很清晰的传达了四大信息：一是让国人相信共产党在认真反腐；二是敢于挑战中央权威的人会面临牢狱之灾；三是刑不上常委的潜规则被改变了；四是习总书记已经完全掌控中央，实行依法治国。

实际上习惯了"精英治理、皇权至上"的国人，对领袖的期盼，从没有今日之殷切，"有限民主、温和独裁"是当代领袖的基本特征，习总书记就是这样的领导人。当被国人认知形成衷心拥戴时，就是民族之福啊！

3. 改革的复杂性

中国特色社会主义进入第五个现代化阶段，习总书记提出国家治理体系和治理能力现代化，涉及国家、政党、宪法之间关系的重新定位，特别是中国特色社会主义的理论支撑体系。但这种定位要让精英阶层，要让全民发自内心的认同，还需要理论上的突破。西方发达国家，特别是美国在金融危机后，也在联合研讨市场经济理论，开始反思市场经济加福利资本主义这个理论体系。以前美国基本上是以供给经济学派为主，包括欧洲也在调整，而我们目前还没有找到一致的现代化国家建设理论，高层和理论界对这个问题的争论也很大。

从毛泽东时代的阶级斗争理论到邓小平时代的中国特色社会主义理论，都对中国社会产生了重大影响。不可否认，贯穿毛泽东思想始终的阶级斗争论，无论在战争年代，还是在建设年代，都是普适的。而毛的晚年，过于执念于阶级斗争，造成了"文革"的十年动乱，这也是我们国家血的教训。邓小平时代一个中心、两个基本点，真理标准的大讨论，"猫论""摸论""不争论"，让国人摆脱了姓资姓社的历史包袱，成就了伟业。但发展到今天，在政治、经济改革上，好改的都改了，剩下的都是难啃的骨头。又受制于制度弹性的基础框架，没有理论突破，就没有现实突破；宏观、中观、微观概莫能外。经济建设如此，国家全面现代化更是如此，解决这个问题，就要靠党中央，靠理论界，也就是国家各层智慧的结晶。

4. 国情的复杂性

我们曾经以地大物博而自豪，梁启超说"纵有千古、横有八荒，前途似海，来日方长"。在历史上曾一度辉煌，但是200多年来，我们落伍了，人家成年了，我们还在少年。特别是人口压力很难化解，这个土地能养活这么多人吗？我们的可塑性虽然强，但是和别人相比，我们成长需要的环境和资源，还有巨大的差距和压力。

国人宿命一：文化基因，农耕文明的缺陷，人祸总是大于天灾。以人际关系为特征的动力体系，以实用主义为核心的方法论体系，是国人内斗的根源所在，也是近代我们国家创新少难以暴发的命门。因为我们的文化是在东亚地理的半封建结构中成长，基本上独立发生，独自形成。农耕文明，自给自足，重农轻商，精耕细作，以家族为本位，家国一体，关注自己亲属的福祉，主张天人合一、一元论、信命认命，天是最大的神，祭天拜祖是国人的最高仪式，近似宗教仪式，但却不是宗教，就像陕西人祭黄陵，仅仅是一种仪式。人们到庙里祭拜，不是出于对神灵的敬仰，而是祈求保佑自己升官发财。

中国历史上社会秩序是建立在士农工商的道德观念和政治观念上的，几千年来依然如此。商在中国文化中隐含着投机和欺诈，商人在社会上的地位是挣钱布施换来的，只有这样才能从土财主转化为绅士，历来如此。社会需要商，却又遏制商，即便现在，大家挣钱的时候还要清高一把。还有实用主义的方法论，有奶便是娘，所以我们的差异在文化基因上。因此在企业管理上要认真研究国人的基因，要坚持量化考核，绩效评价区分好坏，一般情况员工为自己能干好，为别人不一定能干好。

国人宿命二：人多物薄，过好日子的胃口要降下来。打开我们的地图，在960万平方千米中，适合人生存的环境只占30%左右；20%的人口居住在海拔500米以上的地区，我们生存环境之恶劣，全世界绝无仅有。地理学家胡焕庸提出的中国人口分布图，从黑龙江黑河到云南腾冲，线上64%的土地，只有4%人口；36%国土居住着96%的人口；今天线下居住了12.2亿人，线上仅居住了1亿多人，几乎全挤在胡焕庸线的下方。按土地资源计算，这块国土最好不超过10亿人，按水资源计算最多不超过5.5亿人。但10年来耕地面积每年减少一个中等县。相比之下，美国和印度的人口和土地资源充裕度明显优于中国。

靠优质土地吃饭和建设的平衡问题考验着这个民族的智慧。2008年粮食产出1万亿斤，每年进口占比极大。1980年以来，世界粮食出口一半来自美国，国家粮食安全不能寄托在竞争对手身上。比如大豆，我们的食用油基本被美国的大公司垄断了。这三十年来，大家有车了，有房了，胃口提得很高，都认为我们现在昂起头来了，可以和发达国家的日子过得一样好，这既不现实也不客观。因为我们的资源、人口状态，无法支撑我们马上过上西方发达国家的日子。中国的任何问题除以13亿就很小，乘以13亿就很大。因此，我们现代化的路注定既艰难又漫长。

国人宿命三：世界由大国主导，现在仍是西方在制定游戏规则。前不久中科院有份报告，说 2019 年中国将成为第一经济体，2049 年将全面超过美国。单从 GDP 的总量上讲，我们可以超越美国。至少 5～10 年之内，GDP 增速在 6% 以上还是可能的。问题是我们辛辛苦苦真金白银造出来的东西，换来的却是一堆堆印刷精美的"废纸"，而这"废纸"就是美元的价值信誉。世界经济一日不能摆脱美元的束缚，中国就要一日为美国打工，中国制造的产品，每花 1 美元，就有 55 美分流向美国的工作岗位。

要在世界取得话语权，人民币国际化是最关键的一步，习总书记最近的战略布局就是为人民币的国际化铺路。国家的崛起靠经济、政治和军事，而经济的核心是印钞权，是币种的国际化。资本和企业管理一样，都是有阶段的。如果说资本发展分两个阶段的话，我们国家现在处在赚钱、攒钱投资的阶段，这是发达国家 50 年前的阶段；而发达国家今天则是印钱加赚钱投资的阶段，我们在资本领域和别人差着一个阶段。今天，人民币国际化的路已起步，我们这个后来者威胁老大，预计会受到西方的极力阻挠。

国人宿命四：地缘是大国最原始的宿命。美国的地缘优势明显，东西皆大洋，周边无强国，国土辽阔，物产丰富；俄罗斯天生携带对抗因子，处于欧亚连接处，面对恶劣的自然环境和蛮荒，还要面对东亚和太平洋的竞争，特别是来自欧洲的威胁。长期对抗铸就了斯拉夫人彪悍的民族之风，骨子里的对抗意识决定了俄罗斯要重走资源掠夺和全球竞争之路；中东地区，生于资源，死于宗教。印度内外宗教纷争将制约其发展壮大。而中国几千年来还没有因宗教引发过大的战争，但我们周边的环境恶劣。

历史上我们有过五次盛世：西汉文景之治，唐代贞观之治、开元盛世，明代永乐盛世，清代康乾盛世，尽管加起来只有 300 年，但是我们曾经辉煌过 1000 多年。历史大国辐射周边的地位，一旦走上市场经济，意味着大国强国的回归。但是我们也有两个强敌，俄罗斯和日本，在历史上，这两个国家给我们民族造成很大的伤害，明朝海禁，禁的倭寇就是日本,这也是我们国力下降的真正原因。只有哪一天我们的经济总量是日本的5~10倍,才能平衡东亚的局势,我们国家才能真正奠定在亚洲的地位。

人口多、资源少,文化上的弊端和地缘劣势是我们的宿命。从1970年至今,全世界只有十三个国家成为发达国家,我们能成为这十三分之一吗?党中央和国家领导人对此有充分的自信。但前提条件是:中华文化全面复苏,形成完备的价值体系;党内民主制度化,社会法制化;经济对外依存度低于30%,人民币国际化实现,国人敢不存钱,敢花钱;小政府大社会形成。也就是当我们的国家和社会有了自我完善纠偏的能力,才是真正走向发达国家的基础。

三、国家有定力

以习近平总书记为核心的党中央主政以来采取的对内对外一系列大政方针,展现了极高超的智慧,显示了治国理政的信心与责任。

1. 对内的定力

政左经右,毛泽东思想和邓小平理论,仍然是执政的理论基础。集权式小政府,一方面树立共产党的权威,让政令走出中南海;另一方面要理清政府与市场之间的关系,充分下放权力,把政府与市场之间的关系变成市场与政府的关系。有些人担心反腐以来,官员发低烧,以不犯错误为由少干事;官员短期不作为不见得是坏事,用原来的旧价值观指导做事没有意义,跟上党中央步伐,想明白了再去做事。近期中央经济工作会议,提出基础设施互联互通,给企业提供了机遇,信息基础设施互联互通,将产生巨大的商机。

2. 对外的定力

2014年12月9日,商务部部长高虎城宣布中国进入资本输出时代。国家将会制定政策以国家力量带动资本走出去,但是我们不同于发达国家以VC的形式输出资本,我们输出资本结构的核心是"一带一路"的战略。以资源型产业和劳动密集型产业为重点,在沿线国家发展能源在外、资源在外、市场在外的模式，沿线国家对此也很欢迎，重要的是德国和俄罗斯积极支持。国家成立了金砖银行、亚洲投资银行、丝绸之路经济带基金。丝绸之路经济带的起点在西安，给我们陕西带来很大机会。

一个民族的强大，是由一个国家综合因素决定的，其关键点一定是适应时代的重大战略。"一带一路"就是重大的战略机遇，"一带一路"的主角是政府，14个省区在"一带一路"之中；高铁、机电、工程机械、基建、运输等行业，都有进入国际市场的重大机遇；最终将是以资本输出带头，技术输出支撑，工程输出带动。当然，这中间的制约因素是俄罗斯的顾虑，日本的小动作和美国的干预。从这一段时间习近平的治国理念来看，国家高层对内对外的定力都站得高，国家整体执行力也提高了。

四、希望在90后

不论时势如何变，和平发展仍是时代主旋律，经济是基础不会变，消费主体是经济的火车头，而90后将会是今后的主体。历史发展表明，每一代人都是历史长链中的一环，时代所赋予的特征和诉求不尽相同。90后已接近2亿人，加上80后的一部分和他们相近，加起来是3亿多人，他们的时代特征，如果你看不懂、看不惯、看不见，可能就是你的问题。做企业，特别是做服务和制造业，不研究这一群人，你的市场眼光一定会受限制。

张朝阳说："当今的互联网形态，是一帮50多岁的CEO领导着40多岁的高管，指挥着30多岁的员工，给十几岁的孩子做产品，这样的规则持续不了多久。互联网世界已经被他们占有了，与其说这个世界是我们的，不如说是他们的。"在联想成立30年之际，柳传志给全体员工写了一封信，强调把联想的发动机文化发展壮大。对此，90后主编丁道师发文质疑，发动机文化不符合当前的现实，强调年轻人的梦想是U盘，装满自己，我想插哪就插哪。马化腾所言，腾讯最担忧的是自己老了，不懂年轻人的世界和想法，被甩在时代的后面。俞敏洪深有感触地说："老一代员工，受批评会忍受，90后员工是老虎屁股摸不得，一批评就翻脸，或者直接辞职不伺候你了。"这些大的智者，面对90后，既不敢轻视，又不敢直言了解。相比90后的"U盘人生"，当年的"螺丝钉文化"，哪里需要就往哪里拧，我说简直就弱爆了。罗曼·罗兰说："人类历史事件在时机出现前，在灵魂深处就首先宣告了；而标志时代最灵敏的晴雨表，是青年人。"

90后不是另一代人，而是另一类人。他们是人格碎裂的场景动物，在不同的场景里，在音乐、贴吧、视频构成的圈子中，是完全不同的人，多元化、拒绝标签化、个性化，找一个具有朴素价值的标签，来概括这个群体共性的难度系数极高。具有鲜明的自我意识，思想不拘泥传统的责任意识和国家前途，更多从自我出发，我是最优先考虑的因素。我想要，我喜欢，适合我，心理反应更为及时。我想要，现在就要，因为我不耐烦，具有强大的消费需求和潜力。所以我说，我们做企业管理的，在研究战略、势和利的时候，要研究80后、90后，特别是90后的需求。只有研究他们，你才能够把对时势判断与现实结合。

华为首席科学家黄卫伟曾经说："什么是中国式管理，不过是走在西方企业走过的路上。"我们现在整个国家发展的阶段，还是模仿阶段，暂时还超越不了人家，今天超越不了，不等于我们永远跟在他们的屁股后面。我们有机会、有可能在模仿的同时，在某些关键的地方超越他们，这在改革开放30多年的过程中已经证实了。如果今天我们能够了解自我，顺势而为，不论国事、家事，都是天下事，做好就行，路永远在自己脚下。

（本文系作者2014年在西安MBA学会九月论坛上的演讲）

有了信仰，人才能活得明白

2006年8月份，在美国西弗基尼大学进修期间，一位多次来中国的美国社会学教授，谈到中国的改革开放，讲了一种有意义的观点。他说，你们的国家了不起，邓小平先生了不起，你们坚持自己的政治路线，没有被西方的政治家像忽悠苏联人那样给忽悠了。社会主义市场经济是市场经济的另一种形式，中国人成功了。两百多年来凡是仿效美国体制建立的国家，没有一例成功。他引经据典，从南美、加拿大到亚洲诸国，一一对比，加以说明。美国的制度不可复制，有其特殊性，苏联人的失败是忘了自我，而你们中国坚持了自己，所以成功。

事实证明，今日中国的大方针是正确的。经济发展只是完成了国家强大的一个基本条件。政治稳定、文化先进、国民素质提高，才能保证整个社会和谐稳定，才能促进社会整体上具有自我完善与净化功能。但是为什么我们经济发展了，而社会上各种矛盾却更加严重，实际就是物质与精神的平衡出了问题。

今天，我们中的不少人都有了身份和地位，生活水准已不弱于西方人，钱有了，车有了，事业有成，子女成才，家庭幸福，按说应该满足，到了不惑的年龄，该有的都有了，不满反而更多了，不满什么呢？也就是我常讲的"经济盛世，文化乱世"的社会现象。

为什么这样讲，事实上在开放发展的时代，我们不知道国人普遍还信仰什么？其精神寄托在何方？

"文革"之前，在马列主义、毛泽东思想指导下，毛主席语录是全国人的行为准则，是价值观，雷锋、保尔·柯察金激励了几代人，那是个崇尚英雄、愿从事有益于社会工作的年代，但也是互相斗争、不遵循社会发展规律的年代，我们是赤贫的精神贵族，穷的只剩下激情和信仰。但那种年代里，却鲜明地回答了"人为什么活"的问题，即为共产主义的信仰而活，为社会而活，尽管这种活法空洞、原始，但确有精神寄托。

现如今日子好过多了，但是快乐和幸福的感觉却相对少了，即社会财富总量的增加，并未带来快乐总量的同步增加。是因为眼见的不平和横流的物欲，让更多的人变得更加贪婪、自私。虽然不少明白人知道"幸福不是你得到的多，而是你索取的少"。但他们的想法在物欲面前被世俗淹没。譬如：法规多了，打官司的人多了，但无理取闹的人也多了；开放了，民主了，不打棍子，不扣帽子，敢说真话的人多了，但信口开河、无中生有、以讹传讹的人多了；就业的出路多了，择业观变了，干啥的都有了，但官也多了，跑官要官，为官服务，巴结当官的人也多了；物质丰富了，啥好吃的都有了，房子大了，车多了，但天变黑了，山变秃了，水被污染了，不得不喝纯净水的人多了。这些不全是开放的错，也不是发展的错，其根本在于"物质"和"精神"的平衡出了问题，发展与破坏同时高速运行，高兴与悲剧同在，自豪与自卑同行，中华民族又一次经历着特别的"苦"与"乐"。

现实证明，已初步步入现代化的中国，在科技、经济发展的同时，人与人、人与社会、人与自然之间的关系也发生了巨大的变化，现代中国人找不到人生的归宿和目标，人心浮躁是信仰缺失的具体表现。

今日中国社会现象，人们在物质与精神之间碰到的问题，类似欧洲古罗马时期物质达到丰富之后，社会在精神上陷入困顿与危机之中的现象，古罗马的现象催生了宗教的产生。按说新世纪的中国，不应该是这样，我们有自己的根文化，有马列主义、毛泽东思想的哲学价值观，可是现实，恰恰就是当代中国确是信仰迷失的国家，人们不信什么，也不知道什么，很值得我们反思。

面对物质丰富,精神空虚的社会现象,我们国家需要信仰层面上的多元化的引导。让共产党人和其先进分子坚定共产主义信念,超越自我,为社会而活,是国家哲学价值观的主流意识。鼓励普通大众依据自己的爱好、兴趣,自由选择信仰,寻找自我安慰。与宗教在"政治上团结合作,信仰上相互尊重",让它在万千民众心中去播种善良,有善心必结彼此相容、相让之善果,和谐社会才能最终实现,也才会让千万众生"活得明白"。

我国历史上并没有形成真正的国教,亦无某一个宗教特别突出,至高无上的局面,宗教总是在历朝历代政治允许或控制的范围内生存、发展,并不能容其自由发展或者任意扩大。因此,中国历史上因宗教纷争带来的战争很少见,这就是中国的基本国情。任何外国宗教要在中国发展,必须适应这一国情。譬如,基督教作为西方文化的代表,虽然目前在全世界表现出一种强势,若要在中国发展,必须自己解决在华本土化问题,淡化政治色彩,依中国文化之要求去"调和""调适""妥协""让步",否则不仅难以发展,还会给中国社会带来问题,从而违背其教义的原则。

中国的现实环境是:马克思主义在中国一个多世纪,经中国共产党人不断消化、吸收、发展,更多的体现了根文化的优秀部分,特别是改革开放二十多年来,不仅仅是社会在变化,共产党人在变化,共产党在理论上也不断完善,逐步成熟。特别是十七大对党内民主和马克思主义中国化的阐述,对传统文化的肯定与弘扬,都是建设先进文化的重要内容,是为了让人们活得明白,有信仰的实际措施。对中国共产党能力和领导地位的肯定是中国国家稳定、经济发展的基础,是政治需要。

但是全民国家意识的培养、民族意识的强化,实际上会超越意识形态,并不以政治歧见为前提。个人的人生目标可以随着物质条件不断变化而调整,而人生信仰却可以超出物质之外,不被世俗世界所左右。社会要稳定持续发展就是要不断强化国民的"信仰"意识,以根文化为主导的宗教是强化"信仰"意识的有效途径之一，让普通民众心灵有寄托。

中国人需要重塑信仰，更需要以根文化为主导的宗教，重建全民对根文化的信任是长久而艰难的任务。明白了这些道理，心态不会浮躁，对"名利"的"轻重"度就可以把握。大道理，小道理，可以区别。国家意识就会强化，人就有了根本，有了方向，也就算是活明白了。

（本文系作者2008年在西安MBA学会方圆管理论坛上的演讲）

企业家的"宿命"

马云在阿里巴巴"如日中天"十周年时急流勇退,既有对超成功的恐惧,又有对形势不明的"以退为进"。与万科王石如出一辙,虽然退出日常经营,却还保留着董事局主席的位子,又成立"荣马网络",各自执掌未来的物流帅印,应不算"金盆洗手"。

相比欧美企业家基业长青(美国中小企业),中国企业30年快速崛起,长青的企业,一定有了不起的企业家。一般企业寿命仅为3年,基本上重复"一年发家,二年发财,三年倒闭"的轮回。

中国企业家,失败有不同的死法,成功也各有烦扰。像宗庆后、刘永好交棒子女,任正非想过闲云野鹤的日子,史玉柱式的坚强,褚时健的"老骥伏枥"。

中国企业家的命运可谓人生如戏,也可谓时势造英雄。百年企业是梦想,基业长青是愿望,能实现的很少,大多数随"势"沉浮。

决定企业家命运的五大因素:

一是政府。国企是政企不分,官企旋转。日本、中国均是如此,这也是国情。政府有资源,傍政府者,就能"鸡犬升天"。施正荣的尚德靠政府补助升天,脱离市场疯狂扩张梦碎。"成也政府,败也政府。"政商道不同,利在仍可谋。政商离不开,却也靠不住。把握距离的度是关键。明白的企业家是拿政府的钱,走自己的路,方能活得久些。

二是资本。企业与资本结合,可快速成长。但资本和企业的追求存在差异,资本家想的是如何最大限度地"钱生钱",企业家想的是做好产品、品牌，慢工细活，细水长流。今天，凡是靠银行作为资本投入的企业，顺当时是为银行打工，不顺时银行会让你"阴沟里翻船"。企业离不开资本，但上市圈钱或向银行借钱，一定要量力而行，否则会被套、被干预，辛苦努力的企业变成了别人的。

三是圈子。对草根商人而言，圈子有时决定企业家寿命。古有十大商帮，今有企业家俱乐部，或许同行是冤家，但人是重要资源，圈子要用心经营。牛根生挥泪"万言书"，得柳传志等好友"拔刀相助"度过危机。圈子是生产力，但要牢记"没有永远的朋友，只有永恒的利益"，互惠抱团亦要"实力＋付出"，圈子才靠得住。

四是传承。传宗接代，望子成龙，是国人的价值观，百年基业是企业家的追求，但有多少企业百年后还是自己的家人掌管。从传承子女和自己人的那一天开始，基本上就已种下了别人的种子。所以，一定要牢记企业是自己的，也是社会的。活在当下，拿得起，放得下。

五是时势。李嘉诚讲小富在人，大富在天。邓小平的改革开放，造就了一批企业家。今天信息革命、互联网浪潮的头班车，又被马云、李彦宏等企业家赶上，成了互联网的大佬。所以说企业家的"命"在时代"土壤"中，在形势环境的"缘分"中。能把握大势的人成为英雄，否则成为狗熊。年广久、步鑫生、马胜利、牟其中等，把握了机会，取得了初步成功，但误判形势沦为悲剧。今天的时势，来自习李新政，企业家要领悟"天象之变"的时势，分析李克强经济学之概要。

所谓中国企业家的"宿命"，是讲企业家要埋头苦干与抬头看天相结合，"七分靠打拼，三分天注定"，信命不靠命，结果靠缘分。不论是做事，还是做人，都要"尽人事、知天命、顺自然"，不可恣意妄为。

小米科技 CEO 雷军坦言，创业是要"寻找把肥猪吹上天的大风口"。不然，即便把肥猪吹到天上，没有时代大势的风口，也终将掉回地面。柳传志讲自己的成功秘诀之一，就是从不试图改变环境，而是适应。鲁冠球在集体企业做大改制时，把一半资产归乡政府，一半归集体，才能逢凶化吉，成就辉煌。

  大环境不适合时，可以创造小环境。若连小环境也不行时，就只有待着不动。顺势而为，随缘而动，活在当下，借用天命，方可插柳成荫。

  （本文系作者为2013年《方圆管理》总第9期写的刊首语）

企业家的困惑与烦恼

托尔斯泰有句名言："幸福的家庭都是相似的，不幸的家庭各有各的不幸。"仿造这句话，我们也可以说：成功的老板都是相似的，不成功的老板各有各的不同。这是因为企业在生存发展过程中，遇到的困难和问题，远非一般员工所能体验到的。我概括了六大困惑与五大烦恼，与大家交流，以期对在激烈竞争市场中跋涉的企业老板有所启迪。

一、六大困惑

一是企业发展速度的困惑。快与慢，度很难把握。

二是专业化与多元化的困惑。单项业务做久了，便会想到经营多元化，选择艰难。

三是企业与政府关系的困惑。没有政府的扶助不行，但傍着政府，又易成为政府的附庸，难以独立自主的走向市场。

四是企业家族管理的困惑。始终在"任人唯贤"与"任人唯亲"之间摇摆。

五是企业利用资本市场的困惑。不利用外部资金不行，利用了又对企业控制权提出挑战。

六是企业有关游戏规则的困惑。由于体制缺位，政府规则多不透明。把控较难，若创业者一味循规蹈矩，则什么也干不成；若胆大冒进，则风险难控。

大家知道，企业里面有政治，但企业家和政治家分属两个领域。企业家的生存条件越来越苛刻，任期越来越短，原因是职责单一，扛的是"硬活"，就是让企业赢利。不论多大困难，此根本不变，只有用"变通"去应对困惑。

而政治家遇有危机,则可以转移视线。企业家必须实实在在,就是听党的话,跟市场走。而政治家则可以真真假假,大多是听党的话,跟领导走。

二、成功企业家的烦恼

不论是一般意义上的成功者,还是很成功的人士,或相对成功的人士,只要你的境界没有达到一定的高度,均会碰到以下几方面的问题:前提是你企业成功的因素中,借助了一些非市场的因素,抓住了历史机遇,而一旦成功问题就来了。

一是判断力有了,但自觉不自觉地仍按过去的经验办事。其表现是对新事物排斥,学会了听汇报、批文件,只会接受部下咀嚼过的信息,实际上已慢慢脱离业务领域。

二是有了从容的气度,不知不觉间也开始愤世嫉俗了。似乎没有自己不能做的事情,一些无所事事的人在他身边"飘",感到时间紧、服从服务于官员、客户,敏锐的学习能力开始下滑,危机在于其不知道这些变化。

三是遇大事从容不迫,镇定自若。但见小节却大光其火,脾气见长。

四是习惯成就了他,习惯也成了杀手。创新没有了原动力,企业稍大深入实际就少了,没学会该放手处就放手。见到的多是经过太多修饰的事,失去了本来面目。

五是经验反对经验,显而易见反显而易见。经验是一把锐利的剑,同时也会成为障碍。常见的经验是不能把鸡蛋放在一个篮子里;做简单的事始终如一;用人不疑,又疑人也用;有人性本恶的管理信条,又有人性本善的管理经验。

这些说明,价值无论是道德方面,还是智慧方面,都不会来自外部,而是企业家深层的本性。而对以上本性的拷问,是想启示企业家,若成功后失去目标与动力,要从理想、信仰和灵魂深处进行反思,答案在何方:求之哲学的思辨。

(本文系作者2010年在西安MBA学会方圆管理论坛上的演讲)

企业家的定力

定力是判断力、专注力和决策能力。所谓定力问题,一是定,二是变。实际是讲静与变的关系。在大环境、大形势下,不论是在宏观层面上,还是在具体重大项目上,你怎么进行判断和决策。

定讲的是专注。我有一点体会,在现代社会分工如此细的情况下,人一生只要做好一件大事,在六七十岁的时候,还有值得回忆的事情,就是成功的。

前几天,海军的一个老领导来西安,我们在一起聊天,他说:"我这个人一生就做成了一件事,就是在国家投入极少的情况下,和大家一起用了很短的时间,从方案到设计,再到把产品交付部队,满足了国家的急需,而且完全是国产化的东西"。虽然现在退休了,他在国防军工行业仍然很受尊敬。举此例想说明的是,能专注为国家做一件事,就已经很了不起了。

我是2004年从企业到省信息产业厅的,去之前觉得自己是一个农民子弟,做了几年厂长后,能干到副厅长,很知足、很珍惜。可呆了两个月后,发现信息产业厅当时没太多职能,忙惯了的人,一下子闲下来,这样的日子挺难熬的。我来的时候47岁,后面还有13年,天天喝茶恐怕也喝迷瞪了,就想做点自己感兴趣,又对社会有意义的事情。自己擅长企业管理,也喜欢企业管理,于是,把本分的那点工作用最短的时间做完后,每天看书4小时,做笔记、写感悟、讲出去。并发起成立了西安MBA学会,传播管理理念。今天,西安MBA学会有这么多人愿意参与,影响力越来越大，就是我们专注去做的原因，这就是定的概念。

变是指态度，是在专注前提下的完善和调整，而不是兴趣广泛。中国企业家缺乏定力，容易东张西望，其根本原因：

第一是历史的原因。几千年来我们的传统文化是"士农工商"，古代的"四民"指读书的、种田的、做工的、经商的，传统文化把经商放到了比农民还低的地位。社会需要商，但又抑制商。在我们的社会价值观里，历代以来都是抑制商业的发展，从来不给商人较高的社会地位。如果商人挣钱了，拿出一部分钱铺路修桥做善事，才能成为德高望重的人，被称之为绅士。如果挣了钱而没有拿钱来铺路修桥盖学堂，就被称为土财主、土包子，甚至奸商，这就是我们的价值观。所以我们过去没有实业兴国的概念，大工业也不是中国人发明的，现代工业的很多东西，属于中国发明的很少，科教兴国、实业救国，在历史上说的多，做得少，没有形成气候。

第二是时代的原因。就像当今我们所处的经济盛世、文化乱世。经济盛世是由于改革开放后，在市场经济的刺激下，在中国共产党的领导下，经济快速发展，业绩举世公认，已是世界第二大经济体，经济盛世实至名归。文化乱世是说由于"文化大革命"，我们把儒家、道家、佛家的文化清算掉了，大传统、小传统被隔绝了，中国出现了文化的真空。在这种情况下改革开放，西方的价值观进来了。西方价值观的核心是一切向钱看，用钱衡量人们成功与否。但是西方宗教里面也有好的东西随之传来，加上我们原有的，今天中国就处于文化的多元化之中，主导思想缺位，就形成了文化乱世。这也是我们创办MBA学会的真正原因，我想把这种意识、这种思想，就像牧师传道、布道一样宣传出去，让大家理解党和国家的方针政策，用发展的眼光看问题，自觉做点善事，做点对社会有意义的事情，增加应变能力。

那么，企业定力之锚到底该抛到哪里呢？一是看宏观经济形势；二是看国情现状。

当前世界经济恢复良性发展，已经有两个条件：一是西方发达国家原来享受了上百年的生活方式开始改变，再不能高工资、高福利，他们不改变生活方式不行了。二是中国、印度、巴西等国家的实力提升，人们开始改变自己的生活方式，也可以消费了。这是宏观层面上的变化。

我们的国情是资源支撑不了如此快速发展和14亿人高速增长的改善生活需求，这就出现了就业难、招工难、用人难、留人难等问题。究其原因，我认为一是现在的国情不允许，也不会出现像五六十年代那样高生育率，人口红利没有了；二是人才结构有问题，大量的劳动力缺口。现在需要两类人，一类是高端人才、高级技工、综合管理人才；一类是低端人才，能吃苦耐劳的人才。第一代打工者和第二代打工者，他们认为吃苦是种责任，但今天的年轻人追求快乐的工作与生活，这是时代的特征。作为企业家要顺应时代、修商炼情。

而情商的修炼必须以善心为基础，把员工当人看，尊重每个人的人格，持久修炼善待他人的文化氛围。你给的工资永远不可能是最高的，时间久了他会横向比较的，所以善待员工的核心是对所有人人格的尊重，创造尊重人才的氛围。谁是企业最重要的人，就是离市场最近的人，懂管理懂技术又离市场最近的人就是企业的宝贝。中国人的特点是好处不要总给一个人，要按规则给，给一个人时间久了，就会觉得是自己应得的。小人是君子惯出来的，所以一定要动态管理，做好区别对待。

其次就是锤炼企业家的人格魅力。有什么样的企业家，就有什么样的企业。比如惠普、可口可乐、福特等都是因为有这样的老板，才创造了这样辉煌的企业。到今天他们已经到了文化传承这个层面，选择接班人首先要适应这个文化。中国改革开放仅仅30多年，刚刚进入到英雄创造历史的阶段，只有等国家主流价值观形成，国家有了传染性的价值观，企业就有了传染性文化的环境，才能达到文化的传承层面。只有社会的文化价值观形成统一的时候，企业作为一个个体的传染性文化才会永远传承下去。所以相当一段时期，我们国家会处于英雄创造历史的阶段，对老板而言，一定牢记个人魅力的修炼是企业所有修炼中最重要的。

其实人格修炼非常简单，只要做到坦率、忠诚、言出必行，久而久之，企业家的人格魅力就养成了。今天我从宏观和微观两个方面，讲了企业家的定力问题，主要是想启发告诉大家，企业家的境界有多高，事业就能做多大。这也是企业家定力的反映。

（本文系作者2010年在西安MBA学会方圆管理论坛上的演讲）

文化兴，则企业兴

在世界四大文明中，三大文明已衰落。而中华文明虽然在四大文明中上台最晚，但其特点是上了台就没有下台，虽然几经冲击，靠"内在的弹性""和而不同"的包容精神和"中庸之道"的平衡原则，既避免了排他，又避免了极端，体现了包容，保证了国家的统一，民族的团结。特别是"道"的自然，"儒"的包容，"佛"的善良，均是人类至宝。我们有理由说明，我们同西方文明的差距只是由于近代经济落后于西方，在时代进步面前，显得苍白而已，不是根文化上的差距，而是时代的差距。

经济落后会挨打被欺负，文明落后同样会被歧视和侵犯。近三百多年来，西方政客在炮舰外交、传教训民、人权强化等多种措施下，极力推销欧洲文明，强化"欧洲中心论"，认为他们的西方文明是普世文明，代表了人类文明的发展方向，其他文明只有顺从西方文明才能生存。虽然文明的语言是华丽的，但文明的推行却是血腥的。世界战争史就是由宗教战争和经济战争两大部分所组成的。西方文明的统治地位，也使他们对其他文明的发展与繁荣，表现出了不安与恐惧，担心威胁他们的中心地位，从而动摇他们的根基。

三十多年的改革开放，我国在经济上的快速发展，使不少西方学者将目光转向东方，研究东方文明，也就是儒家文明。他们原以为只有西方文明能促进经济发展，而如今的东方古国产生了奇迹，对西方文明提出了挑战。1993年，美国哈佛大学国际和地区问题研究所所长、美国政治学会会长、《外交政策》杂志主编塞缪尔·亨廷顿出版了《文明的冲突》一书。亨廷顿认为："如果中国经济继续发展，这可能是21世纪初美国政策制定者面临的唯一最严峻的安全问题，原因是中华文明与西方文明是根本对立的"。

先不论他提出的对立的依据是否正确，我们要思考的是，中国经济的发展是在中华文明的促进下产生的吗？可以肯定的讲，不完全是。因为历史已做了结论，而是邓小平这样的伟人在坚持共产党领导的社会主义体制下，将资本主义的市场经济当作技术手段运用于我国的经济体系中，顺从了人性，促进了生产力的极大发展。几千年的泱泱大国没有哪一个朝代能够让几亿人吃饱饭，但邓小平领导的共产党做到了。

在中国实行的马列主义哲学的价值观，产生于资本主义经济危机时期。马克思规划了一个理想的社会，把社会性看作是人的本质，强调人活着是为了社会，人的价值只有在社会活动中才能得到体现和实现。这在理论上讲没有错，毛泽东思想就成为人们行为准则和价值观。可是人性的贪婪和自私，不是理想化的号召可以感化的，展现人的社会性靠一种方向和引导是远远不够的。一定要以物质为基础，在马列主义哲学指导下的社会主义计划经济，没有顺应人自我的本性，也人为的束缚了人的创造性，阻碍了生产力的发展。

同根同文化的新加坡、港澳台的发展，实行"中体西用"，以三民主义为主导的哲学价值观，在继承传统文化的基础上，融合西方及现代的文化价值，实现了经济与根文化的共同繁荣与发展。新加坡对中国传统文化的保持和发扬比我们要好。

日本和韩国是共同受儒家文化影响的重要国家，对孔子很尊重。在日本，将"忠孝"中的"忠"渗透于整个社会，成为所有阶级的理想，忠于主君成为理想价值。二战是由天皇主导的，失败后按说应当被清算，但日本人仍然保持了对天皇的"报恩"观念，而且是无限的、无条件的义务，由天皇代表的国家，由对天皇的忠诚维系了日本人的国家意识和民族认同。

在韩国，儒学精神突出的是"道义"和"孝悌"。道义就是一种原则，是一种理想正确的观念。孝悌是人生的本质。因而人与人之间宽恕之心、对父母兄弟关爱之民风盛行，社会和谐平稳。

同属儒家文化圈的其他国家和地区，经济上实行市场经济，哲学价值观上，在根文化基础上继承发扬，使他们的国家既保留了民族特点，又与世界趋势同步。这一现象，值得我们深思和研究。

五四运动对近代中国政治文化影响深远，这次新文化运动，倡导学科学、用科学，讲民主、讲民权的进步思想，对中国历史起到了积极的推动作用。但是它通盘否定几千年的传统文化，形成了五四运动以后，骂自己的文化，骂自己的国家，轻贱自己的民族。"文化大革命"之后，否定传统文化达到极致，人们忘了自我，一切唯西方是举，只知有西不知有东。改革开放受西方文化的冲击，崇尚西方的东西已成为潮流和时尚。本来我们的民族文化由于信仰原因就比较松散，传统也是松散的。近百年人为的与历史隔绝，不断的批判、否定，加之对毛泽东"三七开"，将其由神坛上请下来，使得新中国成立以来在人们心中强化起来的共产主义信念、马列主义信仰，也遭遇了和传统文化同样的命运。

马列主义哲学价值观被怀疑，根文化被隔绝，西方的东西自然就进来了，因而"好莱坞"、摇滚乐、KTV、圣诞节、感恩节来到了民间。我们不明白这是由"赤贫向富有""富有向精神"转化后社会步入理性的前兆，而西方的传教士和政治家们是清醒的。他们知道遏制中国的最好方式，就是文化侵略中国人的灵魂。因此，"上帝"又大张旗鼓地来到中国，这次不以传教士为主体，而是由去国外留学的中国人自己带回来的。他们不信孔子，信上帝，他们在国人解决了"怎么活"的问题后，先行一步要让国人明白"为什么活"。在他们推动下，宗教问题在国内又被民众看重。也有不少有识之士，看到了"五四运动"以来对传统文化的批判是片面和过激的，知道要开放，要改革，更需要重建我们的传统文化。重建、完善，就要客观公正地对待我们的根文化，认真学习继承我们的根文化,知其优,知其劣。

中华文明产生于东亚地理的半封闭结构,基本上是独立发生,独自形成,属精耕细作型的农耕文明。因此只有精耕细作,才会在很有限的耕地上养活众多的人口,也正由于精耕细作,就必须强化家族亲缘的聚集,重视安定和延续,厌恶动荡和迁徙。也就以关注家人亲属的福祉为主线,而过分关注人际关系,就淡化了物质文明和科学技术,才使中华文明走上了岔道,把人与人斗,关注别人的弱点作为人的思维,使大部分人活的不轻松、不单纯,这种引导使人们要在社会上生存,你不复杂也不行。过分注重人际关系,必然引起争夺,斗争的主要方法是毁损对方的"人脉"和"名誉",从而不断使"斗争哲学"艺术化,中国人会斗、善斗已举世闻名。

事实上,百般使命,只要人际关系复杂,便什么也做不成。反之,山高路远,只要人际关系单纯,便怎么也走得通。多数在国外生活过的人均感慨外国人的单纯,正因为这种单纯,只顾自己,不琢磨别人,结果反而彼此轻松。我们不需要照搬西方文明,只要唤回早期先哲已留下的"彼此尊重,互相礼让"就已够了。也就是儒家讲的不谋求玄深体系,不标榜清高出世,不排斥别样文化,只以一种自然的教化方式,普及实实在在的良好秩序和理性精神,既包含着社会政治原则,又渗透着伦理道德规范,平静而有力地起到安抚人心、稳定社会、维护文明的作用。

佛教在中国历史上不管是兴是衰,民间社会的很大一部分就是靠佛教在调节着精神,普及着善良。拜佛的大部分信众不一定理解佛经、教义,只是牢记"善有善报,恶有恶报","从善"是可以得到好处的,求佛保佑先要行善,这种信念和引导不断强化规范着人们的行为。与儒家互为补充,净化着人们的心灵。

道家在中国历史上无论登上殿堂,还是避于深山,他深邃的哲学观点,倡导的"自然无为,虚静寡欲,贵柔守雌,和光同尘"精神,引导教化他人躬耕自养,济世救人。

"佛、道、儒"组成了中华文明的基本价值体系，儒家提供了人本主义的文化传统，讲入世论中庸。道家提供了自然主义的文化传统，讲无为、自然、论天地人之间的关系。佛教提供了解脱主义的文化传统，讲因果，论死亡。因而"佛道儒"从人的"今世、来世、死亡"与自然万物之间的平衡统一，形成一套完整的理论体系，相辅相成，支撑中华民族几千年。1820年以前的中国一直是世界的中心，当年GDP占世界GDP的32.9%，比欧洲的总和还多。

1974年英国历史学家汤因比博士与日本公民党创始人池田用十天时间讨论展望21世纪——汤因比与池田大作对话录中的结论是：二十世纪，西方文明会像其他古文明一样走向衰亡，取代它的一定是几千年来比世界任何民族都能成功把几亿民众从政治上、文化上团结起来的中国。

世界银行副行长林毅夫先生说："古老的中华文化能与市场经济并行不悖，儒家文化并非顽固自守，从'术'到'天命'再到'周礼'始终不断创新，只要中国文化兴，则中国兴。"

实际上，林毅夫先生的见解道出了中国之兴在于坚持"中体西用"的治国理念，以中华文化为根，借鉴学习一切对我们有用的东西，则中华民族一定持久兴盛。也就是：用儒家思想治国，用佛道思想育人，用市场经济创造财富，对企业而言，就是文化兴，则企业兴。

（本文系作者2013年在西安MBA学会方圆管理论坛上的演讲）

专注方有成功

几天前,有位从事纸业多年的朋友带着他的几位助手找我,开门见山提出,现在遇到了决策难题,希望能帮助解答。我听后,笑笑说:"你说出来咱们共同讨论"。他说:"纸业竞争太激烈,利润越来越薄,往下走,真难!助手们鼓励做其他项目,已找了几个,但下不了决心,因为以前从事过装修、包装、组装过电子产品、搞过贸易,失败多于成功,扔的钱比挣得多。自从事纸业以来,企业才有了发展,有了积累,虽然发展不快,但总有增长,稍有规模以后,谈项目的、上门融资的、鼓励包装上市的,蛮热闹。我被忽悠的有点心动,好在知道自己能干啥,但经不起众人的架说,有两个项目已论证过,还真不错,面对重大决策,犹豫多时,拿不定主意,今特来向老师请教。"

我听后很有感触,人啊!没有远虑必有近忧,吃着碗里看着锅里,是人之常理,可以理解。而吃着碗里看着锅里,还揣摩地里长的、天上飞的、海里游的、别人怀里的,心思太多了,结果就种了别人的地,荒了自己的田,这种事例太多了,他恰是这种心态。

我说:"对于你提出的企业多元化经营问题,很多人向我提过,我的回答是对大多数企业来说多元化不好,专业化是对的。"为什么这样讲,一是今天市场的分工越来越细,做精做细的人才会赢,而专才能精,熟才会巧,能会产生细。不熟不做,不精细难以持久是经营至理。二是转行的选择不仅仅是项目好,别人能做的,不一定适合你,环境、机遇、财力等客观因素,即使完全具备,人的因素,特别是领导者本人胆识、魄力、知识结构是否具备多元化要求，更为重要。多元化成功的企业，大多是在特定环境下的成功，特别出彩的企业，一定有卓越的领袖级人物。但是他们若去做专业化，也许更显成就。王石的万科由多元化回归专业化，华为只做通讯设备制造商，因为他们明白专注的道理、多元的利与弊。三是企业多元转型，同一个人换行业的经历是一样的，只有经历了失败才能认清自我，多研究别人的失败，就会对多元化多份警惕。

以上虽然是在回答别人的问题，实际上是说自己。记得1998年我做企业厂长时，很清楚专注的重要性，但为了做到主业突出，用了五年时间。当时军民品共五大系列产品，产业跨度较大，只有军品和一个民品有利润，其余的一个规模不大，勉强持平，另两个巨亏，但基于国情，扭亏最有效的通用方法是减人，或关门走人的方式，不可能实行。只能尽全力在主业上，亏损的业务设法让其少亏，先维持。几年之后，主业突出了，可以消化富余人员时，方实施加减法，这样的方式，虽平稳，但代价太大，不可取。如果我今天还是厂长，我不敢也没有能力去做自己不熟悉的业务。

几年来亲历两位朋友的发展启示也是如此。

一位是做调谐器金属外壳的朋友，产品简单，技术含量不高，价值低，每个只赚几分钱，就这他专注于此行业13年。三年前年收入已过8亿元，在新加坡上市，规模全球第一，几乎主宰了这个行业。他的成功就是注意力集中做一件事。

另有一位朋友文化不高，不善言谈，用他的话讲"他本人只会笨做"。八年前开始做印制板，由纸板到双面板、多层板、柔性板、微带板、特种板，从几个技术人员发展到全国最大的特种板研究所。由于市场牵引和专注，上个月我们见面时，他已告诉我两年内收入可超过10亿。我见证了他的发展，看了他的工厂规模，我相信，他可以做到。我知道，他的成功也得益于专注。

2007年国庆节，我们大学同学毕业25周年聚会，全班52人，来了42人，国外工作的也赶了回来。当我们互相介绍25年的变化时，我发现一个有趣的现象。

大学毕业后，继续读研、读博或出国的7位同学，几乎都已事业有成，在行业中有话语权，证明人间正道是沧桑的道理。毕业后在一个单位或在本行业中踏踏实实做事的23位同学，基本上都已是行业中的优秀人才。毕业后换工作单位四次以上的几位同学，仍在西瓜与芝麻之间不断重复选择，个别生活仍比较困难。

其实人的路是自己走的，命运在自己手中，还是由别人掌握，完全是一种选择，你选择什么，就是什么。选择了就要专注，就要一心一意，否则一个又一个教训等着你，例外是个别的。

我毕业后一直在企业工作，事业的成功，培养了我的自信，也养成了我的自负。自以为以现在的能力、信心、认真程度，无论做什么都不会是弱者。在政府三年的磨砺，今天才明白，自己的长处在企业，若我继续在企业工作，可以肯定自己价值的体现，对社会的贡献，发挥的作用，比现在要大。但已经选择了，只能走下去。

明白了就要总结，告诉别人认清自己，把握自己。舞台大了好，还是小了好，企业大了好，还是小了好，没有定论，适合自己才是恰当的。杨澜在经历了阳光卫视失败之后，讲过一段感言"一个人适合做的事情是很少的，你把自己的那几件事情干好了就足够了。人能了解自己，那是最大的智慧。"

择业是人生大事，当你面对这样的选择，一定要先清楚自己，知道社会是现实的，你一旦选择了就要坚持走下去，所谓的"人挪活，树挪死"，在今天中国竞争如此惨烈的现实中，并不是普遍真理。不要只津津乐道那些换来换去成功的人，他们是成功的，又是特殊的，某种环境和机遇成就了他们，只是众生中的个别现象，不是大多数，你若要做个特殊的人，不是不可以，那必须准备承受比别人更多的磨难，承受更大的压力，当忍耐力、能力、自信心与机遇交汇时，你会成功，这也是一种选择。这种选择对年轻人而言是无奈，是挑战，是机遇，是痛苦的，但追求的过程却是快乐的，人生的享受恰恰就是这种追求。问题在于你做好了承受这种压力的心理准备了吗？

  对于已经历了很多，获得成功的企业领导，若你能经受得住忽悠，将你的财力、人力、智力集中于你熟悉的业务上，不去想远，专注于做精做细，不去想大，专注于做强做实，有一天你会发现，你不想做大，企业却已变大，你没想久远，企业却已变成百年老店，在行业中你有话语权，员工的骨子中渗出了对你的信任，家人靠着你既有今天，也有明天。到了此时，你会真正感受到奋斗中的艰难是至高的快乐享受。

  享受管理就是指正确选择之后向成功奋斗的艰难过程，而并非成功之后的举杯！

（本文系作者为2008年《方圆管理》总第2期写的刊首语）

"喜欢人的人"可以做好企业领导

前几年,在美国《读者》杂志上看过一篇文章,题目是《爱是最好的老师》,内容如下:

许多年前,有一个叫约翰·霍普金的教授给他教的毕业生布置了这样的作业:去贫民窟,找200个年龄在12岁到16岁之间的男孩,调查他们的家庭背景和成长环境,然后预测他们的未来。学生们运用社会统计学知识,设计了问题,跟男孩们进行了交谈,分析各种数据,最后得出结论:那些男孩中有90%的人将有一段在监狱服刑的经历。

25年后,教授给另一批学生也布置了一个作业:检验25年前的预测是否正确。学生们又来到贫民窟。以前的男孩都已经长大成人了。有的还在那里住着,有的搬走了,还有的已经去世了。但最终学生们还是与原来的200个男孩中的180个取得了联系。发现他们其中只有4人曾经进过监狱。

为什么那些男孩住在犯罪多发的地方却有这么好的成长记录呢?研究人员感到很纳闷也很吃惊,后来他们被告知:有一个女老师当年教过那些孩子……

于是,研究人员在一个"退休教师之家"找到了那个女老师。"究竟你是怎样把良好的影响带给当年那些孩子的?为什么这么多年过去了,当年那些孩子还记着你?"研究人员迫切地想知道这些问题的答案。

"不知道,"女老师说,"我真的回答不了你们。"她回想起多年前和孩子们在一起的情景,脸上浮起了笑容,自言自语地说:"我只是很爱那些孩子……"

看罢这篇文章，对我深有触动。当时我还在企业当厂长，便联想到怎样当一个好的企业领导，几年的实践让我悟出：喜欢孩子的人可以教好学生，喜欢人的人可以做好企业领导。

一、善在心中才能喜欢人

善是人类最伟大的德性。培根在"论人生"中说，我所采取的关于"善"的意义，就是旨在利人者，这就是希腊人所谓的"爱人"(Philanthropia)。在日常生活中，我们经常说某某人善良，即就是这个意思。善良由良心与善心组成。

1. 什么是良心

良心加善心，就是善良之心。良心重在自我调整，善心关注如何对待别人。良心是一种至高无上的义务，认为对的事就去奋斗。良心将法律刻在心里，成为辨是非、明善恶的道德标准。不做亏心事，不怕鬼敲门。做了坏事，心中始终不安，良心会鞭打人。

2. 什么是善心

柏拉图对幸福的定义为："灵魂的和谐""是至高的善"。评价一个人一生的正确标准是看他如何对待他人，以及他对社会带来多大的积极影响。追求灵魂和谐的方式是不断强化自己"适度的忘却"。忘却自己的功，忘却别人的过。大道无门，千差有路，透得此关，乾坤独步。

3. 良心与善心的关系

良心是心中自我比较的结果，善心是善举、善念的起源。与人为善，把人当人看是做人的根本，做事的基础。别人跟你干，逐利是前提，对人好可持久。否则，分帮派，谋人不谋事，尽力不尽心，你怎样对待别人，别人就怎么对待你，你对下属声大，下属对你使力小。良心与人的本性有关，性本善，还是性本恶，争论由来已久。其实人都有两面性，管理企业就是激发人之本性中良知的一面。

二、心有多大舞台就有多大

1. 正确评价自己的作用

一定要清楚,自己属于哪一类人。能力强能同人合作,这是当好企业领导最重要的因素。不能与人合作的人无用,看不到别人优点的人不会有作为。人的能力是锻炼出来的,而忠诚是培养出来的。怎样才能当好一个厂长,这其中有偶然的成分,也有必然的因素。我每天上班后第一件事,是将要处理的问题一一列清,然后分轻重缓急进行解决。当你不能为提高效率而工作时,你的存在就没有意义。与人合作,你可以聘到世界上最聪明的人为你工作,但是如果他不能与其他人沟通并激励别人,就对你一点用处也没有。

2. 要有解决问题的能力

对一个人而言,解决问题永远比发现问题重要。停止抱怨,可以使你烦躁的心情平静下来,抱怨只能说你倒霉的处境是咎由自取。反省自己,区分霸道与霸气,别总以为自己是对的。敢于正视自己的心灵,调整自己,改善环境。工作环境持久勤奋清扫,多想好事去净化心灵的环境。牢记"穷则独善其身,达则兼济天下"。

生活中的问题天天有、日日见,有问题是生活中的常态,关键在于解决问题的态度与能力。一是要有自信心,什么时候都要坚信我能行,为自己鼓气;二是请别人帮忙,组织别人共同寻求解决之法;三是不怨天,当自己的目标一时没有实现时,一定要从自己身上找原因,同时及时调整方向,不浮躁、有追求;四是错了要认,要敢于承认错误、纠正错误、改正错误。我就当着全厂职工家属的面,公开做了总经理的检讨;五是快乐与环境相关,不论走到哪里,都要给自己创造一个良好的生活工作环境。

3. 机会与问题的选择

机会不是常有,而问题天天存在。在我们企业,军品与电池是问题与机会之间的选择。以导航和信息产品为主导,军品是机会,电池是问题。抓机遇、促发展，问题采取调整、稳定的方式在发展中解决。不可将关系至上泛化，不可相信钱能解决一切，摆正实力与关系之间的位置，不断转化。与政府不可贴得太紧，你是利益主体。与高人交朋友，知道社会资源与资本之间有正相关与负相关的关系。

正相关，知名利，重名轻利。当有了利后，与官员及社会中有品位的人交朋友，将他们的资源为己所用，就是正相关。

负相关，知利名，与人相交，只为利什么人均交，则品位不够，成了只有钱没有其他的人。有钱的人很多，有钱又有品位的人不多。

官员与资源，权与利，恰当用权，知名利，则官是真官。滥用权，趋名利，则是官非官。

评价自己对待机会的态度。工作重要的不是效率，而是对未来的把握，有机会能否抓住，靠功底。一个真正的企业家往往不是把主要精力用来混世，而是扎实做企业。一个有价值的官员，往往不是把主要精力用来控制资源，而是借用资源为社会服务。

4. 锻炼感染别人的能力

首先是要学会演讲。用最简单的语言，在不同的场合，针对不同的问题，引导大家分享个人的观点，传达个人的经验。让未知成为大家心中共同的期望，共同向目标前进。演讲是领导者的基本功，要注意五点：一是明确自己传达的信息；二是长短与环境和中心思想结合取舍，不可随意拉长；三是融进自己的感情；四是开头用形象、鲜活的语言抓住听众的注意力；五是结尾要使听众有所领悟。

其次，是要学会讲故事。一般学会讲三类故事：第一类是"我是谁"，也就是讲述自己感人的人生经历和成功经验，用自己的人生故事来打动员工的心。第二类是"我们是谁"，目的是引导员工建立共同的价值观和企业理念，培养团队的协作精神。第三类是"我们要往哪里去"，也就是描述企业未来的目标以及实现这一目标的主要途径。讲清楚现实与理想的差距，从而激发员工实现理想的热情。

再次是展现人格魅力。当领导表现出真诚、坦率、言出必行的行事风格以后,员工就会对其产生信任,人格魅力也就有了,事情就这么简单。

三、行大道者成大器

企业是承载"少数人实现理想,多数人改善生活"的社会功能平台。何为大道?即以善良为做人之根本,以守规则为做事之基础,在战略指引下去谋势。何为谋势?用能量来解释就是压差。在管理中就是依据氛围和环境采取的权变行动,而权变的依据是利益。由谋利而采用的应变所形成的对竞争对手的制衡力量,这种力量就是势。

企业如何谋势?谋势也就是修渠,让水顺势向你那里流。

1. 市场势

先要知己知彼,对手干什么,你能干什么,对方缺点在什么地方;后要把握机遇,机遇是指知道市场资源的源头,何时何地会出现,你能利用哪些,如何修渠才能得到水,并产生流动。

2. 资源势

一般指资本、人力、技术三要素的结合。资本由收益率即回报决定,回报有现期与预期,重在预期,是诚信加实力的综合体现。人力是分配机制来支撑的,技术是产品的根本。

3. 文化势

文化与企业知名度相关联,是企业价值观之大成。

谋势指方向,用术指对策。所谓术,在企业管理中就是对策、手段、方法。势与术二者的关系就像战略与策略的关系,势依靠术来实现目的,术借势来发挥作用。没有势而采取的术往往是徒劳或有害的,弄不好会是阴谋,而非对策。因势利导是对势与术最有说服力的解释。

当优秀企业的停滞是以群体出现时,当方正、健力宝、三九、长虹等辉煌不在,当海尔、联想、万科、华为等优秀企业面临新的突破难题时,当产权不再是普遍困扰的问题时,只能跳出具体的企业、具体的现象,到这些企业领导者的头脑中去寻找答案。换言之,就是找到突破战略与文化的双重困境。

大源于战略，强源于执行。美国企业由大而强的机制是商业化的法制体系，背后是新教伦理的推动。日韩企业由大而强是建立在集体主义之上，相信大河有水小河不会干。因此，中国企业的兴盛，企业领导人的成熟，不能只依靠科学与技术获得，应在非物质层面上获得强大的文化动力，从英雄机会的驱动走向职业化战略驱动。

所以，以人为本，在企业中建立起符合商业规律和人性规则式的文化，是中国企业"突破"的起点和归宿。制度、文化和企业家人格魅力的有机结合，是中华模式的体现。制度就是让别人盯着你，你想犯错误也错不了。我在当总经理时，始终坚信四只眼睛比两只眼睛强，在财务上不搞一支笔。何必"大道无术"？在一个没有制度监督、没有反对机制的环境，悟"道"只能培养出权谋家。当前进道路上出现分叉的时候，决定成败的就不完全是能力，而是你的选择。你选择了什么，你就是什么。

选择有大选择，也有小选择。中小企业选择以人为善作为起点，就会爱才、惜才，就会由小到大，由弱变强。大型企业选择承担社会责任，就会在企业成长的同时，培养出有道德素养的社会人，从而促进社会的繁荣与企业的发展。大、中、小型企业选择的层次虽有不同，均是与人相关的选择，只有"喜欢人的人"，才可以做出这样的选择。

我在企业当厂长六七年，开始时心态也不是很好，也曾为此付出代价。但通过不断调整与完善，以喜欢人为前提，常怀感激之心，善心如水，不图回报，最终得到了回报。在三次职代会的评价中，优良率均达100%。特别是离厂时得到充分肯定，职工与我挥泪告别。如今回到厂里，从职工们的眼神中，能感觉到尊重。

2005年12月28日，在凌云股份有限公司成立大会上我即席发表感言："这里是我的根，有我的朋友、领导、同事，我把一生中最好的年华奉献于此，凌云培养成就了我，我熟悉这里的机器、厂房、产品，我热爱这片沃土，爱这里的每一个人。离开一年多来，我远远地看着、远远地注目着企业的发展变化。感到高兴的是,新班子带领全体员工使企业平稳有序、快速发展。我们有理由相信,凌云已步入快速发展的轨道,凌云的明天大有希望。如今虽然从政了,但我仍然忘不了在企业的日日夜夜,以凌云人自居,以凌云人为荣,还时常感觉自己是干企业的料,而不是当官的料。"

为了使凌云走得更稳、更好,我提了三点建议:

一是牢记企业永远要靠自己、靠产品、靠人才,企业核心竞争力是保有人才的能力。因而要不断地强化、再强化人才观。

二是秉承"兄弟团结好,家和万事兴"的理念,凌云就是靠团结和善待人,才度过了艰难的岁月。相互宽容、理解、支持是新公司应继续倡导的价值观。

三是"确保人人过得去,力争人人过得好"。"过得去"是温饱,现在凌云厂已经达到;"过得好"是小康、是平和,是新公司的奋斗目标。我仍然会远远地注视,远远地看着凌云厂,我会牢记自己永远是一个凌云人。

(本文系作者2015年在西安MBA学会方圆管理论坛上的演讲)

开放、公益、自然

参加西安MBA学会的活动，是我生活的一部分，我的生活理念已融入到了学会的理念之中，学会创办3年了，一直坚守的理念就六个字：开放、公益、自然。每次我都要讲一讲，因为每次都有不同的朋友。

开放，是说我们这个学会虽然叫做MBA学会，但却是一个没有门槛，进出自由的学会，可以是学过MBA的人，也可以是社会的各阶层人士，哪怕你是个初中生，只要你喜欢，都可以来。我们在创办的第一年和第二年以务实为主，主要和企业对接，企业存在什么管理方面的问题，营销方面的问题，都给予满足和解决。从今年开始，务虚的东西慢慢多了一点，由一家言变成多家言，完全是开放的。我们欢迎各位参加，与大家共同分享自己的观点。但是有一条宗旨：不管多么开放，绝不允许在这里讲对党不利的话，善意的建议可以讲，维护共产党的领导，是我们的根本原则。非常高兴大家都很支持。我有不少的宗教界的朋友，多年来和他们交流的非常多，他们对今天的经济盛世、文化乱世有深刻的理解，但是这个理解是建立在对共产党的挚爱、对国家体制的挚爱基础之上，我在国外待过一段时间，我能比较出来这种差异，学习西方先进的东西，不是把我们的东西都看得一塌糊涂，善言谏言是我们这个团队的宗旨，也是我们的开放原则。

二是公益。学会从创办那天起，就不断和大家进行心灵的沟通，这种心灵的沟通就是希望给一部分人，或者说在某一方面成功的人找一个交流的平台，在这个圈子里，帮助别人，或被别人帮助，是一个净化心灵的地方。会使你把帮助别人、吃亏当做一种习惯。所以学会三年来聘请的所有老师，没有付过一分钱的授课费用。凡是要我们付费的，我们一概不请，因为我们是一个公益组织，给任何人和企业提供帮助，也从来没有收过任何费用，也不允许任何个人借这个组织从事有收益的活动。但鼓励会员之间进行经济活动，希望大家能互相帮助，优势互补。

三是自然。我们日子过得都比以前好了，就想找一个交流的地方，交朋友的地方。如果来的人多了，就在一起交流；如果只有几个人，在一起自娱自乐也成啊。但庆幸的是来的人越来越多，影响也越来越大。

学会的理念，也是我的生活理念，是我追求的东西。多年来，我有四个圈子。第一个是工作圈，工作是我的本分，必须做好。由于我以前在企业比较个性，吃了不少亏，因此在工作中吸取教训，非常低调，而且还比较成功。努力培养自己不让别人关注，不在乎别人评价的这种心态，这就是我的工作圈。

第二个是健身圈，我创办了一个羽毛球俱乐部，叫"羽缘羽毛球俱乐部"。现有28个人，已经创办多年，是一个非常开放和谐的团队，以快乐为宗旨。每个礼拜活动两三次，十年来坚持的非常好，大家都非常快乐。

第三个是驴友圈，我发誓要把祖国的大好河山坐在轮子上走一遍。目前除了新疆和西藏等部分省市，其他的角角落落我都去过了。2007年黑煤窑事件出来，我带着家人，和朋友在山西的黑煤窑走了走，我们做社会调查。2008年汶川地震发生以后，11月份我带着家人在汶川、北川走了一圈。2009年，从甘肃上去，沿着雪山、草地、大渡河，把红军当年走过的路走了一圈。去年从青海湖上去，沿柴达木盆地、敦煌、甘肃那一线又下来。对我来说，工作和生活完全融为一体，我既激情饱满的去工作，又享受生活和工作给我带来的快乐，这是一种生活态度，是以人性为本的生活思维和理念。

第四个就是我们MBA学会，是个公益组织，就不用多说了。我希望大家通过这个平台去交流，去务实，既有炙热的激情，又平淡平实地去看待生活。

（本文系作者在2010年西安MBA学会方圆管理论坛上的演讲）

企业管理的"方"与"圆"

2003年10月,我出版了第一本言论集《让管理无真空》,当时即兴写了《方圆论》一文收集在书中。多年来,我已不记得多少次以方圆为主题作专题讲座,当这几年的演讲文稿又将结集成书时,我欣然提笔再续《方圆论》。

一、"方"与"圆"的概念

在企业管理中,方是刚,亦为制度;圆是柔,亦为文化。坚持原则谓之为方,广结善缘叫做圆。企业中方与圆的平衡,是一门艺术。厂长就像乐队的指挥,只有勤奋聪明和努力工作的人,才能真正成为其中的优秀者。优秀者不断修炼提升境界,这样的人才能称得上是智者,方可称之为企业家,或者极个别的称为战略家。改革开放30年后的今天,取得了一定成就的老板都喜欢以企业家自居,其实他们中有许多人,并不真正明白什么样的人,才称得上是企业家。

从企业领导层面上,管理者可分为优秀的厂长、企业家、战略家。优秀的厂长、经理的内涵是能抓住机遇获得发展,在行业里面有地位,是一个成功的人,是实实在在能做成事的人。企业家是建立完善、合理、实用的管理制度,形成个性鲜明的企业文化,有自己的思想并经过验证,是可行可传承的,可称之为家。企业家可做到无为,知道霸气与霸道的不同,明白企业管理是决策民主、管理权威,能把企业当一个军队那样去指挥。

而战略家则是在制度文化的基础上,能够平衡企业内外的各种要素,尽社会责任,在出产品的同时,也出社会公共产品——合格的社会人。战略家能够做到无为无不为,懂政治、会平衡、善取舍。举例来说,他在员工身边,员工感觉不到他对自己的干涉;他不在员工身边,员工会感受到他无处不在。还有一个鲜明的特点是从不把利益趋向作为直接的目标。这就是优秀的厂长、经理,企业家和战略家之不同。

从企业管理层面上,管理可分为人治、法治和文治三个阶段。所谓的人治就是能人治理,如果企业只有20个人,业务比较成熟,老板也比较能,有基本的财务制度就可以了,人治可以说是小企业最有效的管理方式。当企业到了一定规模,老板再有才能也管不过来,这时候就需要一个团队来管理,必须要有相应的制度,来界定团队之间的职责,也就由人治上升到法治层面,这个时候强调的权重是法治。文治是不管你制度规定的多么细、多么好,制度要靠人去执行。既然要靠人去执行,人不同,行为艺术就不同。在执行过程中,不仅仅是制度的完善与否,更重要的是制度的弹性与伸缩,要靠价值观去把握,这就涉及文化的问题。文治的概念是制度在我心中,每一个员工,每一个干部,要努力做对明天有好处的事。整个企业的管理是活泛的,原则性和灵活性相融的比较好的。

从管理本身来区分,可将管理分为两大类,一是管理技术,二是行为科学。管理技术是全世界通用的,比如计量方法、数理模型、信息化手段的应用。行为科学指的是一样米养百样人,注重的是组织理论和人为因素、风土人情、宗教文化,所以很难有人能就行为科学在管理中的理论与实践结合问题,做出十分恰当的判断让各方都认同。

企业管理的难点在行为科学,管理是一门科学,是艺术性很强的学问,而学问的不断成长来自于实践。行为科学太难量化和把握,因为他属于意识的范畴。国有企业的方式与民营企业的管理方式有差异,外企的管理方式和中国企业的管理方式也有不同。同样一个企业,当老板发生调整和变化时,管理方式会发生变化。或者同样一个老板,他的中层干部发生变化之后,他的管理方式也会发生变化。产品发生变化之后,管理方式也会发生变化。所以行为科学一定是和实践紧密结合的。企业家如果想教训你的团队,你就要善待他,就要喜欢他,他才愿意被你和现实教训,这些都是行为科学的内涵。

但人分善恶优劣,有君子、有小人;好用不好用,可用不可用,敢用不敢用,不得不用。美国 GE 公司前总裁杰克威尔奇讲过,公司并不是厂房、设备,公司就是人,除了把人管好之外,还有什么比这个更重要呢?要把人管好就要了解人的本性,要知道行为科学在管理中的分量,管理的艺术性就在此。

为什么说是哲学范畴,因为要不断地应变。哲学是人们对世界观的理论,是事物发展变化最一般的规律,在企业管理中的含义有三点:价值观、心态、辩证法。价值观是受文化影响的,是人们判断是非的标准,告诉你哪些可做,哪些不可做,哪些是对的,哪些是错的。心态是企业领导最主要的任务之一,要调整员工的心态达到平和理性的状态,企业不是百米冲刺,拼的不是爆发力,拼的是耐久力。平和理性的心态是需要锤炼、需要提升的,否则浮躁决策就会出问题。辩证法,就是从正、反两方面去看问题。从坏事里面看好事,好事里面看坏事。管人上不拿原则交易,不与小人为敌。决策上敢冒风险,但不能赌,这就是我说的辩证法。

其实优秀的企业领导人,一般都是有哲学思维的人,不仅能够辩证的看问题,而且能够用制度去支撑、去量化。在今日之中国,有什么样的企业家就有就什么样的企业,企业命系一人。

很多人说我活得很平淡。说心里话,在我们国家目前的环境下,我还不能说已经活得很明白。我们都是世俗的人,物质永远是第一性的,精神是第二性的。就像我和朋友们创办的西安 MBA 学会一样,大家都是世俗的人,都有名利的思想。所以我们需要找一个淡化名利、净化心灵的地方,这就是我们 MBA 学会的宗旨。当你有一个净化心灵的地方,你对世俗、对名利就有度的把握。能把握度的人，就离成功不远了，也就是高人了。

我讲的都是自己的人生体验。因为对人生有所感悟，在我帮助过的企业中，他们成功的概率也很高。有几个企业，我根本没有去过，就是通过和老板不断沟通，让他对人生有感觉，胸怀变得大一些，做事的方式和对人的看法发生变化。一旦做事的风格发生变化，企业自然而然也就跟着发生变化。当然，这需要企业老板的感悟能力，特别是在目前的社会环境下，只有你对人生哲理有了深刻的理解，再去谈管理的时候，好像哲学的大门自己打开了，很多东西才能看明白。如果有人学了些管理知识之后，把一些手段性的东西当普遍性的东西使用，那是一定会碰壁的，也是不会成为一个优秀管理者的。

二、"方"与"圆"的平衡方程

纵观管理技术和行为科学，其实都是企业管理的制度、文化和企业家人格魅力三要素平衡与完善的过程，用方程式表述就是：

制度＋文化＋企业家人格魅力⇒客户需求

制度是管理的基础，文化是价值观之大成，这些都要靠领导者人格魅力去推行。所以说制度、文化和企业家的人格魅力，趋于客户追求，这就是方圆的全部内容。需要牢记的是：

1. 世界上没有一种通用的理念让所有企业都获得成功，但是所有成功的企业，都会贯彻符合他们实际的理念

多年来，我多次和很多学者以及优秀的企业家探讨，到底是美英模式，还是日韩模式更适合中国企业。其实，日韩模式和美英模式在中国都有成功的范例。从科学管理上看，全世界通行的管理方法，中西方是一样的。但是，从哲学层面上看，东西方有不同。西方人是法理情，法比情大；日本人是尚法理情，法情结合；中国人是情理法，情最大。文化背景的差异，就决定了中国式管理与日韩、西方会有不同，适合自己的才是最好的。

原来在国企时，我坚信国企能做好，而且我也把企业做到了以价值观取向为做事方式的高度。到政府接触的企业多了以后，从文化和人的本性上不断拷问，我认为中国这块土壤更适合民营企业的发展，国有企业只有在特殊领域和资源领域有它的天地和发展的空间。因为中国人从骨子里头给别人干事干不好的比例比较高，给自己干也不一定能干好，这就决定了中国企业管理的模式，一定要坚持两点：一是要量化考核、绩效评价、区别对待；二是老板要有人情味，把员工当人看。坚持了这两点，企业才能说有了基本的管理基础。

2. 企业管理是悟性的体现，是一门艺术，只有勤奋加聪明工作的人才能成为其中的优秀者

这一点说明，成功者不一定是很聪明的人，原因是聪明的人多变。所谓的大智慧，其实就是大事少变，小事多变，所谓的小计谋则是大事多变。而要成为战略家，那一定是智者，智者善变。

一位法师在谈到内方、外圆的关系时候说，企业制度是佛珠，是内方，企业文化是丝带，领导者的人格魅力就是握佛珠的手，三者相辅相成互为依托，协调平衡的好，方能完成企业发展的三个阶段，即人治、法治和文治。

三、关于管理制度

所谓企业管理制度，就是支撑企业正常运行和发展过程中的一些重要规定、规程和行动准则。制度做到全面系统不难，做到"简单、实用、有效"绝非易事。这也是管理者的挑战与目标。

1. 制度化管理的目的

制度是企业发展的基础，但企业制度的目的是激励、顺应、约束人性。激励不多讲，好理解。顺应、约束，这是因为：①人都是自私的，君子和小人都要由规则来制衡；②市场经济在解放生产力的同时，也释放了人类本性的贪欲；③以人为本，何为本，满足人的需要，约束人的不良欲望，规范团队的行为，界定层级职责。

实际上制度化管理涵盖了三个方面。人是个奇怪的动物，贪欲是天性，不同社会形态和环境，贪欲者的表现强弱虽有差异，但欲望总是会时不时的表现出来。从历史来看，中华文化是建立在家族与血缘关系之上的，而不是建立在一个理性的社会制度之上的，因而大多数人在家族生活中养成了散漫、不守纪律、没有条理的习惯。再加上社会上注重门第观念，看人先看出身，没有合作精神，或者是欠合作的精神。这就为《厚黑学》《阴谋论》等提供了生存的土壤和环境，虽然不是社会的主流，但是在我们的根文化被隔绝，在经济发展到一定程度之后，又再次出现了。很多人堪称社会精英，但懂得取舍之道的却不多，不是终生为其所累，就是因贪走上歧途。那么，现在文明社会的标准是什么呢？无论人们的出身如何，无论你的位置多么高，每个人都应该享有基本的人权，人要懂得索取与给予的关系，生活的真谛不在于你能索取多少，而在于你能给社会和你的同胞的有多少，也就是社会责任。在企业里面，就是企业利益和个人利益的平衡。

改革开放30多年来，我们的教育培养了大批高级人才，但是很少培养出合格的能独立主持企业的管理专家。大部分知识分子不缺智慧，但缺的是勇气和正直的品性，因而在一个团队中，一方面要引导，另一方面要强制。强制就是要靠制度去规范，特别是中国人更需强制。

曾经有一个国际调查机构，对全球50万人做了一项"人性认同"的调查，主题只有一个："金钱是个人成功的最佳象征吗？"被调查者只需要选择"是"或者"否"。这项调查活动每10年做一次，调查结果显示，全球同意这一观点的人占57%，这就代表大部分人都认同这一观点。但在调查结果中，中国人和韩国人都占了69%，日本人占了59%，美国人只占33%，这就说明中国人比西方人世俗，恰恰印证了中国是一个世俗的国家，而不是一个意识形态的国家。

国情决定了君子和小人都客观存在，君子是大多数，小人虽是少数，但一般人惹不起，只能采取策略式的躲开，因为小人谋人不谋事，君子谋事不谋人。

在企业工作时，我曾经遇到过一个心眼很小的人，他是我的师弟，也是一个家庭贫寒的大学生，在他成长过程中，我和同学们都曾给予他很多友爱和帮助。他的外表显得很高傲，我知道他的骨子里面很自卑，害怕别人瞧不起，是以高傲的形象掩盖自卑的心态。他急于发财、急于求成，在企业多个部门里，用不了多久就和所在部门领导发生矛盾，把关系搞得很僵，我的前任对他做了停薪留职的处理。在我当厂长后，他希望回来上班，我当时对他说，只要你能找到一个愿意要你的部门，我就给你安排过去。一个月过去了，没有任何一个单位愿意接收他。我们设身处地的想一下，有哪个领导愿意接受一个整天告你状的员工在自己身边呢？这是人之常情。我也很想帮他，毕竟是大学的同学，一起待了好几年。但是他骨子里暴露出那种高傲的气势，没有单位愿意要他，最后还是离开了，于是就开始写信告我。当时我们的企业十分困难，效益并不好，但是他居然写信说我贪污了2000万。听到这个，我只能是一笑了之。三年之后他回来办手续，希望见见我，但是我不想见他，因为我觉得和他无话可说。对有恩于他的人尚且如此，不可交。

有一天，我早上来到办公室，他已经等在办公室外，我当时没有理他，就进办公室了。他在门外站了几十分钟后，走进我的办公室，进来后主动深深的给我鞠了一躬。然后说："经过这几年的碰撞，我知道自己错了。我看了你的书，我知道你是对的。我来向你认错，我想请咱们的同学吃顿饭，可是没人愿意来，我想请你替我邀请那些同学一起吃顿饭，我给大家赔个不是。"我说你既然承认自己错了，那么咱们可以好好交流交流，只要你能认错，就说明你成熟了，以前交的学费就是值得的。至于替你请同学来吃饭，我估计我做不到。但我可以把你认错的态度转达给大家，求得大家的谅解，我祝福你在今后的人生路上，顺当成功，快乐健康。

通过这件事我要说明什么呢？小人因为环境变化了，也是可以转化的。他不一定是在你的团队里面转化的,而是外部的环境转化了他。我当时以优厚的条件把他礼送出去,这其实是一种策略。

2.制度化管理的主要特征

一是体现简单、实用、有效的原则。做到制度健全、系统全面并不难,难的是在全面系统之后的化繁为简,即如何做到简单、实用、有效。

二是以评价体系为主线形成闭环。即:谁制订、谁执行、谁评价,谁来监督评价的人。

我们从严格制度管理开始,借鉴别人的经验,制订了《从严治厂25条》,在厂里宣传3个月后开始执行。这些条例贯彻遵循"简单、实用、有效"的原则,涉及工厂80%的事情都有规定,所有的员工基本都可以背诵下来。但推行的初期非常艰难,仅仅因为抽烟这一条,解除劳动合同6人,免除中层干部3人,门卫制度、卫生制度更是处理了很多人。

很多制度,我并不主张去创新,按体系做好就行。比如质量,要求严格按照质量体系做真做实,其中财务、工艺、销售、物流、人事及奖惩等方面的制度就需要严格细化。但是对于员工,仅仅需要知道自己所涉及的方面就可以了。后来又出台了《绩效评价》,也是遵循了这样的原则。企业的制度由职能部门制订,由全厂来执行,职能部门和业务部门负责评价。

绝大部分企业可以做到谁制订、谁执行、谁评价,但是做不到谁来监督评价的人,假如说,财务部门的人对别人严格,对自己松,谁来评价他们呢?所以说制度的评价必须形成闭环。我在厂里时有4个人直属厂长领导,他们都是德高望重,在各个岗位有一定经验的人,由他们负责监督管理部门的工作。评价的方法就是追问、查原始记录,查考评依据、查奖罚记录,对照执行情况及结果,评价制度的合理性,修订完善,每年进行,不断重复,即反复查,查反复。在年底奖励的问题上,我们有明确的规定,任何部门都不许发红包,所有奖励必须透明,必须公开上墙。很多企业都是实行背靠背的原则,但是我觉得企业管理水平体现的是民主化的程度。奖励制度，能达到70%的员工满意，25%的员工基本满意，5%的人有意见就很不错了，想让所有人满意那是不现实的。

3. 制度执行中要特别注意做到两点

一是执行中不搞下不为例。责任制实行初期要坚持责任不转移原则。企业在管理中，总有顺和不顺两种情况。我做副厂长的时候，有段时间资金相当困难，甚至连买酒精、棉纱的钱都没有，以至于造成生产任务不能按时完成。生产部门就认为是供应部门没有及时购买材料及元器件，供应部门又埋怨财务部门资金没有到位。财务部门讲产品没出来，未收回货款，拿什么给你。每个部门都有理由，这些理由你又无法反驳。针对这个问题，我经过思考，在全厂推行了"责任不转移原则"，即是在生产任务下达过程中，反复征求意见，这中间可以扯皮，可以争论，任务一旦下达，就不再做任何调整，出现问题，只追究第一责任单位的责任。这就要求规划部门下达计划的时候，必须反复征求意见，要具有科学性、系统性，全面性。我们第一个月实施了处罚之后，到第二个月，扯皮明显减少，有个车间为了能完成任务，垫资让采购部门采购了急需的辅料，以保证按时完成任务，这在之前是不可想象的。

管理中，有时候不讲理其实就是讲理。在我刚刚接手的时候，厂里有个不好的风气，很多干部居然把吃喝玩当做了工作的一部分。为此我们做了一个规定，五百元以上的招待费，必须由厂长亲自审批。虽说这对于一个大企业来说，其实不是很合理。但当时对控制那些不良风气却有一定的作用。这个制度执行到年底的时候，我们的总会计师都没有想到，他居然是第一个受到处罚的人。因为在我出差期间，他没有按照规定程序，由在家主持工作的书记签字审批，虽然总额只有一万六千多元，按规定从他的工资里扣除。可当时厂领导的年收入不到一万一千元，个人难以承受啊！但制度是铁的，不能搞下不为例，后来部门几个部长和总会计师协商承担了。这件事对厂里职工教育很大，在制度面前人人平等，没有例外。

二是狠心做好区别对待。积极评价、量化考核，用信息化的手段很容易实现，但要员工内心认同，要从观念和执行两个方面持续坚持。我们的工厂门口有块照壁上写着韦尔奇的33个字："成功的团队来自于区别对待，既保留最好的，剔除最弱的，并且力争不断提高标准。"

让所有员工每天都看两遍，牢牢记住"区别对待"的意义。韦尔奇还讲过，领导者最不该做的事情，就是将公司最优秀的员工和最差的员工一视同仁。因为这样无异于自毁长城。刚开始执行时，确实是比较难的，因为中国人好面子，你要把人区分出好坏，谁都割不下情面。但这是企业管理必须做的事情，所以必须狠心来做。因为要把人区分成好与差，这不是一件愉快的事。而区别对待是提高企业经营效率最有效的方法，同时也是最公正的，体现了有用才有价值的理念，能达到合理配置企业资源的目的。

在做的过程中，因为难，大家都不愿意先做。于是我们从厂级领导开始带头执行，我当时就说了，哪个单位的区别对待进行不下去，这个单位的一把手就走人，哪一天企业的区别对待进行不下去，我就走人。运行两年后，20%的区别对待又变成了轮流坐庄，去年你是优秀，今年你坐中间，明年大家再交换，也有部分领导把区别对待作为了打击报复的方式，这样就失去了区别对待的意义。面对出现的新情况，我们克服的方法是培训和讲评，要求所有的结果都要张榜公布，20%的优秀者和5%的落后者，都要面对全体员工的讲评，员工对中层干部50%评价的权利。这是一把双刃剑，这就要求一定要用数据、用事实来讲话，我也利用每一次机会，宣讲区别对待的好处，希望中间的人努力向优秀转化，让差的向好的方向转化。不合格的进行培训，再给你一次上岗的机会，实在转化不了的淘汰。

这样做有以下几个好处：一是正气上升，人人有压力，尽力做好自己的本职工作。二是干部也是区别对待的对象，员工有对其50%的评价权，他必须公正，必须善待员工，这样干群关系比以前改善明显。就企业管理而言，没有制度建设和管理评价，就不要妄谈企业管理，以贡献以绩效来评价，以结果为导向，不让雷锋吃亏，管理就到了不用扬鞭自奋蹄。

四、关于企业文化

文化是企业发展的太极。太极图由阴阳双鱼组成，旋转相伴，变化无穷，意味深奥。这就是宇宙万物的规律，其本意是变化、再变化的意思。世界上本来就没有绝对的对与错，真或假。更没有完全的黑与白，疏与密，太极生两翼，用于企业管理就是每家企业都是由无而来的，一旦企业成立，就会追求目标，追求目标的同时，就会生出两翼，即黑白之道。比如企业的得与失，善与恶，好与坏，都是天然的互相约束。企业中创新是阳，成本控制是阴；客户满意是阳，客户有意见为阴。太极讲追求和谐，讲和而不同，就如太极图两条阴阳鱼互相环抱，你中有我，我中有你，正与反、黑与白相互对应，用一个圆做整体构架，让这个图和谐自然，也就是道家常说的"万物负阴而抱阳"。道的本质是和谐，企业发展的本质就是追求内外的平衡与和谐，也就是企业文化的作用。

1. 什么是企业文化

有人曾做过一个实验，把5只猴子关进一个笼子，笼中挂一串香蕉，如果有猴子去摘香蕉，自动装置就会向笼中的猴子喷水。这5只猴子争着去摘香蕉，结果每次都被淋湿，慢慢的猴子们知道只要拿香蕉就会被淋湿。后来工作人员从外面放新的猴子进来，新来的猴子进来去摘香蕉，原来的猴子就会蜂拥上去打它。因为它们知道只要动香蕉，就会被淋湿。后来所有猴子的共识和行为准则是：香蕉不能动，动了就会挨打。

从这个实验不难看出，企业文化就是行为和制度的积淀，是全员认同的行为准则。企业文化不是抽象的，或者是含糊不清的东西，一定是具体的，在企业发展过程中慢慢形成的，具有鲜明的个性特点，就像猴子的共识"香蕉不能动，动了就会挨打"一样。

2. 如何建立企业文化

关键在于一把手的人格魅力和强力潜心推动。其特点是不在全，也不在印成册子，而是企业领导把你认为正确的行为准则，着力引导形成全员的行为准则，并用制度固化，就这么简单。企业文化的形成过程，也是企业家人格的完善过程。

企业家要强化三点：要有使命感，企业从来都是少数人体现价值，多数人改变生活，要努力帮助他们实现自己的愿望；要有领导力，将文化变为自己的信仰，自己的宗教，让全员成为坚定的"信徒"，跟着你有好处、有希望、有明天，即使吃亏也心甘情愿，你的领导力就变成了执行力；要理解良心是一种至高无上的义务，企业家良心的体现在"国家、企业、个人"三要素的平衡中，虽不同阶段中权重不同，长远一定要把国家民族放在第一位，这样你和你的企业在奋斗过程中就没有"天花板"。

要引导企业的干部强化五点：一是自我认知，培养强烈的赚钱意识。二是培养激情。激情是种天性，是生命力的象征。不要上司表扬就激动，掉眼泪。你培养的是激情而不是热情。三是建立自信。李嘉诚的经营秘诀是光景好时，绝不过分乐观，光景不好时，也不过分悲观。不要靠一身高级的衣服和豪华配置来建立自信，这是短暂的虚荣，而是靠内在的本领、知识。四是强化归属感。如果你不从属于自己的团队，你就什么也不是。建立并领导你的团队，首先从团队的一员做起。五是养成良好的习惯。学管理重于学技能，思考胜于阅读，保持并形成这种习惯。

3. 企业文化想要达到的目的

就是实现企业管理的"无为而治"，即文治。员工会自觉努力去做对明天有好处的事。文治是企业管理在法治模式基础上的升华，是以人为核心，以文化为导向，以制度为基础，以战略为重点的管理模式。制度与文化的关系，就是骨架与空气的关系。二者相互依存，要不断发展与完善，之间的平衡是难点，对企业领导的挑战是在不断的平衡中对自

己的恰当定位。曾经与人讨论此问题时,他问了我三个问题:

第一个问题:你靠什么控制企业?

我归纳起来有三点:制度、文化、管理者的人格魅力,管好自己该管的事。我只管三件事:"方向、文化、培训用人"。在企业中只分管办公室和规划部。人、财、物都不具体负责。对于企业来说,控制企业一定是职能部门和业务部门,并不是老板或高层,他们只是决策层。负责战略和重大事项,我认为合理的划分应该是厂长管2%,其他高层负责18%,剩余80%的工作一定是职能部门和业务部门来负责。假如企业一把手变化时,只要作为职能部门和业务部门的管理人员相对稳定,企业的基础管理就不走大样,文化的传承就有了基础。

第二个问题:什么是企业的核心竞争力?

我的认知是保有人才的能力。你有什么手段和本事,让企业中的人都能不断成长、不断进步,大学生几年后可以成为研究生、博士生,而不是蜕化成大专生。这就要创造一种氛围,这个氛围就是文化。

第三个问题:你的人生信条是什么?

我的回答是两个字:善良。善为至宝,一生用之不尽,心作良田,百世耕作有余。我曾在前本书的后记《善在心中》描述过:"我不知道良心这两个字对别人有什么影响,却始终左右着我的人生,关爱别人被人尊敬,均源自于想做一个有良心的好人,明白人。曾经帮过不少人,也被人帮助,然而最大受益者恰是我自己,因为我的心灵被不断净化。"好文化建立的重点一定是善待他人。

今年元月,我参加陕西高级人才事务所、人才网举办的陕西民营企业家评选活动,最后大会通过无记名投票方式评选,我获得"最受经理人欢迎的官员"荣誉。这就说明,帮助别人和被别人帮助,其实是相辅相成的。我当厂长第一年时,可以感受到员工眼中流露出来的是希望。第二年由于工作失误,感觉到员工的眼中流露出失望。第三年纠正了错误,再遇到员工时,眼神中是尊敬、是关爱,我很满足,我觉得所有的付出都是值得的,让我更愿意去为企业工作。

有一天,同一个哲学爱好者讨论什么样的人才能当好企业领导?我认为应该是喜欢人的人。企业最无价的东西是人心,凝聚力的体现是人气。"人气"就是企业文化所要达到的目的。

4. 怎样才算有了企业文化

企业文化的标志,就是全员认同的行为准则的形成,大家有了共同认知的价值观。

企业文化是一个自然形成的过程,不是靠突击建立起来的,是一个不断发展过程。既要创新,也要包容,一切以自然为原则。包容指的是价值观的包容,企业文化一定要允许不同的观点、意见存在,己所不欲,勿施于人。形成自我完善、不断调整的管理风格。当你离开这个企业时,你所提出的这些文化还能继续传承下去,才能说明这个文化是真正地建立起来了。

五、关于人格魅力

所谓领导者的人格魅力,就是领导者对他人的感召力和影响力,其特征是:开明、风趣、理智、关心人,具有鲜明的个性。也可以用"坦率忠诚、言出必行"这八个字来概括。一个人在成为领导之前,成功只同自己的成长有关,当他成为领导之后,成功就与别人的成长有关了。人格魅力的历练过程,实际上也是心态的锤炼过程。

1. 企业领导者的心态

为什么要讲心态?企业领导要明白自己不是政治家,但企业内部有政治,这里的政治就是策略。企业里的交往,一般都要保持距离,为了大目标、大原则,领导者应该和被管理者保持一定的距离,不要太关注自己的小圈子,否则,便会给那些和珅式的人留下空间。因为不保持一定的距离,把自己的感情渗透进来,就很难做到公平和公正,这点对于企业家,或者战略家来说,影响是巨大的。在和企业以外的人打交道时,要保持交往的度,以不伤人为原则。尽量不得罪小人,不与强者树敌,要耐得住寂寞，经得起诱惑，好人坏人一起当，对事看开而不看破，处事圆通而不圆滑，对人尊重但不盲从。

其次是对待利益的心态。作为领导者，首先要明白，自己本身就是既得利益者，你的存在是因为企业的存在，一定要懂得"皮之不存，毛将焉附"的道理，切勿过度夸大个人的作用。对待利益要有好的心态，不要什么事都想名利双收，这几乎是不可能的。人们常说："财聚人散、财散人聚"，如果想使企业形成良好稳固的团队，就要和大家一起分享财富和利益。这样，你的团队才能与你风雨同舟，持久地待在一起。

三是对待成功和失败的心态。企业家是市场教训出来的，不是从书本上学来的。在现实社会中，不管是民营企业，还是国有企业，厂长和经理都是高风险职业。保护自己最好的方式，就是按规则办事，诚实做事，宽容待人。成功是失败的积累，成功与失败总是伴随企业成长的全过程，成则弹冠相庆，败则吸取教训，不论是做事，还是做人，时刻牢记九个字：尽人事，知天命，顺自然。

2. 如何建立领导者的人格魅力

我的体会是，只要做到："坦率真诚、言出必行"，就一定能为同事和下属所拥戴。具体可从以下几个方面入手：

首先是明白自己该做什么，别人该做什么，责任一定要清晰。如果你是老板，需要做好企业文化、企业方向和培训用人这三件事。如果你是部门负责人，既要管大事，也要管重要的小事，但不要管全部的事。控制企业的一定是职能部门和业务部门，但引导企业方向和风气的，是老板行为在起作用。

其次是坚持评价，让合适的人去做合适的事，把那些不合适的人调开。用业内评价、同事推荐等各种方式，发现各方面优秀的人才，时刻知道他们在什么地方，做什么事。在企业工作时只要不出差，我几乎每天都要循着厂区走一圈。每次走到车间，都要到优秀员工身边站几分钟，哪怕聊几句话，让他们感受到企业领导在关注他们，爱护他们，和他们心贴心。比如我们的设计所，许多人的成长是交了很多学费的，都是企业的宝贝。我在大会上讲这些人给一千万，我也不换。这样量化是要让大家知道，企业对人才的渴望和保护。

三是提供指导，帮助部下提高各方面的能力。我在企业时，每年有三个会必须开，一个是职代会，这是法定的。企业发展方向、员工福利待遇等，都要在这个会上定。第二个是科技工作会，每年大的技改项目、科技表彰等重大事项，是在这个会上研究确定的。这是两个务实的会，开会选择的时间会早一些，基本上都是在年初召开。还有一个务虚的会叫经营工作会，每年七八月份天气最热的时候，利用周六和周日两天时间，把中层干部和一些关键管理岗位上的干部封闭起来，谈问题、谈思路、谈发展。务虚会有两个主题，一是找问题，二是找出路，然后让大家围绕这两个主题进行讨论。我们有一个基本要求，就是在这个会议上不讲成绩。所有人都必须提问题，找你单位的问题、厂里的问题、领导的问题，但是不许攻击人。在听完发言后，我连夜整理大家的意见，在会议结束前做总结性的讲话。这么多年来，我所有东西都是自己写。所以《让管理无真空》这本书中比较有分量的文章，都是我在经营工作会上的讲话。在讲话中我会就今后一年企业主要应该关注什么，弘扬什么，普遍遵守的基本要求进行阐述。让干部们明白什么该做，什么不该做，也就是统一思想。

四是树立信心，帮助下属树立自信。要给干部多讲你能行，即使有问题也不大，一定能解决。我们当时有一个项目，投资了一个多亿，亏了十年。把谁放在那个地方都没信心，认为那是个毁人的地方。我就给一位干部讲："让你去是让你先稳住，你的任务是每年减亏一千万，三年之后持平。让我目前的主要精力不受牵扯，三年后我全力以赴支持这个项目。你在这段时间把队伍带好，把设备管好，把市场维持住。我相信你会做到这一点。"他看我对他的要求并不高，就努力去做，三年后比预想好很多。今天这个项目已经是企业主导产品之一。当你下属没有信心的时候,你一定要鼓励他坚持下来,创造一种宽松的环境。有问题你顶着,而不要把问题抛给他。

五是有勇气敢做不受欢迎的决定,敢说得罪人的话。不要指望你做的所有决定会让所有人接受,你的目标就是为了做好,其他都不重要。

六是敢于承担风险,勤于学习,成为表率。冒险与学习之间的关系密不可分,创新总是有风险的。在实际工作中,我常常向书本学习,向自己身边的人学习。我们规划部的部长,年龄较大,全面、认真、苛求。我刚当厂长几天,他们部多人找我,觉得无法相处。我让他们充分发表意见,听后主要是工作方式方法有问题。这个人曾经是我的领导,我深知他的优缺点,我告诉大家我需要他,工厂也需要他,你们之中没有任何一个人有他的能力,他是企业的宝贝,咱们一起去把他的缺点抑制住,让他的优点充分发挥。事实证明,在我当厂长期间,此人对企业做出了巨大贡献。在他退休的时候,厂职代会授予他"企业发展功勋奖"。在我离开企业后的第二年,也给我授予了这一奖项。此奖是工厂最高荣誉,建厂50多年,获奖者有3人。我是第三人,他是第二人。事实上,现在企业领导层中有两人,中层干部四个人,都是他培养出来的。他虽然对人苛刻,但务实、认真,在他手下你的潜力会被激发,成长更快。

七是要开庆功会。庆功能让人有胜利的感觉,我们党委也好,工会、妇联、团委,都经常有这样的活动。它最大的作用是创造了一个充满积极活力的氛围,让在这里工作的人感到有劲头,有奔头。

以上几点,是我在做团队素质提升过程中的做法,它是一个让员工认识你的过程,也是你的人格魅力锤炼的过程。一个人的成长,需要志同道合者的鼓励,也需要树对立面,不断的提出批评和警示,还需要不断的学习。人格魅力的塑造,一定是心态和价值观不断完善的过程。你把自己当做一名园丁,一手提着洒水壶,一手提着肥料桶,偶尔也需要清除杂草。心态上就是一定要把绊脚石变成垫脚石,而不是踢开。如果这样的话,你大多数时候只是浇水施肥、细心呵护就可以了,随后你就可以看到满园花开。

现实生活中，优秀领导者有各种类型，有默默无闻的，有爱唱高调的，有充满理性的，还有容易冲动的……从表面上看，很难总结出他们有什么共同的东西。实质上卓越的领导者总是满怀激情地关注自己的员工。

如果你是老板，你必须清楚，你想从工作生活中得到什么？需要什么样的人来干你想要的东西，然后组织人去实现。实现的过程就是你化解、平衡各种要素的过程。其主要要素是：制度＋文化＋管理者人格魅力三者之间的平衡。

在企业管理中，你会处处用到方与圆，如果你是中层干部或是普通员工，你想得到提升，就要先满足老板的需求，其次才是你的需求。老板和员工就要在工作中不断寻找平衡，反复实践，不断感悟，在一段时间后，你会发现事情并没有那么艰难，不过是平凡的生活而已，把工作生活融为一体，享受其中的快乐。

善待他们，以坦诚、正直、乐观和仁慈的心态去对待工作。领导才能是与生俱来的，还是后天培养的？其实是兼而有之，智商和情商似乎是天生的，但又不全是。有些是在人生不同阶段培养的，失败累积教训，成功增加自信。对于大多数人而言，一旦成为老板，游戏规则改变之后，领导才能的培养就开始了。以前你只要做好自己的工作，现在你还要学会做别人的工作。只要你能做到"坦率真诚、言出必行"，就是一个优秀的领导者，就会成为一个有人格魅力的人。

（本文系作者2009年11月2日在第二届方圆管理论坛暨西北MBA主席峰会上的演讲）

企业中的显规则与潜规则

为什么要讲潜规则？一是当今社会盛行潜规则。比如说的不一定做，做的不一定说。实际上中国人多是这样，说一套做一套的是普遍现象，这也是文化的表现。二是管理者有完美的追求，否则便会落入庸俗化、低级化。三是人性中有自我的一面，国人就是在潜规则与显规则的互相博弈中生存的。博弈的结果是什么呢？让管理者知道把握度的概念。这就是为什么要讲潜规则和显规则的原因。

一、概念

企业中的显规则与潜规则是桌面上的事与桌面下的事。是相互依存，互相较量后达成平衡与统一的一对矛盾体。显规则是大家普遍遵照的行为模式，是一种稳定合理化的秩序，其特征是可以普遍实施，使企业行为可以预期，享有名义上的正当性，即可以摆上桌面的事。

潜规则是对显规则的一种中和与过渡，是一种利益调节，其特征是客观存在，只可心领神会，但不成文。即桌面下的事。

二、六大潜规则

当今企业中流行的六大潜规则，反映了人们处事待人的一种方式和策略，很难武断的下对与错的结论。

1. 一切有利于客户的行为都不可耻

满足客户要求是企业目标，但现在客户中，林子大了，什么鸟都有，客户的某些行为你管不了，也无法引导，但要内外有别，自己把握度，"内方外圆"的含义则在于此。

2. 信任比能力重要

这里面有两层含义,一是你是下属,能力太强,也有实力,但太显能,上级就会防你,防你就不会给你太好的岗位,弄不好你就变成了只会干活的能人。二是你是老板,要充分理解国人是阴阳思想的民族,阴中有阳,阳中有阴,说"不相信"有"相信"的成分,说"相信"也有"不相信"的成分。对下属相信只能到合理的程度,不能过"度"。

3. 面子比待遇重要

也有两层含义。一是面子是情,顾及了别人的面子,是有价值的,会有回报。国人爱面子,多会认死理,爱面子,实质是要脸,从正面理解是重视荣誉,从反面理解就是爱虚荣。老板要牢记,处事让别人没面子,吃亏的不一定是他,可能是你自己。给了钱、伤了心的蠢事少干。二是脸则是理,讲情理是以理为本,视情为末,爱面子爱到不丢脸的限度就是合理,这就是讲爱面子的度。

4. 人与人之间曲线距离最短

还是两层含义:一是国人喜欢"不明言,点到为止",恰到好处地讲一下,大多随大流,看别人怎么说、怎么做,也就是逢人只说三分话。例如提问题,会看脸色行事,解决不了的问题不提,能解决但不急的事不提,现在急且又是建设性的才提,否则就是不明白。二是普遍在制度执行中保留若干弹性,用来通情达理,看似不公平,实际上是合理的"不公平",倡导沟通,建立在此价值之上就可以了。

5. 不讲理也是硬道理

企业可通情理,但实际中更要达变,这是常态。例,决策层、执行层、管理层之间的关系中有个一米高理论,决策层让跳一米高,执行层没有理由问为什么要跳一米高,你的责任就是跳过一米高。不是什么事都讲通了再做。这就是大道理与小道理之间的关系。大道理是战略,是制度、文化,是善待人。小道理是策略,是执行、是应变。

6. 听话容易升迁

顺遂、有眼色能占便宜，认死理会吃亏。对上对下刚柔相济、宽严适度，迁就而不显巴结，巴结又不显低俗，就掌握了"度"。

三、显规则和潜规则的交互与交易

显规则与潜规则是共存于企业之中的，是企业发展的两条腿，缺一不可。

显规则会随着企业发展到一个阶段，通过文字的形式来固化。而潜规则的显规则化也是企业中的一个普遍现象。

四、显规则与潜规则的博弈

中国企业管人难的原因之一是中国社会盛行潜规则，说的不一定做，做的不一定说，台上讲的和台下做的往往不是一回事。国人的生存环境就是在潜规则与显规则的相互博弈中形成的，一般来讲，企业中的博弈分三种情况。

1. 企业内部各种利益的博弈

任何一种企业中的小团体，其行为有多种选择，而不同的选择带来的收益与付出的成本会有所不同。从整个企业来说，选择显规则能够促进企业持续和有序发展，但从局部利益而言，小团体往往选择眼前对他们有利的潜规则。多数企业是在显规则与潜规则之间博弈后，达到一种平衡。理性的个体，一般选择双方利益最大化的均衡策略。

2. 规则与人性的博弈

由于人性的缺点，可以派生出很多潜规则，例如，任人唯贤，以人为本是共识的显规则，但人是有感情的，易形成谁忠诚，谁跟自己交情深就提拔谁的潜规则，各遵守到什么程度，就是一个博弈。完全按潜规则办，企业没有正气。真的不掺杂一点感情，也不符合人性，可能会失去支持。方式是通过博弈而达到和谐，这里难办的是创业功臣、老同志，要牢记官与民不同，人情味一般要体现在弱势群体和老同志身上。

3. 个体与规则的博弈

任何一个人由于理念、能力及由此产生的影响力，会与企业之间产生博弈，若其人是能臣，他因对潜规则的挑战失败而走，企业就要反思，为什么留不住人。当企业的潜规则足以使人无法生存时，企业将面临重大损失。另一方面，个人势大完全左右企业显规则时，企业同样很危险。

五、显规划与潜规则的均衡

显规则与潜规则均是企业管理中的客观存在，潜规则有其客观性与合理性，不完全是不合理的。问题在于如何把握潜规则在企业中存在的度，并让部分潜规则适时转化为显规则，要做到度的把握，就要明白两点：

1. 水至清则无鱼，人至察则无徒

说的是从管理者的原则来看，组织的方方面面留有余地，互存不良，反而顺理成章，和谐有序。那种对管理完美、极致的追求是管理中的终极目标，一般很难达到，即使做到了，对企业而言也并非完全是好事。管理者的责任不在于花更多的时间清除不良因素，而是任其适当合理存在，管理的重心则在于不断强化培育企业的自我净化能力。我们企业有一个告状多年的人，自20世纪70年代他开始告车间主任及时任厂长，到我的前任及我当厂长七年，他亦告我七年，事都不大，历来各级领导对他妥协让步多，严格要求少。但不论如何处理，均不满意，不断上告。有趣的是，我当厂长时，他已退休，我对他不熟悉，甚至至今对不上号，由于家属区防护栏拆除一事，他对工厂补偿有意见，拒不执行工厂规定，开始告厂长、告工厂，不少同志认为其是无理取闹，主张严肃处理。我却从另一面看到，他虽固执，认死理，但其告状的途径合法，一是署名；二是向组织反映；三是遵循法律程序，往往是法院协调无效后，裁定后他不服，又告或找其他理由继续告。从他的告状中启示我，企业出台任何与家属、员工相关的文件，一定要合乎国家大法，要让法律顾问把关，此事促进了我们企业法律顾问处的建立，以法治企纳入企业法制化管理之道，他成了我们企业法制警示的一面镜子。

2. 把"绊脚石"变为"垫脚石",比踢开省气力

管理中不同声音,不同政见是常态,有些可以化解,有些只能利用,相互包容,主动一方要认可差异,有序磨合,按规调适。"打、压、排"均不是最高明处理之策。对有些能力超强或一技在身,暂时离不开的员工,应在显规则下给正面评价,在潜规则下给办实事,引导其转变。领导者的价值在于把不同的追随者培养成有用之才,不能转变的则利之、用之,极个别骄其意、狂其态,然后适度调适,一般都能相互达到一种平衡。

此文含有对潜规则正名的些许含义,也许不当,但合乎现实与情理。情与法的妥协亦是这么回事。

(本文系作者在 2007 年西安交通大学第三届管理科学与艺术节报告会上的演讲)

大洗牌背景下的企业经营模式

现代企业经营模式的三要素是：产品＋渠道＋内容。只是不同的行业在不同的时代背景下，根据自己的情况对三要素附加的内容不同。比如传统产业的产品就是实实在在的物理形体，渠道就是经营和营销的管控链条，内容可以是服务，也可以是口碑或品牌；对于互联网企业，产品可以是物理实体，也可以是虚拟理念，渠道就是平台，内容是服务加口碑。所以不论是传统企业，还是现代的互联网企业，如果能够在这个大环境、大背景下，附加适合企业和背景的内涵，就能够成功渡过目前的难关。

一、企业面临的三个背景

第一是世界贸易保护主义抬头。当今世界，政治、经济的主要游戏规则是由西方人，特别是美国人制订的，凡是和西方国家关系比较好，或者属于西方体系的国家，经济相对都比较发达，因为在这个体制下，他们可以调用全世界的资源。在全球化初期，西方国家把中国定位为在全球贸易中为他们生产低端产品的打工者。但没有想到中国人开始吃了些亏，后来生产出来的东西越来越好，中国人利用西方人给的这个机会，成了全球化的最大受益者。而且在全球化初期，只要是好东西，价格低就能卖出去。但现在不仅要东西好、价格低，还要关系好。当美国人发现中国人利用全球化机会，可以和他们平起平坐，有发言权了。他们要从全球化的浪潮中退回来，退到贸易保护主义。只要美国的贸易保护主义一抬头，所有的国家都会跟着把自己的大门闭紧一点。

我们的高铁,在技术、价格和服务上都优于日本,但是在和泰国的合作中,不仅提供资金、技术,还要以物易物,以买泰国的大米作为交换,才能进入泰国的高铁市场。我们虽然和阿根廷、巴西的政治关系比较好,也是资本开道,交换合作,买他们的石油、大豆,高铁才能走出去。这就是今天全球化退潮后大的经济环境,也使我们和欧美之间的贸易纠纷越来越多。

第二是互联网改变了生产、消费、交易等经济生活的方方面面,倒逼形成新的规律、规则和习惯。只要点击一下鼠标,就可以在全世界调动资源,进行模块化生产,传统的企业和传统的生产方式面临着挑战。但大宗商品是个例外,大宗商品目前的环境还是需要政治引领的,国家领导人出访,一定会带一批企业家谈经济。实际上各国现在都是这么做的,政府搭台,企业唱戏,不是我们省与省之间,而是国与国之间的模式。但是互联网改变了小宗商品的生产、消费、交易,并且倒逼形成了规律、规则和习惯,这是大家有目共睹的。

第三是全球去产能过剩的本质,不仅仅要去政府,还要去企业。产能过剩不仅仅是中国的问题,也是世界的问题。政府面临着改革的压力,企业面临着生死抉择。十年前,每遇到经济危机或者行业大洗牌,许多企业要么抱团过冬,要么收缩,大家相信只要扛过冬天就是春天。而现在,随着产品价格持续下跌和人工成本持续上涨,缓解经济危机的时间加长,面对持续亏损,又有多少企业能够撑到春天呢?从全国来看,产能过剩的钢铁、水泥、造船、光伏、LED等行业,也都困难重重。有关专业人士预测,八项规定出台后的两年之内,泡沫巨大的50%的白酒经销商会倒闭,30%的白酒企业会关门。在这种大环境下,有些企业还想死扛硬熬,但有相当一部分企业是撑不过去的。

二、外企、民企和国企的现状

目前,外企、民企和国企都面临着新环境、新形势的挑战。

改革开放初期,外企进入中国,看中的是中国劳动力便宜。但慢慢的中国市场启动了，他们更看中的是中国的市场。特别是电子以及汽车、钢铁制造业等高端装备，在中国市场叱咤风云，那时中国市场基本上是外企的天下。中华民族聪明勤劳，虽然创新能力不足，但是模仿能力比较强。这几十年下来，我们造出来的东西价格低、质量好，虽然服务不如外企规范，但是比他们快、比他们好。今天，中国一般产品的制造能力、配套和服务能力已经完全可以和世界上同类企业竞争，在多个领域已把美国甩到了后面。这是我们实力的真正体现，所以外企的竞争环境恶化。再加上美国人总是把中国当做他的对手，在很多方面限制中国，迫使我们在安全和战略层面上，肯定是要用国产的东西，外企在中国卖东西更为困难。他们在中国只有两条出路，要么是他们的产品中国没有，要么是已经本土化，如果走不通的话，就只有走人这条路，这就是外企在中国今天所面临的环境。

国企原本的红利已经基本吃完，在十八大之后，我有一个判断，就是国企垄断地位的前景不妙。除特殊行业之外，在国内反垄断的大背景下，中石化、中粮、银行等的成长空间已经被大大压缩。只有那些完全市场化的国企还有成长空间，但是靠资本、靠国家保的那些国企的成长空间基本上很小了。改革开放35年来，国企改革经历了三个阶段，第一个阶段是20世纪70年代的承包制，主张放权让利搞活经营，当时成长了一批草莽级别的企业。第二个阶段是始于1994年的公司化改制，提出的口号叫抓大放小，国务院确定了100家大中型企业为现代企业的重点，1998年又提出了3年脱困，国企初步建立了现代企业制度，这是国企发展的黄金时期，也是相对规范的时期。2003年之后，进入了第三个阶段即兼并重组，要把当时的国企压缩，然后调整国企管理，以资本管理替代资产管理。副产品是培养了权贵资本主义，我们原以为国企可以弥补市场失灵，体现国家战略，实际上没有达到此目的。如今国企改革的大方向就是国资委要从"老板＋婆婆"的位置退到出资人的地位，让市场去决定国企的最终出路。

今天的民企，已进入你死我活的竞争型阶段。量大面广的自由竞争市场，早已成了民企的双刃剑。进入之前形势一片大好，进入之后迅速成为炮灰，没有成为炮灰的，那就是英雄或者枭雄。在这种极端困难的环境中，民企的成长是最靠得住的，中国经济的希望就在这里。华为就是在这种氛围里成长起来的世界级企业。

综上所述，企业现在面临的危机，不只是行业供求不平衡那么简单，企业过去所赖以成长的背景、前提和基础，都变成了企业自身的战略危机。

战略虽然指的是企业方向性、长久性的东西，但它也是阶段性的。在有些人眼里，战略似乎是云里雾里，其实不然。宝鸡曾经有个卖面皮的小店，虽然店开了不长时间，但每天做多少面皮都能卖完。该店不仅面皮质量好，主要是调料很特别，后来面皮按质量由别人代工，但坚持自己配调料，生意仍然很好，他的战略就在调料里面，一定要比别人特别，这样才能比别人长久。所以战略并不是虚无缥缈的东西，在不同的行业，不同的企业，内涵是不同的。

目前企业所面临的战略危机在于，原有的经营方式、理念、经验在新背景下的失灵，有的甚至成为导致企业失败的根源。但遗憾的是企业对战略问题的忽视是全球性的，日本的家电、诺基亚就是战略选择失误的典型。所以企业在新背景下重新定位战略，经营模式创新求变，是适应新时代背景的前提条件。

三、小米与格力，谁能代表未来

2013年底，格力的董明珠和小米的雷军在央视的10亿赌注之争仍在继续，争论的焦点是董明珠认为互联网只是工具、渠道，离开水泥和机器的支撑，从长远来看是靠不住的。而雷军则认为，互联网不仅仅是工具、是渠道，更是新思维，互联网既是企业战略的立足点，也是企业经营模式的基石。

格力与小米代表的正是当下全球产业经营的两极，一个是传统企业，一个是现代企业。格力与小米之争,其实是传统企业和现代企业对于代表执行力的经营模式未来走向的判断分歧及路线之争。传统企业讲求生产经营和科技创新,注重对生产链的控制。比如格力,专注于空调领域,以技术为核心,自建了庞大的销售渠道,从研发到生产、销售都牢牢掌控在自己手中,强调以自己出色的品质对上下游的控制,实现利益的共赢,创建口碑。

品牌和口碑是不一样的,在这个品牌满天飞的互联网时代,人们关注品牌,更关注口碑。但格力的问题在于,在产能过剩的时代,生产经营资源的极大饱和甚至过剩,意味着生产经营只能在利润的低端,而科技创新红利和效应的缩减,则意味着科技创新并非普遍意义上的企业利润源泉。原来认为只要我的技术好就能生存,就能比别人活得久。而在互联网时代,企业管理成本提高,管理幅度的经营优势随着时间的推移逐步递减。相反,小米却站在巨人的肩膀上,它把别人的核心技术拿来为我所用,并通过构建网络供应商、服务商、物流商等合作伙伴和用户的网络系统,整合别人的资源,利用互联网的迅捷实现产品的快速生产、快速销售和快速换代。而互联网思维的核心就是"快+口碑",而不是"快+品牌"。在"产品+渠道+内容"模式中,它靠产品树口碑,靠渠道和平台来体现快,靠服务来体现内容。

但如果据此判断小米模式优于格力模式,也有点牵强。我认为笑到最后的倒可能是格力。因为互联网经济的最大特征是变化快,今天一个成功模式很快会被新的模式取代,也许10年内小米会比格力发展得快,规模会远远超过格力。但稳扎稳打、根底扎实、底蕴深厚的格力,在10年、20年后也许还会存在。但小米就不见得,小米的风险远大于它的成本。代表现代企业家的风云人物马云在2013年一次内部高层会议上,对他的高层警告性地说:"你们大家再不动,我们就要死啦。"这就是马云的危机。因为有人已经威胁到了它的生存。腾讯的微信短短两年就将6亿人的社交关系稳固下来了,并在这个平台上推出了游戏、购物和支付等应用。与此相比，真正可怕的是新商业形态背后的消费者行为，移动时代的消费者可以通过微信关注朋友的动态，订阅英文资讯，关注喜欢的商家产品，也可以在这个平台上直接进行商品和服务交易。难怪百度董事长李彦宏说："移动互联网还处于摸着石头过河的阶段，每个巨头都有几块石头，但是不知道哪一块石头可以带着大家到达彼岸。"

四、三点结论

结论一：无论是格力模式还是小米模式，都无以代表未来，因为任何模式的成功都是阶段性的。但今后一段时期，有效的模式也许会是小米＋格力模式，并且是线上线下的融合，走向一体化，即传统模式和互联网模式，你中有我，我中有你。如果格力的董明珠能够借鉴互联网模式，那么她一定会走得更好。

结论二：能够跟上并不断适应规律性节奏和环境节奏的模式，才是最好的模式。管理大师德鲁克生前认为，所有发展过快的公司都会有问题。这里的问题不是经营中遇到的常规问题，而是是否能同时把握规律性节奏和环境节奏。经济规律是每5到10年会有一次周期性的繁荣、衰退、萧条、繁荣，不断重复。

结论三：在互联网时代，一定要有与时代同步的经营理念。例如工业化时代，品牌、规模、低成本是制胜的利器，一直讲究要大、要上规模，大家已经形成了一种认识、一种理念。但在互联网时代，规模化如果不能持续增长或盈利就很危险。而现在不一定拥有太多的固定资产，互联网时代是会借会合作，借力借势借脑，你只拥有你最基本的资源就成。

总之，政治和经济会越来越紧密的联系在一起，做企业，也要研究政治，了解大方向，只埋头干自己的事情是不行的。世界经济是美国人说了算，中国的经济是国家主导的，只有在经济规律节奏和环境节奏中去适应创新，为产品、渠道、内容三要素添加属于自己企业的内容，才能把握最有效的商业模式。

但一定要切记：没有永远成功的商业模式，我们还要不断去适应、去变化，跟着时代走，顺着潮流前进。只有这样才能在越来越激烈的竞争中立于不败之地。

（本文系作者2014年12月14日在西安MBA学会方圆管理论坛上的演讲）

人性可塑

管理大师杰克伟尔奇讲"企业除把人教育好之外,我不知道是否还有比这更重要的事"。企业管理的核心一定是围绕如何激励人力资源展开的。

人性可塑,人是环境的产物,员工是可以改变的。员工不好不一定是员工的原因,责任可能在老板。我当厂长的时候,员工对班子,特别是对某些领导的评价很差。好多老同事就给我建议,说这个人行,那个人不行,能不能给上级建议把不行的人换掉。我当时觉得,我没有权力换人,也不想去换人,能做的就是包容人、理解人和信任人。而且这些人大部分都是我的老领导,我也知道他们各自的优点和缺点,我的任务就是和党委书记一起,让他们的优点得到发扬,缺点得到改正,而不是去换人。我始终认为人是可以改变的,两年后,我们班子的整体评价优良率达到96%,原来认为不行的人,两年之后就变成能行的人了,老百姓的整体评价很好。所以说,作为称职的领导,你的任务就是创造一个环境,让有能力的人的优点得到成长,缺点得到抵制。有些是他自我调整的,有些是外部强制的,这要因人而异,不可偏废。

管理者要赋予员工责任和权限。一定要责、权、利对等,决策层、管理层、执行层都要清楚。我们当时在管理上实行统一管理、各自为战。坚持五统一,即统一质量管理、统一技术管理、统一财务管理、统一技改管理、统一对外管理。在这个前提条件下,给任何一个子公司放权。坚持放权、放权、再放权,评价、评价、再评价,并以此作为衡量我们决策层的标准,考核主要就是看你放权了没有?你评价跟进了没有?相信只要你放权了,然后再加以正确的评价和引导,你的下属自然会成长。

管理和被管理者都是人,必须被同情和尊重。阴阳共存、阴阳平衡、相生相济、相互制约,是太极中最重要的法则,也是建立制度、文化的前提条件。把人当人看,善待人是一种修养。一定相信你的员工,你的下属,你周围的人都是可以引导和教育的。净空法师和谐拯救世界的实验就说明了这个道理。

净空法师是当今世界公认的得道高僧。他主张能够救中国的是传统文化的释、道、儒,当今中国只是忘了本、忘了根,当今世界西方太好武力。他认为世界一定要靠和谐与自然,人是可以教育好的,不用别的,就用我们中华民族的《弟子规》即可。2005年,净空法师在自己的故乡,安徽省庐江县汤池小镇,开始做他认为可以教化人的实验。这个小镇有12个自然村,4.8万人。政府的态度是不支持、不干涉、不反对。净空法师在网上招聘了30名志愿者,招聘的条件是三年内不能回家,但你的家人可以来看你。没有一分钱的报酬,全部是义工。当时有300多人报名,经过挑选,对符合条件的30名志愿者进行三个月培训后入住汤池小镇。两个月之后汤池小镇风气大变,达到夜不闭户,路不拾遗的程度。

他们的做法很简单,就是像雷锋一样,一方面教村民《弟子规》,讲传统、讲礼仪;一方面帮人家打扫卫生、刷厕所,使整个小镇干净整洁。联合国教科文组织考察后也为之赞叹。如今政治上控制,经济上开放,净空法师的这个实验,对于物质和精神上的追求都是有好处的。

我们再来回忆一下"5.12汶川大地震",是灾难,也是机遇。他改变了什么呢?改变了人们对政府的看法,改变了世界对中国人的看法。余秋雨先生当时说:"现在是我们重新认识我们的民族,重建精神家园的历史机遇。汶川地震留给我们的不仅仅是灾难和灾难记忆,而且是精神财富,至少是精神记忆。若有来世,我还希望回到这个土地上,仍然做中华民族的子民。"所以当你看到那么多人在地震中去奉献、去捐赠，特别是那个捐一百块钱的乞丐，他先捐了五块钱，后来一看钱太零散，又把一毛一块的钱拿到银行换成一百块钱去捐献的时候，让我们看到了灾难中"大写"的中国人。还有跪着向来往灾区救援的人致敬的老太太、小学生，你就会知道这是一个知关爱、知恩图报的民族。汶川地震中国人所渗出来的善和对别人的帮助，是骨子里面渗出来的呢？还是党和政府教育的结果？百分之九十九的人认为是骨子里头渗出来的。我们这个民族虽然近代落伍了，但在1840年之前的几千年里，为什么在世界民族之林里一上台就没有下去，说明这个民族骨子里头一定有他存在的意义和价值。为什么说人性可塑，人是可以教育好的，为什么传统文化是我们管理企业必须秉承的，就是这个意思。

  对于企业家而言，企业的管理，人格魅力的培育，实际上是一种选择。余秋雨先生在《借我一生》中讲，人生的路靠自己一步一步走，真正能保护你自己的是人格选择和文化选择。一只关在笼子里的天鹅，在世界美禽大赛中得到金奖，偶尔放飞的过程中却被无知的猎人射杀。获奖与被射杀这两件事情都足够大，但是对这只天鹅而言，都不是它自己的选择。相反，它那不起眼的配偶因同伴被射杀后，哀鸣声声绝食而死，这是大选择。所以企业家如果在企业管理过程中，把名利和心态平衡当做选择，把境界的提高当做选择，你的"人格魅力"的培养就开始起步，也就真正明白了"方"和"圆"的含义。

（本文系作者2008年在陕西经理人俱乐部主题沙龙上的演讲）

犹太人的黄金定律

大家都知道，犹太人是世界上最聪明的人之一。在成功者的名册中，处处都有犹太人。但犹太人有一个二八黄金定律，却未必有多少人知道。

在犹太人的心目中，无勇无智者占总人数的80%，即为普通人；有勇无谋和智勇双全者占20%，即有性格的人。

在20%人中，再次运用二八定律，有勇无谋者占80%，即16%是有性格缺陷的人；智勇双全者占20%，即4%，是有望成功者。

在4%的人中，再次运用二八定律，不能抓住机遇者占80%，即3.2%有能力无机遇的；能抓住机遇最后成功者20%，即0.8%，一般也就是1%。

所以说成功者是极个别的人，优秀者不一定成功，但不优秀的人绝对成功不了。

2008年4月份，我与一位大学毕业生进行交流，他希望我能给他的人生提供指导。我当时就谈到了犹太人的"二八"黄金定律，希望他能从中有所感悟，把握好自己的人生。

这是一位品学兼优的学生，在同龄人当中应当是不错的。我当时问他："你喜欢哪一种工作？"

他答："不知道。"

我又问："你希望将来取得哪些成就？"

他答："没有认真思考过。"

我告诫他：第一，你得有目标，至少十年以上的目标；第二，目标须包括三个方面：工作、家庭和社交。在工作方面，哪种工作与你的爱好最近，你想有多高的收入，多大的权力，负什么样的责任，收获多大的成就。在家庭方面，你想要哪一种生活水准，哪个城市适合你，期望孩子受到怎样的教育。在社交方面，你想参加什么样的社会活动，交哪些朋友。

这些问题，对于刚刚走向社会的年轻人来说，都要认真想一想。你达到目标的最重要的条件是：渴望进步的需求。

作为人，知识结构当然是越宽越好，越宽越有竞争力。但是也要明白，你是不可能穷尽一切的，所以一定要专注。不专注，什么事情都想做，什么事情都是蜻蜓点水、浅尝辄止，那也是不能成功的。因为成功是一连串的奋斗，是毅力与行动的结合。永远不要把失败的责任推给命运，那样不但不公平，而且也是你获得成功的最大障碍。

（本文系作者在2011年被西安科技大学聘为兼职教授后，与大学生座谈时的演讲）

无人看见的鞠躬

"欢迎乘坐我们的客车！""马上就要到站了，要下车的乘客请提前做好准备！""我们前边有车横行，所以要稍等一下！""变绿灯了，我们要开动了！""马上要拐弯了，请大家坐好扶好。"

在日本东京乘坐小巴，一路上司机用耳麦不时提醒、关照乘客。这一点和我们在国内乘坐公交车差不多，只是我们做得不如人家好，大多是提前录好音，千篇一律地播放着。

但有一个细节，却是我们无法相比的，让我感动和佩服。

在交接班时，新来的司机先向乘客鞠了一躬，然后非常热情地说："接下来由我为大家服务，请多关照！"当时我也没有在意，日本人重礼节，初次见面，请大家关照也在情理之中。让我没有想到的是，车子开动了，无意中回头，发现刚才为我们服务的司机，仍静静地站在路边，朝我们行驶的方向鞠着90度躬，许久、许久……

如果不是偶然发现，我想这一鞠躬，看见的人不会多。但人家不管你看见或看不见，一样的诚恳，这就是我们和人家的差异。

无独有偶，还是发生在日本，有个故事可以说家喻户晓。

故事主角是一个利用假期到东京帝国饭店打工的女大学生。女大学生在这个五星级饭店里所分配到的工作是洗厕所。当她第一天手伸进马桶刷洗时，差点当场呕吐。勉强撑过几日后，实在难以为继，决定辞职。

但就在此关键时刻，大学生发现，和她一起工作的一位老清洁工，居然在清洗工作完成后，从马桶里舀了一杯水喝下去。

大学生看得目瞪口呆，但老清洁工却自豪地表示，经他清理过的马桶，是干净得连里面的水都可以喝下去的！

这个举动给大学生很大的启发，令她了解到所谓的敬业精神，就是任何工作，不论性质如何，都有理想、境界，与更高的质量可以追寻；而工作的意义和价值，不在其高低贵贱如何？却在于从事工作的人，能否把重点放在工作本身，去挖掘或创造其中的乐趣和积极性。

于是，此后，再进入厕所时，大学生不再引以为苦，却视为自我磨炼与提升的道场，每次清洗完马桶，也总自问："我可以从这里面舀一杯水喝下去吗？"

假期结束，当经理验收考核成果，女大学生在所有人面前，从她清洗过的马桶里舀了一杯水喝下去！

这个举动同样震惊了在场所有人，尤其让经理认为这名工读生是绝对必需延揽的人才！

毕业后，大学生果然顺利进入帝国饭店工作。而凭着这简直匪夷所思的敬业精神，三十七岁以前，她是日本帝国饭店最出色的员工和晋升最快的人。三十七岁以后，她步入政坛，得到小泉首相赏识，成为日本内阁邮政大臣！

这位女大学生的名字叫野田圣子。每次自我介绍时总还是说："我是最敬业的厕所清洁工和最忠于职守的内阁大臣！"

这样的事情，在我们国内，大概是不会有的。

其实，职业操守、行为准则，不是遵守给别人看的。如果你没有从心里理解和接受这样一种做法，你就没有办法发自内心的把它做得透彻到位。

操守教育也好，诚信教育也罢，就是期待大家在人前人后都能始终如一地按标准要求自己，而不是做表面文章。如果我们什么时候把好做表面文章这个毛病改掉了，那就离成功不远了。

（本文系作者与西安邮电大学学生交谈时的即兴发言）

晴圆缺,人有悲欢离合,不可能事事尽如人意。一定要懂得进退,这是常理。

(本文系作者为2012年《方圆管理》总第7期写的刊首语)

底蕴决定高度

底蕴就是"见识、才智和修养",是你内心永藏的六个字。见识,是有心人在工作生活中累积出来的,特别是从失败中教训出来的。如果一个人有生以来没有失败的教训就成就了辉煌人生,那是骗人的。才智,是从工作、生活中学习和磨炼出来的,没有人一生下来就什么都知道。修养,是指心态和价值观。比如年轻时的心态是看见电梯门快关了,还会快跑几步挤进去,现在就不会了。价值观即判断是非的标准。

一、关于见识

大见识,了解文化、热爱国家。小见识就是吃穿住行等。凡是选择都会有大有小,无可厚非。每个人自身情况和社会条件不同,所以选择也会不同,不能强求任何人都做大选择。所谓大选择就是以天下为己任,去实现自我,做对国家和民族有益的事情。小选择即以物质为目标,追求家庭和个人的享受。

现在有的大学毕业生,刚走向社会就想有房、有车,想法虽然没有错,但却不切合现实。今天一线城市的房价高得离谱,也不是工薪阶层可以去想的。

其实在发达国家,买房的人也只占到总人数的30%。如今社会比较浮躁,急功近利成为常态,许多刚毕业的大学生就把参照物定为成功人士,不是百万、亿万富翁,就是教授、企业家、厅长、部长。这也没有错,但要作为一生的目标,而不是一年、两年的目标。

首先是要了解我们的文化。经过改革开放30多年的发展,我们国家相对稳定，人逢盛世，经济发展。但社会的浮躁更甚，不仅仅是个人的浮躁，而是整个社会的浮躁。所以，作为当代大学生，一定要了解我们文化的伟大和其劣根性，才能够明事理、辨是非，判断哪些是该做的，哪些是不能做的；哪些是民族的精粹，哪些只是暂时存在的。比如说腐败问题，这也是社会发展过程中必然要交的学费，因为文化被隔绝了。香港曾经腐败到了极致，治理腐败整整花了17年，新加坡治理腐败花了多年时间，我们如此大国，因为吏治的腐败导致司法的腐败，衍生到全民意识的腐败。比如在街上停车，撕票3元，不要票2元。这是全民意识的腐败，最可怕的是大家认为这是人之常情。社会发展到一定程度，肯定会得到遏制。现今中央高压惩治腐败，强调反腐永远在路上，只有进行时，就是例证。

在恢复中华民族传统文化过程中，只有在结合传统文化的基础上，借鉴西方先进的东西，用我们民族的包容性才能扬长避短。美国著名的学者，现代世界体系的创立者沃尔斯坦说，21世纪中期或许是世界资本主义终结之时，取代它的是占世界人口1/4的中国，对决定人类命运起重大作用。五四运动时，国内的精英们请了当时的哲学泰斗泰戈尔来华。当他们大力鞭笞中华文化，强调全盘西化时，泰戈尔说："你们要正确对待你们的民族与文化，你们的民族是智慧的民族，一定要善于发扬光大你们的传统，否则会付出巨大的代价。"泰戈尔被盛情邀请，在他讲完这些话后却没人理会，于是拂袖而去。历史重演了，泰戈尔的预言今天实现了，我们因隔断自己文化付出了巨大的代价。

2011年8月底，美国副总统拜登访问中国，回去后写了一篇题为《中国的崛起并不是美国的毁灭》的文章。其中讲到20世纪衡量一个国家的财富，主要是看自然资源、土地面积、人口和军队。而在21世纪，国家真正的财富在于国民的创造力。他说："作为副总统，我在全世界的行程达50万公里，每次回到美国我总是对我们的未来充满信心。一些人或许会发出美国将毁灭的警惕，而我们不在这之列，而且我向你们保证，从我在中国度过的时光，中国人也不在这些人之列。原因是那里的人勤劳，他们的社会鼓励竞争。"这是拜登的观点。

其次是热爱我们的国家。国是千万国，家是最小国。我深刻感受到这一点是在美国学习的那段时间。当时受美国方面赞助，可以去美国学习、任职、或者旅游，目的只有四个字"感悟美国"。我当时选择了在学校学习，每逢节假日就深入美国的各个地方，发现即便是深山老林里，每家的建筑都有一个插国旗的地方。每到大型的庆典或者大型的比赛，如职业球赛等都会插上国旗。

另外是我们的一个西电校友，他骨子里流淌是中国人的血，但却成为一个地地道道的美国人。那是一个移民国家，能让许多移民在短时间内融入其中，并热爱他们的文化，做到这一点，不得不让我们佩服。如果一个人连国家都不爱，要想有很大的建树是不现实的，也是不可能的。

我在美国学习期间，碰到一位鲁先生。与他聊天得知，他是1949年逃到香港的，逃跑前他的父母都在上海，是被共产党镇压的人。他说我对共产党骨子里有仇恨，但是邓小平先生改变了我。邓小平先生之所以伟大，是因为他的改革开放让中华民族与世界接轨，让我们中华民族在世界上有了话语权。所以我赞赏邓小平先生改革开放政策和他提出的四项基本原则。鲁先生那时70多岁了，十年里每年都花三四个月时间，回到宁夏义务讲学做善事。他说我们这个民族很伟大，但劣根性是比较散、太自我，没有一个强大的政党统一意识，发展都是空谈，只有共产党才做到了这一点。

这就是大我与小我之间的选择。小我是鲁先生对共产党有成见，大我是鲁先生认为自己骨子里流淌着中华民族的血液，看到了邓小平先生让我们的民族兴旺。在大我小我的选择中，只有了解我们的文化，才能做出正确的选择。

西部超导也许大家都不陌生。3年前我给我的朋友讲：在今后5年或者10年后，陕西或许会有1000亿、2000亿、3000亿的企业，但是没有任何一个企业有西部超导在国家的地位。今天看来这个判断不会离谱，西部超导创办仅7年时间，现在净资产13亿左右，而且他们做的是国家和民族最急需的东西。西部超导的理念是：我们国家没有的，国家急需的，世界顶端的东西我们才做，他们400多员工，其中就有70多个硕士和博士，博士大多都在生产线上干活。不管是硕士生，还是博士生，每个人都有种自豪感，觉得始终在国家核心领域。我认识他们的时候，大部分产品是民用的，现在军用已占到90%，成为主导产品。实业强国，是他们的理想。这就叫大选择。

我们的文化包容性很强，如果了解我们的文化，热爱我们国家，大道理明白了，就能成为一个明事理的人。

二、关于才智

无论是条件多好，背景多么优越，真正的成功一定是智力资本与机遇交汇的结果。智力资本是能力乘以忠诚度。高智商不等于智力资本，不在社会情、理、法的文化环境中培养，很难成功。你可以是精明能干的人，但绝不会是成功的人。能力是实干加学习锻炼出来的，是勤奋的结果，我特别强调干一行、爱一行，尤其是在社会分工如此精细的情况下，一个人一生能干好一件事就很了不起了。

我信奉的是人间正道是沧桑。比如上名校、进大公司、遇名师，做国家和民族需要的事情。我是"文化大革命"后恢复高考第一年上的大学，当时我们班52个人。毕业时考研5人，分配47人。1986年时，研究生中2人出国、1人工作、2人读博士。其他47中有9人下海，38人在原单位。10年后，读研的5人基本事业有成。下海的9人中6人小成，3人呛水。原单位38人中12人换单位，26人留在原单位，其中2人当了副总。2002年时（20年时），读研的5人中3人大成，2人相对成功。下海的9人中1人大成、1人小成、7人呛水。原单位38人中换单位3个以上的5人，其中2人生活困难，另外3人勉强过得去。留原单位26人中，21人成功，5人大成，都是大企业老总。所以我说成功不偶然，是执着坚持的结果，有轨迹可循，选择不放弃。

年轻时我对成功的理解是：有钱、有地位、有影响。现在对成功的理解是：干自己喜欢的事，有一个和谐美满的家庭和健康的身体。概括而言就是对局部有影响力，有一定发言权，赢得尊重，生活稳定、和谐、快乐。

在这里，我为什么要讲忠诚度，因为忠诚度是责任、是承诺。现在的人浮躁，有的人刚刚进企业没多久，就想把核心技术挖走另谋出路，这样的人可能会成功，但是失败率也在99%以上，我见过太多这样的人。大家总是看到许多光鲜的成功者，从来不关注那些失败者。所以，在智力资本中，绝对不能少了忠诚度。

当今社会你可以聘请到聪明人，但是如果他不懂得与人沟通和激励别人，就对你一点用处都没有。我当厂长第一年就犯了几个错误，但经过修正检讨很快又站起来了。大概是两年后的一天，有个员工问我为什么能当个好厂长，当时厂子效益还很差，我也不算是个好厂长，但是在员工心中已经认为我是个好厂长了。我回答他说，既是偶然的，也是必然的。偶然是前任辞职时推荐了我，当时我又是班子里最年轻的。必然的是我勤奋、聪明工作的结果。

刚进厂实习时，我被分配到车间，就向车间主任要钥匙说我想每天早点到车间，主任说没人开门正好给你。我每天很早就到车间，等别人来上班的时候，已把车间打扫得干干净净，师父的茶水也泡好了。久而久之，大家都觉得我很勤快，其实我当时也很单纯，全当锻炼身体了。不久我被调到了车间工艺组，我依旧早起打扫卫生，到第6个月别人还在实习时，我就被调到设计所了。当时规定实习必须是1年，而我仅用了6个月就去了设计所。后来来了一个比我小两级的学生，他去的比我更早，我就被解脱了。

当时单位的事不多，但我看见主任每天早上都坐在那里写东西，我就问主任在写什么,他告诉我每天早晨都把要做的事按1、2、3、4、5排序。昨天做完的就打勾,没做完的打叉,每天五分钟。从此以后我像他学习,每天把要做的事写下来,并按轻重缓急排序坚持至今,培养了我做事的条理性。当你不是主管的时候,你永远要默默奉献,甘愿做配角,把功劳分给别人,这样就不吃亏。能者敢用你,智者提拔你,有默默奉献的心态,精明人知道你对他没威胁,给你好的岗位。智慧的人看见你勤奋,会刻意培养你。太显能了反而遭人厌恶,如果踩你你就起不来了。

我25岁毕业,在工厂待了22年,33岁做设计所副所长,36岁做生产处处长,38岁当副厂长,40岁当厂长,47岁到工信厅当副厅长。一路走来,我牢记在什么岗位上,就要有什么样的心态。在副职岗位上一定要做好当助手的心态,如果你当了主官,你的成功就与别人有关。我是个个性很强的人,但特别注意同别人分享权力,深刻理解霸气与霸道之间的区别。在中国要想成就事业必须要有霸气,但霸气的前提一定是民主,民主要印在骨子里。霸气是在决策之前征求大多数人的意见,与少数人商量,形成决议后,由一人说了算。这是决策民主,管理权威。霸道是一个人说了算,这样的官员或者企业老板,身边一定有许多阿谀奉承者,在重大决策上肯定会失误。

其次是改善环境。在成长过程中遇到不顺心是常态,碰到糟糕事的几率大概是50%还多。优秀的上司可能成为你的朋友,甚至能改变你的一生;反之,差劲的上司会使你愤怒、苦恼,甚至苦不堪言。如果你不幸碰到糟糕的上司,也应该乐观对待。因为逆境中成长,永远要比顺境中成长快得多。碰到糟糕的上司,先要反省自己的做法是否妥当,再是分析老板对你一人这样,还是对大家都一样。如果这样的老板没有背景,他是怎么得到高位的?或者是他的缺点是在得到高位后才暴露出来,还是先前也是如此。如果选择了留下,就闭嘴好好工作,因为你改变不了他,也左右不了他。要牢记的是有一天如果你成为上司,或者公司老板,要引以为戒,不重蹈覆辙,这就是你的收获。

三、关于修养

我信奉的是境界有多高就能做多大的事。境界是个人修炼领悟的结果，是价值观，其核心是心态的调整。我的人生格言是"尽人事、知天命、顺自然"。选择一件事尽最大努力做好，如果努力了由于种种原因没做好，那就认了。人不能和命抗，一切顺其自然。我的生活格言是"阳光、激情、平实、平淡"这八个字。年轻时候追求阳光、激情多一点，现在更多的是追求平实和平淡。

聪明本身不是坏事，但太聪明可能会坏你的事。精明的老板会活得很辛苦。如果精明人多一分厚道也会活得自在。很多时候智慧表现的就是傻，郑板桥说过，聪明难糊涂更难。该得的让出一些给别人真难，特别是升官，把官位让给别人，绝大部分不可能，太难了。如果说聪明的一种体现是生存能力，是底蕴功底的话，智慧就是彰显了做人的境界。勤奋加聪明加智慧努力的工作，成功就是一种必然，如果在大学中增强了心理素质，今后成功不傲，就会越挫越勇。如果在操守和利益的冲突里坚持操守第一，就明白了取舍之道。如果在生活中有迎接平淡的思想准备，你就可以处变不惊，应付畏惧，一定能成为活出品味的人。如果以国家民族的利益为重，一定会创造出人生的辉煌。时代无论怎样变迁，社会无论多么浮躁，衡量人的标准变化不大，人性的进步很慢很慢，这就是规律。

（本文系作者2012年2月5日在西安MBA学会方圆管理论坛上的演讲）

水知道答案

这是日本开放国际大学教授江本胜先生一项震惊世界的神奇试验的书名。书中用122张前所未有的水结晶照片,向世人展示了独一无二的科学观察:水能听、水能看、水知道生命的答案。

试验是这样的,他将精制的水分成两部分,一部分听动听的音乐或讲祝福的话,低温下水的结晶美丽、整洁、有序;另一部分听恐怖音乐或讲诅咒的话,低温下水的结晶丑陋、杂乱、无序;上万次来之不同地域、不同环境、由不同人参与的试验结论惊人一致。他虽然还不能证明为什么会这样,但结论是可信的。

这个结论告诉我们:人体67%是水,善待自己体内的水,宽容、大度、心态平和,不仅健康,亦会长寿。

一代高僧,净空法师,长存普世之心,存善念,顺自然,惠他人,80岁高寿的老人,耳聪目明,思维敏锐,从未生过病,看上去像不到60岁的人。他十分肯定江本胜先生的实验,水与人一体,善恶有报,有因缘。他2005年在安徽省芦江县汤池小镇由30个弟子用两个月时间,将12个自然村,4.8万人口的今日小镇,变成民风回归"忠孝仁义信",路不拾遗,夜不闭户,相互礼让,彼此宽容的和谐小镇。他的做法很简单:建祠堂,让每个人认祖归根,知孝廉;修孔庙,从小学生抓起,教《弟子规》,让人们懂得尊师重道之礼;办讲堂,讲因果,让人们知善恶有报,善待别人就是善待自己。在他和弟子们的不懈努力下,原以为要一年才可以见效的试验,两个月就做到了,至今被人们称之为"神奇的和谐试验"。

净空法师是得道高僧，又是当世大儒，他试验的出发点是为了说明人是可以教育好的。人是环境的产物，现世中的纷乱，今日"经济盛世，文化乱世"的社会怪象，是国人忘了自己传统的结果。五四运动破坏了我们的大传统，"文化大革命"破坏了我们的小传统，这样的教训十分惨痛。物质越丰富，人们越应回归淳朴的自然属性，什么时候回归了，"物质与精神"之间就平衡了，自然就达到"和谐"了。怎么回归？领导带头，培育大儒，普及传统。

　　江本胜先生的试验说明，人体中的水"知善恶，分好坏"，净空法师的试验说明，心中的善，能启发骨子中的水渗出善，从而净化心灵。

　　"人之初，性本善。"几千年来的传统价值观令人深思，汶川地震中国人的表现又是另一例证。

　　突如其来的"5.12"汶川大地震虽是天灾，但对于一个近百年来"人祸"远大于"天灾"的民族来说，天灾并不可怕。灾难中人们表现出的相互关爱，没有装扮，没有彩排，是那么端得上台面，那么耐看，那么自然和朴实，灾难中政府对生命重视的体现、志愿者对灾区人民的帮助，和如此知恩图报的灾区人民，这一切向世人展示了一个伟大民族"善和"的本质。

　　为此，利用讲课的机会，我总要向各类人士提这样一个问题：汶川地震中表现出的无私和关爱，是这个民族骨子中渗出来的呢，还是其他因素，每次得到的回答惊人的一致："是国人骨子中渗出来的"。

　　从"水知道答案"到"汤池小镇的试验"，再到"5.12"汶川大地震中可歌可泣的故事，我们应为这个有着灿烂文化又经受太多苦难的民族而自豪。

　　我有不少从事企业管理的朋友，不时感叹"人难管，管人难""留人难，留心更难"。希望他们能从汤池小镇的故事中去体会水知道的答案，由善待体内的水做起，净化自我的心灵，从而不断去感知"喜欢人的人"方能做好企业管理，"宽容人的人"才有资格享受管理的快乐的人生真谛。

（本文原载于2009年第6期《中国商人》杂志）

享受管理

我有很多企业界的朋友，每逢见面，问怎么样？大多回答"还行"，充满自信；也有讲"难啊"，一脸的无奈。

我理解"自信"和"无奈"是他们的真实感受，我经历过那种"无奈"与"自信"。多年来不知是"自信"多于"无奈"，还是"无奈"多于"自信"，总在不断的交替中寻找某种平衡。始终铭刻于心的是每次在企业管理中度过了"无奈"，拾回"自信"之后，享受管理中的片刻快乐，至今令我陶醉。

于是，我一直思考和探索怎样才能保持心灵上时时享受企业管理中的快乐，而这快乐的标准恰是你所施与管理的对象同样快乐的工作与生活。

多年来，我不断区分"人治""法治""文治"三者的关联，并在管理中试图达到"文治"的标准。我不断研判合格的经理、企业家、战略家三者间的关系，希望有一天也能成为"家"中的一员。在区分、研判、体验的过程中，慢慢地体会出企业管理中制度、文化、企业家人格魅力三者之间的互动关系，决定着企业管理水平的高与低。

企业制度只要具备"简单、实用、有效"的特点就一定管用。企业文化只要涵盖了"创新、自然、包容"的内涵，企业就一定有人气。领导者只要做到"坦率、真诚、言出必行"，人格魅力就自然形成。三要素之中，文化是核心，代表了企业的信仰和价值观，是企业人气与凝聚力的体现，而人气恰是企业中人与各要素和谐的体现。

由此联想《论语》中《子贡问政》，讲的也是这个道理。

孔子的学生子贡问：一个国家要想安全、平稳，需要怎么做？

孔子说:"兵足、食足、民信。"

兵足,指国家要强大,应有足够的兵力做保障;食足,指要有足够的粮食,让老百姓丰衣足食;民信,指老百姓对国家要有信仰。

子贡又问孔子:三条太多,如果去掉一条,您说先去什么?

孔子说:"去兵。"

子贡又问:如果还要去掉一个,您说要去掉哪个?

孔子说:"去食。"我们宁肯不吃饭了,接着他说,"自古皆有死,民无信不立。"死亡不可怕,可怕的是老百姓对国家失去信仰以后的崩溃和涣散。

这就是孔子的政治理念。

治国和治企的理念其实是一样的,企业中的足兵、足食、民信就是人、财和精神。企业如果没有精神,缺乏信仰,人会不聚,财会散去,管理者对企业的管理就是一种痛苦的体验。

不少 MBA 的毕业生带着学来的管理知识去实践管理,以为可以大展身手,可往往在现实中留下痛苦的记忆。也有不少在实践中已成功,重返校园读 MBA 的企业界人士,书读得越多,迷惘越多,老师们讲的道理听起来都对,就是不知如何运用,差点还失去原来的自我。

有位带着技术和国外大企业多年从业经验的留学生回国创业,起步之后,困难重重,不是机遇环境不好,而是内部的人难管。他感慨:为什么在国内管人如此难。

人难管,管人难,体验者痛苦,管理者难受。信人者被骗,善良者被欺,这就是社会信仰、诚信缺失在企业管理中的反映。头脑清醒的管理者知道,当今中国做实业不仅要教会员工如何做事,还要教会他们如何做人,只有培养出既会做人又会做事的员工,企业管理才会顺畅。而要达到这种要求,管理者本身要能知己知人,既做好自己,又想到别人,把握名利的度,也就是会"修身养心"。不明此理者,搞管理只能是累人累心。

多年来,我把自己当作一个"牧师",利用每次和朋友交流或讲课的过程不断地重复我的观点:企业管理者若要体会成功、享受管理,只有少看外界，多看心灵。

我是管理的悟道者。不少企业管理者希望我能帮助他们从艰难的管理中寻找快乐的方法，哪怕一丁点儿，而我心有余力不足，苦于没有平台，正好王弼华老师找我，谈了他想创办西安MBA学会的设想，我们越谈越深入，心有灵犀一点通，共同的爱好、志向使我们走到了一起。当我邀约包小卫先生、程免贵书记、张平祥院长加盟时，他们高兴回应，又出面邀约了6所大学的管理学院、企业界、教育界、政界的不少志同道合的朋友，有识之士，智者入盟，我们成立了西安MBA学会。我们西安MBA学会重点要做的：

一是请回孔子、老子、庄子等先贤老师教给我们如何在现代生活中适应社会环境，找准人生的坐标，获取心灵快乐。《道德经》《论语》《庄子》将是我们学习的经典。心灵启迪、人生感悟将是我们参修的主要功课。

二是请已参与MBA实践的毕业生畅谈成功或失败的体验，失败的感悟有时比成功的经验更能启发别人。"失败心语"将是我们刊物和网站的主要栏目。

三是请各界成功人士做专题讲座，举办培训班，探索参与社会实践的方式和方法，缩小理想与现实的距离。

四是"好用和管用"的企业管理方法，永远是最简单、朴素、实在的，就像日出日落，春种秋收一样。我们这些想体验管理的人聚在一起共同去探索"简单、实在、朴素"的管理之道，每个人都有责任、义务和能力，互相启发下就可以做到。人人是老师，个个是学生，是我们交流的主要方式。

当我们MBA学会有一天使越来越多的人明白，企业管理的至高境界是"道法自然"，人生的大智慧是"为自己雪中送炭"时，体验管理就会转化为享受管理，这就是我们的理想。

（本文系作者2007年在西安MBA学会方圆管理论坛上的演讲）

下篇·实践

1998—2004 年

方圆论

如何管好企业？这似乎已成了业内人士永恒的话题，出题的、解题的林林总总，不少人解答得很有见地，但当别人照方去实践时，效果却不一定好。我是个企业管理爱好者，也是实践者。我的感悟是：企业管理是科学，是一门学问，而且是"很深"又"很浅"的学问。"深"到任一管理理论或实用方法，由不同的人在不同的环境中去实践，或同一人在相似的环境去实践，结果总难预料；"浅"到中国遍地都是各类厂长、经理在做管理，不少人还能谈出一二三，似乎管理极易，易到了只要是厂长，曾经成功过，都可以被称为"企业家"。

然而，在"深"和"浅"的尺度中，"好"与"差"的距离之远又远非一般人可以感悟，大概"企业领导者"与"企业家"的差别就在这里了。

对优秀的企业家而言，管理企业既要悟理，又要实践。有时需要沉稳，有时需要简洁、明快，无论多大的难题，他们总会有恰当的应对之策。即使如此，这些人经营企业的结果也总在"成功"或"失败"之间交替。成功者似乎懂得了企业管理的真谛，殊不知，稍有闪失，哪怕一念之差，失败又会随即而至。所以，危险始终伴随着每一位刚领略了成功喜悦的企业管理者。诚然，成功对有韧性的失败者而言，恰是新的起点，希望就在通过反思失败而产生的正确应对之中。就像方程 $X+Y=Z$ 的求解，始终在假设和应变中方有答案，假设是条件，应变是对策。

如果要将企业管理用简要关系式来表示的话，在我看来，亦可以表示为：

内部（制度 + 文化）+ 外部（环境）⟹ 客户需求

用方圆来表示可为：

内方 + 内圆 + 外圆 ⟹ 目标

我给它起了个名字，叫企业管理的平衡方程。极简单的关系，但又不是简单的"公式"，因为你很难对三个变量进行数字式的度量。

当企业某一目标设定之后，要努力去做，不仅仅要做到内部生产力与生产关系的协调，还要做到内外兼顾。策略应对中的刚与柔也就形成了"方"与"圆"，形成企业特有的价值观和应变文化。三个变量之间"度"的不断匹配组合就导致了企业新目标的不断实现。

这里的"外圆"，是指企业对外部环境、条件的适应应变策略。特别是适应环境的能力，需要韧性、挤劲、毅力和良好的心态，企业培训人力资源的着力点，当先以此为起点。"圆"有顺应的含义，也有被动顺从的意思，但其积极意义更在于体会"适者生存"的自然界法则。

"内方"，是指企业机制、规章制度、评价规范等执行策略。一般企业做到制度全面系统并不难，难的是在全面系统之后的化繁为简，即做到简单、实用、有效。"方"是纪律，体现的是制度化生存。"方"到何"度"为最有效？日本人、西方人各有不同的价值观，日本人讲无情管理，讲绝对服从。西方人讲究按规则办，各有成功之范例。虽有不同的侧重点，但均视制度建设和实施评价为企业最基本的要求，无此认知不可妄言企业管理。

"内圆"，是指制度不完善或管不到的地方靠企业文化去补位、调整。内部管理"势"的形成，领导者个人魅力之体现，不在"方"，而在"圆"。"内圆"的基础是对人性和市场规律的理解和认知。譬如，中国传统文化的"和、善、仁"，道家的"无为而治"，西方文化中承认个人利益，崇尚自由发展，鼓励竞争的价值观，均是"内圆"的理论依据。

"外圆"的侧重点在应变和适应。"内圆"的侧重点在培训和引导。

"外圆"有被动的成分,"内圆"则可主动去实行。

方与圆,即刚与柔。方有形,是制度,如骨架;圆无形,是文化,如空气,无处不在。二者相互补充、相互依存,由领导者的人格魅力去推动,用方程式表达则为:

制度 + 文化 + 企业家人格魅力⇒客户需求

这就是方圆管理的平衡方程。其间尺度把握得好,则可形成无真空管理,也便达到了企业管理的高层次。

凌云企业文化与价值观

通过四年的不懈追求，全体员工的艰苦努力，凌云企业走出了低谷，结束了多年亏损局面，消化了历年累积下来的近亿元潜亏，资产负债率由危险值大幅度降下来了，人均收入几乎翻一番，主业开始突出，造血功能增强。特别是以人为本的理念深入人心，体现在方方面面。政令通、人气旺、精神状态好是我们最值得自豪的，也是企业希望之所在。

我深思多日，今天之所以有此局面，主要是因为我们这几年在企业文化和价值观的创建上不断努力，内在的东西发挥了作用。故有必要汇总这几年我们已形成的文化和价值观，将其作为"百年凌云"奋斗过程中的基石，继续发扬光大。

一、凌云精神
用创造迎接明天。

二、管理理念
以人为本，科技兴厂，质量立厂，内方外圆[①]。

三、价值观
一是尊重人；

二是"我是否有用"的自我加压意识；

三是求真务实，"把最简单的事情做好"的作风；

[①] 内方外圆：内方，指在企业内部必须按规章制度办事；外圆，指处理好企业发展的周边关系，创造一种适应市场经济规律的企业生存发展环境。

四是依靠团队精神实现共同目标。

现阶段价值观的内涵：

（1）善待他人，你会时时有个好心情。

（2）企业最无价的东西是人心，凝聚力的体现是人气。

（3）优秀人才来去自由。

（4）成功的团队来自于区别对待，即保留最好的，剔除最弱的，而且总是力争提高标准。

（5）简单的、实用的、有效的，才是最好的。

（6）谁是企业最重要的人，最重要的是那些和客户最接近的人。

（7）权力失去监督必然走向腐败。

（8）当你每天不能为提高效率而工作时，你的存在就没有意义。

（9）企业的核心竞争力是保有人才的能力。

四、落实管理理念、价值观的方法和途径

1. 在企业发展的三个阶段分别贯彻三个"六字方针"

| 班子、机制、产品 | 现场、质量、成本 | 团队、诚信、服务 |

◇班子、机制、产品

班子：强调老中青结合，决策民主，管理权威，树中心，倡人和。

老中青，指在干部年龄问题上，不搞一刀切。

民主指在任用干部和投资上，一定要协商、调研在前，不搞个人说了算。

权威和中心指以厂长为中心，政令通。

机制：强调统一管理，各自为战，不搞各自为政。

统一管理指：

统一质量管理，以ISO9000为基准，贯彻推行六西格玛管理；

统一技术管理，指科技计划和重大科研项目立项，评审管理；

统一财务管理，指财务制度，主办会计委派制；

统一投资管理，技术改造、固定资产的管理；

统一信息管理，客户资源管理的分析、评价、服务。

各自为战，指将经营权下放给经营者，就像可独自运作的"战列舰"，在"旗舰"统一指挥下灵活作战。

产品：在自己产业链上延伸，不搞多元化开发。

◇现场、质量、成本

现场：强调整洁、有序，重点在工艺程序的规范执行上。

质量：强调严格执行质量文件，上道工序为下道工序负责。将六西格玛作为目标，追求完美。

成本：强调投入产出分析，不做无效投入，开源节流并重。产品成本的重点在设计进步。

◇团队、诚信、服务

团队：强调精、气、神各方协调，步调一致，有共同认知的价值观，凡不认知凌云价值观的人不能重用。

诚信：强调用追求完美的产品质量，诚实可信的良好信誉逐步树立品牌。

服务：强调从用户始，到用户止，全过程让用户满意，抓好三个一，即：一字不漏地记录用户反馈的信息；一个不漏地处理用户的信息；一个不漏地检查处理的结果。

从1998年起，用十年时间，分三个阶段，抓好"六字方针"，逐步形成企业文化、共同的价值观，实现由人治到法制，由法制到文治的目标。

2. 建立完善的评价体系

已建立的评价体系

◇对后勤系统实施管理现状评价，每年进行两次，今后重点在服务的满意程度。

◇对技改项目实施效果评价，按项目情况逐项进行，5万元以上的仪表、设备要评价其主要功能。

◇设计、采购、生产运行成本分析每年一次，对负责人排序、奖惩。

◇干部质量意识评价，每年一次，纳入干部奖惩。

3. 量化考核，绩效评价体系重点在区别对待上下功夫

坚持经济责任制考核体系，完善、简化操作。

全员区别对待的概念是：优秀员工比例20%；普通员工比例75%；不合格员工比例5%。

对20%优秀员工奖励一般为：进修培训、出国旅游、股票期权、工资、奖金、住房、其他。

对5%不合格员工中的90%下岗培训，其中10%解除劳动合同。

每年全员的绩效评价，按比例区分，并不断提高标准，锤炼员工基本素质。

长此以往，我们就可以百年永存。

从心态、悟性到企业文化

很高兴有机会到长岭厂汇报我这几年的一些做法。大家知道，我们凌云厂从1988-1998年亏损了10年。省电子厅让我接任厂长的时候，我觉着自己挺能行的，可当看了公司财务状况以后，心中非常悲哀——我觉得我可能就是凌云厂的最后一任厂长，即破产厂长。从当时的情况看，企业要继续往前走非常艰难。我思考：该怎么办？要么辞职不干了，要么铁下一条心走下去。回想这几年所走的路，可能和长岭厂目前所碰到的问题有共同之处，和李总（李强，时任长岭股份公司总经理）交换意见以后，我想从以下四个方面给大家汇报：一是凌云厂的基本情况；二是如何调整国企干部和员工的心态；三是我谈一下管理者的悟性问题，即作为一个管理者或者干部，思考问题的切入点和着眼点应该是什么；四是汇报一下我们在企业文化建设方面的一些具体做法和想法。

一、凌云厂近年来的情况介绍

前面提到我们厂连续亏损了10年，这里有一组数字可以说明。1998年我接任厂长时，企业的资产负债率是101%，潜亏是1.1个亿，银行贷款是2.2个亿。这些我认为都不可怕，可怕的是：我们厂从1985年开始搞民品，到1998年我接手时，民品以每年2000万元的速度亏损，从来没有盈利过。赖以生存的军品10年内只开发了一个新品。我们有一个军品设计所（我在设计所当副所长4年半，后来当生产处长、副厂长），到1998年，军品设计所只剩下23个可以干活的人。就是说，我们连军品设计所都基本上垮掉了，民品更谈不上。另外让人更怕的，是企业多年来"以阶级斗争为纲"搞派系。那个时候，每个厂领导后面都有一帮中干，看人不看事。老实说，我自己当5年半副厂长，也有一帮"哥们儿弟兄"的中干。因为在那个环境中，没有一帮人，你什么事都做不成。同样，大家不把事当事，只看跟着谁。这是当时我所面临的真实的情况。

对我刺激最大的，是上任的第三天去中行（我们的开户行是中行）拜访行长。目的很明确：既是拜访性质，也想求人家办点事。看能不能再提供些贷款或者把利息延缓一下。我和财务部长先到了信贷科，科长连个座都没给我们让。人家说，你们凌云厂的事难办！连利息都交不上，老是通过贷款还利息。后来我去找行长，人家说："我年龄到了，马上要下了，是'看守内阁'，你过段时间同新行长谈吧！"就这样，把我打发了。回来后我想，这么个现实怎么办？如果和银行的关系都处不好，我们就没办法生存。过了1个月20天新行长上任，我去找新任的刘行长。没等对方开口我先说了话：请给5分钟时间说明来意，首先我不是来要贷款的，只是给您表个态。表个什么态呢？我说，今年我们不欠你一分钱利息，3年内不向你要一分钱贷款，只希望你给我们在银行的承兑汇票上提供点方便和帮助。然后到年底，你派人到厂里考察一下，看我这个厂长值不值得信赖，是不是个干事的人。然后咱们再商量以后怎么合作，行不行？我当时虽然表了这个态，实际上底气不足，我不知道钱在什么地方。但是我想，诚信必须从自己做起。刘行长说，行行行！确实，银行在给我们开承兑汇票上提供了很大的方便。但是我当年给银行付利息1860万元，没欠银行一分钱利息。这些钱从哪儿来？就是向管理要效益。我3月份上任，5月份就发不出工资，当时职代会已开过，各项费用计划和经营指标已全部下达。按当时的情况，经营目标是不可能实现的，能完成70%就相当不错了。怎么办？我在干部大会上讲了一条，也不知合理不合理：所有费用都砍掉40%，任务必须完成。费用不够了拿你的工资去完成，超了从你工资里去扣。整整一年，我给谁也没批一分钱的额外费用。凡是不挣钱的项目暂时都停下来，收缩规模。会后我到部里请求支持，那一年我从部里争取到了几千万元的技改项目和一千多万元的研制费，这就渡过了第一年的最艰难期。

要扭转"以阶级斗争为纲"的局面，首先得从干部着手。但要把那么多干部调整下来，是很不容易的。当时我和党委书记交换意见：咱们厂的干部存在着以人划线的现象，能不能先从自己做起，通过正面引导，把这个风气改一改。书记很支持我的想法。我说："3年内咱俩拿低收入，不拿高收入；其次，把同咱俩关系好、但不能干事的干部免掉，反对过咱们但确实能干事的保留，交心谈话，让人家对我们有个认识的过程。"书记很支持，第一拨免的干部就是和我们俩关系比较好的。我给这些干部说："我确实想干点事，想让七六五厂往前走。你如果现在下来，我还可以给你找个挣钱的地方。你如果再晚一点，不但挣不到钱，还非下不可，因为你干不成事！"等到第二拨调整干部时，那就不是说与我们关系好不好，而是你能不能干，不能干就下，在老百姓中有负面影响的照样下。当时把干部从104个调整到73个，这中间还新提了十几个干部。可以想想，第二拨免了多少干部，调整的幅度有多大！调整完后，只有一个中层干部到办公室和我理论了一番，说他不该下，除此没有一个人找我。

我比较自豪的是我们有一个好班子。电子厅任命我当厂长时，我们班子成员里有两个对我有不同意见。因为我个性较强，当生产副厂长时就比较"霸道"，除了财务问题、人事问题我说了不算，剩下的事情，如技术、质量、技改等我一个人说了算，经常是"就这么定了"。在五年半的副职任期内，我一个人管了工厂一半的事。所以，人家说我比较"霸道"，和我合作不来有点道理。但是，到了厂长位置上后，我也开始调整自己的心态。因为在国有企业中把"人和"做不好，就不可能把企业形成一个整体。当时，我们班子中只有一个年龄大的老领导退下来，剩下的都是和我共事的老同志。几年下来，我们的班子团结，厂务会民主。不是我一个说了算，不是谁官大、声大听谁的，而是谁说得有道理就按谁的意见办。

举个例子：我们调整干部的时间是每年的12月25日到30日。除此时间之外，没有重大问题不研究干部任免，而是严格按规范考评，只有到了12月25日，我才征求主管领导的意见：你所管部门的干部要不要调整？如要调整理由是什么？你提出你的意见并推荐人选，我和书记布置组织部、人事部等部门去考察，统一意见后再上会研究。而且有一条——不给干部谈话，12月30日你看到干部任免文件的名单上有你，你就是干部，没有就不是了，不谈话，5年来没有一次例外过。2002年我们是12月29日调整的干部，有6名干部由正职调整为副职，这中间的原因有的是年龄大一点，调为副职；有的是副职比正职强，他不适应当正职了，才调整为副职；有7个干部被解聘。到了元月6日开职代会，这几个被调整的干部有5个还是职代会的代表。职代会上对班子成员进行民主测评，113个职工代表，我连续第二年优良率达到100%，开始我还不相信，但复查结果的确是这样的。免掉的7个干部里除1个回家外，有3个在春节放假前到我办公室给我拜了年，有3个打电话给我拜了年，我还是很感动的。就是说，虽然这几个干部被免掉了，但只要你做到公正、公平、公开，他对你恨不起来。今年职代会期间我们王柱总工程师出差在北京，他的优良率也是100%，我们班子总体的优良率是93%，说明老百姓对这个班子充满了信任。

这几年，我们刚从死亡线上走过来，效益有多好谈不上。但是资产负债率由101%降到了去年年底的54%，总公司本部完成1.1个亿的技改，在西安投资几千万元，建立了研发中心，给银行还了几千万元本金，员工收入基本翻了一番，这就是经营成果。但最主要的成果，是我们企业的人气旺、精神状态好。举个例子：我们的办公楼虽然很旧，但所有的楼道、办公室都是干干净净的，没有不干净的玻璃，除了厕所有专人打扫外，其余都是员工自己打扫，包括厂领导的办公室都是自己打扫。我每天提前15分钟到办公楼，楼道已经打扫完毕，已见不到打扫卫生的人。

这已形成了风气，所以说，这几年人气和精神状态的变化是最大的。

从我们的产业情况看，刚刚从死亡期走过来，还谈不上什么优势。我认为，当企业从低向高走时，一定要注意调整员工的心理状态，使大家有一个积极向上的概念。我们目前和长岭还不能相比，长岭现在的状况我们再有三年也达不到，这不是我自谦。我们刚从低谷向上走了那么一点点，而你们只是在顶峰没有保持住，向下走了那么一点点。这时候你们有一种失落感，而我们有一种奋发向上的感觉。举个例子，就民品而言，1993年我们从奥地利引进的蓄电池，到去年还亏损500万元，没有盈过利；我们1985年从日本松下引进的电调，到前年清算时，把资产全部亏损完，还亏了1300万元。而你们长岭冰箱也是引进的，自己消化得很好，而你们的纺电并不是引进的，自己开发做到1个多亿，我认为很了不起。而我们到现在还不知道怎么做规模性的民品，可长岭积累了丰富的经验，关键是怎么去看自己的优势和劣势。

任何企业在经营过程中不可能没起伏，不可能没有败笔，有时败笔反而是好事，不是坏事，它会使全员，特别是决策人物保持更清醒的头脑。当你保持清醒头脑时，你很快会把这种劣势转化。如果当时我接任厂长时，被困难吓倒了，可能也走不出死亡期。我经过冷静的分析，觉得努力一下也许还有希望，所以咬着牙调整。当时调整的力度非常大，肯定伤到了一些人的利益，我在前面走，员工不理解，在后面骂，有的走到我跟前来，还吐口痰，我得忍着呀！让时间和空间去说明一切。那时候没有成绩，任何解释都是无用的呀！所以我说，作为长岭的同志，一定要调整心态，正确地看待眼前所碰到的困难，用积极的态度去看待它，大家必须一同来调整才有可能克服当前的困难。

二、我讲一下心态问题

企业管理者的重大任务之一，就是调整内部各类人员的心态，调整到什么状态呢？就是调整到奋发向上、平和理性的状态。你如果能够把全员，包括干部的心态能调整到这种状态，说明你的企业的各项政策是切合实际的，管理也是到位的，达到一种和谐的地步。这是你需要思考和做的事情。要抑制哪种心态呢？就是不求上进、猜疑、妒忌、计较、相互之间较劲，特别要调整国企员工"我是主人翁"的这种心态。心态的调整对任何人都是一个痛苦的过程，开始时必须要靠强制，不理解也得做，慢慢地人家会理解。有位哲人说过，成功没有模式，只有心态。我很赞赏这句话。譬如你要去北京，坐火车可以去，坐飞机也可以去，走路也可以去，坐汽车也可以去。那你就要算，你要以最小的成本，最低的代价，最有效的方式方法达到，不见得坐飞机就是你最优选的。管理是一门科学，是有规律的，但是决非任何一个单位拿来就能够死搬硬套的。在我们厂举办的MBA学习班开学典礼上，我给参加学习的青年干部们说过四句话：知识改变命运，技能决定前途，心态调整苦乐，家庭度量幸福。我说，你们在三年的学习过程中，牢记这四句话，看看是不是这个理。

在心态问题上，我讲这么几点：

1. 从国企的地位，谈一下员工的心态调整

在市场经济的今天，我们这些产业工人是弱势群体，不是强势群体。没有人把产业工人当人看。这是1998年7月17日我在全体员工会上讲的一句话，这是实实在在的。尽管在历史上国有企业为国家做出了重大贡献，尽管媒体宣传说国有经济是国民经济的主要的力量，我说，那种喊，是政治上的需要。为什么？因为国有企业占有了社会财富的60%，可你的产出在去年年底时才占整个国民经济的40%不到，你的贡献太小。国企大面积的亏损，政府想帮你帮不了，小面积亏损国家可以包起来，大面积怎么办？到处都是国有企业，今天下岗，明天分流，谁管你？你靠谁也靠不住。在这种情况下，你一定要淡忘"主人翁"的意识，只有自己靠自己。你在这个企业里干，是为了养活你的老婆孩子，为了你的生存而干，不是为别人干，再别讲空洞的大道理，没用！所以，我说没有人把我们当人看。但是我们自己不能看不起自己，特别是我们的干部不能看不起老百姓，不能看不起自己的员工。一定要和为贵，善待人，与人为善。

十六大以后，政府与国企的关系已经发生了新的变化，从十六大报告里，大家应该看得非常清楚，政府也在对国企的改革思路进行重大调整。这里头大概有这么几个调整：一个是国有资产的资本化，实际上是在寻找一种国有经济和市场经济相结合的方式。十六大报告的原话是：创造各类市场主体平等使用生产要素的环境。这句话谈得再明白不过了，国有经济还会发展，但比重会下降，和民营经济一样，大家同等使用社会生产要素，不是以你的生产要素为主体。另外一个，今后重要的不是区分国企和民企，而在于区分公共产品的提供者是什么人。所以民企中有国企要素，国企中有民企成分。在这种情况下，你和民企的地位是平等的。第三，产权市场化使产权可以交易，可以流动，在不断交易流动中重新优化配置，这说明什么问题呢？说明今后作为国企员工，你只能把自己当成一个可以随时流动的社会公共产品的制造者。对社会有用，你才有价值。

我今年给《凌云报》写的元旦献词，文章的标题叫《归位》，我实际上就谈到这个问题。其中有一段话，我给大家念一下："我想除了市场环境和相关政策因素，还有一个不可忽视的重要因素，那就是调整干部与员工的关系。干部的定位必须从非老板似老板转向关注民本利益与员工活动的教练；员工的定位更为接近职业化，成为职业资格人士。这也可以增加业内流动性，减少因劳资冲突带来的利益损失与不必要的感情纠葛。"也就是说，干部和员工均回归于职业的属性，企业的生命力就会得到加强，大家都把自己归到你仅仅是提供社会公共产品的一个制造者，你再别想：我是个铁饭碗，我是个国有企业职工，不行了国家会管我，千万别这么想。如果大家都这么想，你最后肯定吃不上饭！这是讲员工的心态调整。

2. 从国企领导所处的环境看其心态的调整

国企的领导，包括我们一些子公司的经理们，你的心态怎么调整？

中层干部的心态怎么调整？员工希望国企的老总是一个完人，不食人间烟火，只干事，少拿钱，廉洁奉公，恪尽职守。对不对？也对。但是你自己要明白：你是一个现实社会中的人，有七情六欲，高兴和忧愁，成功与失败；你也会做错事，用错人，你不停地犯混；你是一个活生生、实实在在而又毛病多多的人。所以，你必须懂得不断地否定自己，完善自我，修养修炼，努力做得好一些。当员工希望你是完人的时候，你自己一定要保持清醒的头脑，不断地否定自己。上级希望你是有能力，既听话、又能办事的人，特别是要有眼色，还能见风使舵。你难得碰上开明的上级，社会上的一些权力部门希望你把他们当神敬，作为朋友可以相互照应。一句话，你得是一块"唐僧肉"。员工和别人还称你是老总、厂长，称你是老板，你真是老板吗？你是啥？——一个无资产的高级打工仔，一个凭良心、责任心、成就感工作的人，你也是为了养家糊口。面对这样的社会环境，你既不能当恶人，非你所愿。又不能当善人，因为行不通。你不能把自己太当回事，但不能也不敢把政府不当回事，故在自己承受压力的时候，要在内部创造一个宽松的环境，不能让部门经理或副职们亦承受如此大的压力。这就得讲策略，这就是使命，是责任。做活生生、实实在在又毛病多多的人，时间稍长，辫子太多，谁都可以抓，碰上个小人，你就完了。所以，你要牢记，要办事，办实事，还得夹着尾巴做人；要将自己的心态调整到：自信但不自负，管人但不整人，干事但不惹事，有事但不怕事。六个字：大气、大度、理性。

在处理上、中、下关系的时候，你得遵循这么一个原则：对上尊重，但不唯上。这个"上"我指的是政府部门，不要贴得太紧，但也不要把距离拉得太远；对中，特别是对中层干部，要苛求、理解、支持，一定要首先苛求，绝对不是首先理解；对下，即对普通员工，要亲和，解决实际问题。这是我讲的第二个问题。

三、关于管理者的悟性

我常讲，管理是一种悟性，成功的管理没有模式，只有心态。我讲管理不是讲 1+1=2，而应当是 X+Y=Z。即管理中的每一个因素都充满变数。管理确实是有规律的，是科学，但死搬硬套某种模式，不创新，不应变，不实事求是，不灵活应用，只能是教条，也就谈不上好的管理。关于悟性我讲三个问题：

1. 悟性在于思考，在于行动

什么是悟？就是通过做事而达到悟理的能力。这里的"悟"不是让你揣摸领导的心思和意图。这是对我们的中层干部来说的。千万千万别琢磨看老总是咋想的，咱就怎么跟，这就大大地错了。

我每年非常重视三个会：第一个是元月份的职代会，是明确当年的方针目标；第二个是每年 4 月份的科技工作会，研究产品方向，完善科技政策的；第三个是每年 7 月的经营工作会，这纯粹是一个务虚会，会议不涉及具体问题，是个统一思想、推出新的管理理念的会。每年这三个会我们是很重视的，而且开出了我们的会议文化。除此之外，我们每个月有一次中干会，厂务会很少开。管理层、决策层、执行层分得很清楚。也有人说，企业的老总肯定辛苦，忙得很。我不认为是这样。1998 年我刚当厂长，非常忙，每天我的办公室门口蹲十几人，排着队，因为问题多，我要理顺它，有个过程。1999 年就少一点，从 2000 年起我是班子里面最清闲的人。我的电话费每月很少超过 200 元，一般都是 130 元左右，没有人给我打电话。我做我的事，人家做人家的事。2003 年元月 15 日，搞年终清算发各类奖金。在发奖之前，我给厂领导打了个招呼：工厂的各种规范、制度都有了，请你们不要给职能部门打招呼，说要在清算过程中给谁照顾呀什么的，让他们严格按规范去算，算了多少是多少。那时我在北京，他们发传真给我，我一个字都没改，就签了个"同意发"。我从北京回来的时候，几百万元都已经发下去了。春节放假前开了个厂务会，让规划部把情况给厂务会汇报，哪些制度欠合理，要修订。在清算过程中哪些单位多了少了，先讨论制度的完善问题，然后再做微调。我们给 3 名干部作了小调整。我们厂不允许在分配上发红包,发红包是对自己的制度不自信的体现。所有干部、所有单位的收入都必须公开透明,连续4年在中干会上把厂领导、中层干部的收入全部公开,没有任何可藏藏掖掖的。比如设计所每年5%末位的人,即拿钱最少的那几个人年底是要被淘汰的,人家拿得多的光荣。这就是严格按制度规范行事。这种情况下,我做我的事,副职做副职的事,大家各做各的事。

作为厂长,我做三件事:第一是企业文化;第二是企业设计,就是企业往哪个方向上走;第三是员工培训。这三件事是我该做的,我做好了这三件事,副职和其他人把他们的事情做好。所以"一把手"把你设计师的角色定位好,特别是在企业战略方向上,你不能犯浑,顶层设计必须设计好。所以我说管理是一种悟性,就是你遇事多动脑筋,你必须勤奋加聪明地去工作,聪明在这里就是悟。

在对待机会和问题的策略上,我们厂曾经做过大的争论。1998年刚当厂长时,大家都认为,我一当厂长肯定把最主要的精力放在蓄电池上,应该去抓蓄电池,蓄电池是七六五厂的希望。可我恰恰在当厂长的第三天就宣布,我们企业必须以导航和信息产业为主导,为什么?因为对于我们这样的企业而言,由于历史的原因,在一定的时空内,往往是为数很少的业务,可能10%~20%的业务创造了90%的业绩,而其余大多数的业务合起来也创造不了剩下的10%的业绩。因此而言,如何调度企业的资源,是将工作重点投入到能够产生最大经济效益、业绩的机会之中呢,还是将大量的时间、工作精力、财力、注意力投向问题,而不是机会?这就提出了一个有效和有效率的问题。你是做所谓"正确的事"呢,还是正确地去做事?所以,这是一个值得认真思考的问题。当时我认为,蓄电池是我们厂的问题,军品才是我们的机会。必须把主要精力投到机会当中,而不是问题当中。如果我把主要精力投到蓄电池上,即便是做到最好,也就是每年减亏200万元,但仍然要亏1300万元。即使三年五年以后不亏了,可眼下工厂发不出工资啊!如果我把主要精力投入到军品上，抓住军工机遇，这个企业就能先生存下来。所以，对蓄电池就是调整，缩小规模，把费用降下来，以养人为目的，养的过程中再进行调整，把最主要的精力和资源就投入到军品上去。这就是机会和问题的选择，即用时间去换取空间。正因为在1998年有这样的调整，我们厂才生存了下来。三年以后，大部分员工才理解、明白了我当初的用意。到去年我们厂基本从低谷里走了出来，员工的收入也上去了，新品开发也上了一个大台阶，企业总体上在调整中往前走。所以，我认为企业领导人在重大问题的决策过程中，对机会和问题的平衡与选择是十分重要的。这是悟性中的第一个问题。

2. 悟性当以务实为根本

搞企业来不得半点虚假，必须务实。所以说，悟性必须以务实为根本。1998年我们厂曾就"能不能做大""能不能快速发展"进行过大讨论。直到现在我们仍然是这种态度：我们内地这种环境和沿海不同。要想把企业做大，我们比别人早起几个小时，晚睡几个小时，也不一定能够达到别人付出一半的心血所达到的状况。在这种情况下，简单地去思考把企业做大是不现实的。不要听什么"速度要快一点，胆子要大一点"的口号，那是在具备了相当的环境和条件以后才可以做的。所以，1998年我们提出速度要慢一点，步子要实一点；我们不要做大，要的是做实、做强；不求把规模做得多么大，而是追求有效，追求效率和效益，不挣钱的事情不干；有前途、有希望、但暂时不挣钱的事情，调整它。投一块钱进去，转一圈是一块零一分的事情都可以干，转一圈成九毛九的事情坚决不干。所以，我们不搞多元化，而是选择在自己的产业链上不断延伸。看人家做什么都赚钱了，这个时候一定要冷静，就是那里有一块金子，人家要捡可能就捡走了，我们一捡可能被人捉住了。所以，我们就明确规定：各子公司三年内绝不允许搞多元化，因为没有这样的财力、人力和管理水平。我们就把现在这么点事情做好做实了，做出特色来，咱先能生存了，在此基础上，再谈有没有其他新的机会。

我多次强调，我们是一个低效益运行的企业，有了今天没有明天，我是战战兢兢地当厂长，冷静不浮躁。我不停地念叨，维持正常经营，追求持续发展，不搞外在包装；学会应变，别把自己太当回事；对外低调，除在特殊的行业里去宣传产品外，这几年对外一直保持低调，绝不允许任何人宣传我，因为没到那个份儿上，也没有那个必要。保持冷静，先把基础管理抓起来。我们从从严治厂"二十五条"，到环境卫生，到岗位责任制，到科技兴厂，到绩效评价，这一切都是在抓基础管理，调整人们的适应力。基础管理最主要的是做什么？做两件事：制度建设和岗位责任制。认真地抓，让它有效，这是悟性的第二个问题，即悟性当以务实为重。

四、关于企业文化建设

我们凌云走到今天，最让我感到自豪的是具有自己特色的企业文化。什么是企业文化？通俗地讲，就是厂长文化、老板文化。虽然这种提法不科学，但厂长确实是企业的核心人物、决策人物，你的一言一行，被老百姓、普通员工认知的程度高，它会形成一种风尚，也就是一种"家风"，企业风气。大家常常讲"大家闺秀"，一个农村姑娘进城成了大款，她穿一身名牌衣服从豪门里出来，是否就成大家闺秀了？不是。大家闺秀是一种熏陶，是内在的东西通过外在的东西表现出来的，是一种修养的体现。所以，企业文化体现的也是这种内在的东西，是全员共同认知的行为准则。

1. 什么是有特色的企业文化，如何建立它

这里我从以下几点来和诸位共同探讨。

文化的创建和形成是有历史渊源的。中华传统文化博大精深，西方文化充满活力和激情。认真分析各种文化的优劣，将其精华的部分移植、继承、吸收，用以构建具有自我特色的企业文化。这是创建企业文化所必需的重要过程，也是一个最有效的途径。

（1）文化与宗教的关系。我们常听到的宗教大概有：犹太教、伊

斯兰教、基督教、天主教、印度教、佛教、道教。比较一下可以看出，凡是信奉天主教、基督教的这些国家，相对比较发达；信奉伊斯兰教、印度教的国家，内部的纷争比较多，国与国之间的纷争也比较多，相对也比较落后。以信奉佛教为主的国家，相对比较稳定；中华文化的特点是立足儒学，兼信佛道，所有的宗教在中国都很难持久统治。佛教在唐朝盛行一时，最后还是融合到了中国儒家文化之中。这就是中华文化的包容性。

（2）从四大文明看文化的方向。"三个代表"中就有一条代表先进文化的前进方向。那么，什么是先进的文化？我们可以分析一下人类四大文明的历史。"希腊文明"追求闲散自如，与世无争。对个人而言，强调环境、健康第一，这也是欧洲人的文化特点。印度文明的特点是追求神圣，敢于牺牲，但轻视生命，厌弃人生。埃及文明则追求伟大，自负，神秘，缺少理性，没有继承，到现在埃及文明也没有文字遗传下来。中华文明是什么？立足儒学，兼信佛道，这种内在的弹性就是合而不同的包容精神和中庸之道的平衡原则。

中华传统文化强调的是，个体隶属于群体，个人利益服从集体和国家利益，重视伦理、规范和道德的教育。即讲团体、忠孝、中庸。缺点是对人的个性和个人利益有抑制，均贫富，讲谦让，不出头。有一种腐败，就是我们在官场常见的：避免树敌，讲究"大家都过得去"。这就是"中庸之道"的副产物。

西方文化的特点是：承认个人利益和个人价值，崇尚人的自由发展，鼓励竞争，讲区别对待。通过分析比较可以看出，中西文化，各有千秋。

（3）创新、自然、包容的文化才是先进文化。创新是西方文化的特色，它强调个人的价值，鼓励竞争。自然是希腊文明和中华儒家思想之精华。包容、宽容、忍让是儒家的中庸之道。所以，我认为，中国的企业文化必须具有这些特色，这是中西文化糅合的结果，也就是"古为今用，洋为中用"。

企业文化如何体现这些特色呢？第一，尊重人性，提倡仁爱之心，与人为善。我们厂门口写有这样的标牌："善待他人，你会时时有个好心情。"这是我们凌云企业文化的第一条；第二，整体的和谐与团队精神；第三，鼓励实现个人价值，获取个人利益，即区别对待；第四，体现社会责任。企业在出产品的同时，也要培养出合格的、高素质、有道德的优秀人才，这就是企业为社会提供的无形资产和公共产品。企业文化里应该体现创新、自然、包容这六个字。

我们凌云厂从1998年开始建立和培育企业文化，每年不断地完善。在我们的企业文化里，对这六个字是这样理解的：

创新，我们把它理解为企业的灵魂。在我们厂每个单位的墙上都有这样一句话："当你每天不能为提高效率而工作时，你的存在就没有意义。"这是对每个员工的要求。我们把它叫作"创新每一刻的工作"。我们有点规模的子公司，每天有半个小时的"问题上墙会"。就是把当天生产中遇到的问题写在黑板上，列条挂账，逐一解决。解决不了就一直留在黑板上，每天要议，直到解决为止。其目的是通过公示，想办法怎么样去提高生产效率，怎样最有效地去工作，怎样以最低的成本投入产出。所以，创新在我们这里是很具体的。这几年我们的销售收入增加并不多，但效益却越来越好，去年实现的利润比建厂以来的总和还要多。就是因为我们在投入产出的有效性上下了大功夫，大家都动起来了。

自然，是一种境界，包含物竞天择，顺其自然，融入自然，按规律办事，承认历史现状的涵义。我们强调变革、应变，但一定不能抛开国企的客观现实，不割断历史，特别在对待人的问题上，我们强调十二个字：善待历史，换位处置，预埋未来。我们的一切应变，一切改革，都不能忘了国企这个现实。虽然市场经济讲竞争、淘汰，讲区别对待，特别是十六大以后，要求国企进行产权改革。这些都对，但你一定不能让老百姓没有饭吃。你可以让极个别捣蛋的人没饭吃，但你一定要让绝大部分努力工作的员工有一口饭吃，让他们有生存权，让他们体会到活人的尊严。对老同志一定要善待。尽管他们的观念可能跟不上现在的形势，但它是历史存在，你必须去换位思考，承认它，而不能割断它。所以，改革一定要把握好这个"度"。预埋未来，就是现在做事的时候就要想到以后，不能再有类似的后遗症。

包容，特指文化和价值观的包容。国企作为市场的一份子，面临的环境很复杂，和政府有联系，和同行有竞争，和民企有合作。这其中肯定会有矛盾和碰撞，有时还会很激烈。怎么办？社会和市场是一个整体，大家都生活在其中，互相依存，相辅相成，这时候就要讲求同存异，讲包容。例如，我们在和民企合作的过程中，对其经营方式予以认同，允许我们看不惯的事情存在，只要不把企业往垮里整，就允许人家试。事实证明，人家做得比我们好。所以，学会包容很重要，要给人以空间，让人先做。这也是一种学习提高的过程，是一种胸怀的体现。

2. 凌云企业文化的内涵

我想在此解释一下现阶段价值观的内涵。前面提到的凌云精神、管理理念和价值观，是在一段时空里要长期坚持的。但是现阶段价值观，是指在这一段时期内我们必须着力推行的，也是针对我们最需要解决的突出的问题而提出的。

（1）善待他人，你会时时有个好心情。以人为本不能空谈，我们要求干部员工要有爱人之心，与人为善。这就是中华文化里讲的和为贵，爱大于恨。

（2）企业最无价的东西是人心，凝聚力的体现是人气。这里特别强调为老百姓做点事，做实事，做好事。让员工感觉到这个班子是愿意干事、能干事的班子，是值得信赖的。唯有如此，企业才会有凝聚力。有了凝聚力，人心才能齐，人气才会旺。我们的基础管理是特别严格的，进了厂区，能看到的玻璃都是干净的，地上找不到一个碎纸片，没有迟到早退的员工。这不仅要靠严格的制度，更要靠的是企业文化的熏陶与教化。

（3）优秀人才来去自由。这是我们在最困难的时期提出来的，当时军品设计所几年要不来一个大学生。光我们厂跑到深圳去的就有108人。我到深圳出差抽空拜访了23个人，请他们吃顿饭，希望他们能够回来，但是没有一个愿意回来。相反，我刚当上厂长又有人打报告要走。在一种无奈的情况下，我想反正就这几个人了，干脆放开算了，要走就走，你也别要挟我。走个三年五年，什么时候愿意回来你再回来。嘴上虽然这样说，但还是希望他们留下，于是我对那些要走的技术员一个一个家访。有一个设计师，我在设计所当副所长的时候他很能干，我也比较器重他，他的房子还是我给要的，但他坚决要求走。我到他家去了三次，这个人最后还是走了，出去也干得不错。但我以这种方式把其他几个人留下了。经过这件事我就思考：留人重在留心，何以留人留心、让他不走？那就要了解人才的心理，了解其真实需要，要能创造出一种能留住人才的环境。我主张靠政策留人，靠尊重知识、尊重人才的环境留人。对于认为不能发挥自己特长的人才的去留采取自愿，只要他把现有的工作做完，就可以走人，如果出去几年后想回厂，我们欢迎；回来后不满意，还可以再走。实践证明，这种宽松的环境充分体现了人本观念，回来的人比出去的人要多。

（4）企业的核心竞争力是什么？是保有人才的能力。在人才问题上，要学会"查字典"，太高精尖的人才我们企业养不起。所以在这种情况下，我们要研发新品，要发展，怎么办？我就把"人才所有"看淡了。第一，每年拿出40万元搞人才培训。不是给你升工资、出国旅游，最高奖励是人才培训的机会。然后我和总工程师两人，加上人力资源部门，对企业的人才结构进行分析，对我们周围特别是西安、北京的高等院校、科研院所中知名专家教授进行摸底，只要他们所从事的专业和我们的技术对得上，就和他建立长期的联系。这样，就知道自己所需要的人才在什么地方。就像我们学中国字一样，一般人可能学个四千五千字就够了，遇到不会的字查一下字典就会了。人才也一样。我们目前的条件和环境,给个博士生我们养得起?养不起啊!我也不需要养他。可是我如果学会了"查字典",知道尖子人才在什么地方,需要的时候给他钱干活就行了。这就是"借脑"。

我们在很长时间就是采取这种"借脑"的方式。1999年,"借脑"花了93万元。很快带出了一批人,出了一批产品,在导航领域可以说站稳了。从前年下半年开始向数据链方向深入。所以我说,保有人才的能力是企业的核心竞争力。

我认为,企业内部要有一套机制,这种机制能够让中专生三年以后变成大学生,而不是把大学生过了几年后变成了中专生。你可以聘到世界上最优秀的人为你工作,但当你不能跟他沟通时,他对你一点用处也没有。他不能和别人交流,也对你一点用处也没有。你必须建立一种机制,让优秀的人才能和别人沟通,他又能有舞台施展自己的才能。我之所以敢于宣布"优秀人才来去自由",开始是出于无奈,可现在它成为我们的基本政策。近几年虽然来的大学生不多,但是只要来了,基本上是不走的,赶也不走。

(5)成功的团队来自于区别对待,即保留最好的,剔除最弱的,而且总是力争提高标准。这是美国通用公司前总裁杰克·韦尔奇的一段话。我把它用在这个地方,作为凌云价值观的核心。一进我们厂大门有一道文化墙,文化墙上的正面就是这33个字。这不是我的"语录",是世界级经营大师说的话。他说搞企业没有什么诀窍,就是做好区别对待。我把它记住了,放大后就刻在凌云文化墙上。

(6)简单的、实用的、有效的才是最好的。把复杂的问题简单化,这是一种境界,更是一种能力,一种高度归纳、概括、总结的能力。我们的各级干部,尤其是基层干部和管理者要培养这种能力。只有把复杂、具体的问题了解透彻了,才能看清问题的本质,解决问题才会简洁清晰,得心应手。

2003年春节后上班第二天,我有意搞突然袭击,临时召开全体干部会,要求厂领导和几个子公司经理、技术管理部门的中干就今年的工作向大家作表态性发言,每人20分钟。我告诉他们:你必须用最短的时间把你要说的话讲清楚,你必须善于归纳和总结,体现简洁明快。厂领导面对这么多的中层干部,对你分管的工作是否做到心中有数,大家也在给你打分。如果说厂领导都不能做到简洁明快,一句话讲半天,该半个小时的会你开一两个小时,行吗?我就是要你用最简单的方式解决问题。当时就批评了超时的几个领导。我们对厂领导的要求是比较严的,我说8个小时之内不谈交情不谈感情,只谈原则和工作。去年我们有4个厂级领导被全厂通报,1-2月只发生活费,其中就有我。有人可能不相信,我每个月能不能拿到奖金,我说了不算,规划部那个考核员说了算。他根据我所分管的任务完成情况,就能算出来厂长能不能拿到奖金。如果他算出来后还来问我怎么办,那他的奖金就该被扣了。你按规范做,超出你的职责的可以请示。厂长的工作中有重大指标没有完成,就是要通报,拿生活费,有啥说的?不要来回商量,要严格按制度走。这就是简单实用有效的内涵。

所以,我们在处理任何问题时,不要过分地追求全面,追求绝对公正的结果,但考虑问题的思维方法一定要全面,不要想着把每一件事都做得很完美。简单的、有效的才是最好的。主动、灵活、量力、务实——这就是我们处事的方式。

(7)谁是企业最重要的人?最重要的是那些和客户最接近的人。这个观点的形成有一个演变的过程。1998年,我们没有产品卖,那时候最重要的人就是技术人员,就是设计师。在当时情况下,提出科技兴厂的政策,工厂给技术人员优厚的待遇,设岗贴、加奖金,一年以后严格按标准筛选、淘汰。当时给他们加钱,职工中就有议论,说谁谁谁不能干,还拿那么多钱!我说我也知道他不能干,但我现在要把他区分出来,那些能干的可能就不干了。我说到年底再看,他能跟上不就好了嘛!跟不上了就淘汰他。这样做的目的,是以政策引导人才的合理流动,有人愿意到这地方去的时候，不就形成一种良性循环了？到 1999 年，给销售人员一些政策，2000 年，又给管理人员一点政策。到 2001 年就调整了，谁是企业最重要的人呢？最重要的是那些和客户最接近的人。不是说你天天在车间加班就是最重要的，你懂技术懂管理，离客户最近，你才是最重要的。政策一定要向离市场最近的人倾斜，这就和市场融合起来了。这个观念必须转变，否则，心里老是不平衡。

（8）权力失去监督必然走向腐败。职能部门是企业的权力部门，它们和社会上的公检法差不多。企业运营是否规范、正常，不在于厂长、副厂长天天去做什么，而在于职能部门能否高效运行，公正行权。对职能部门要信任支持，要给权力，但同时也要用制度去约束。我们规定：任何部门不能请职能部门的人吃饭，朋友之间也不行。因为你有权力，大家要巴结你，厂里把人事权、考核权、分配权给你了，你就得受限制。我常讲一句话：有权的人要能耐得住寂寞。

3. 落实价值理念和管理方法的途径

在我们企业发展的三个阶段，分别贯彻了三个"六字方针"：

（1）班子、机制、产品

在班子建设和运作方面，我们强调老中青结合，决策民主，管理权威，树中心，倡人和。老中青指的是，在干部年龄问题上不搞"一刀切"。这确实很难，但我们这几年坚持了下来。能干，你往六十岁干；不能干，你二三十岁也得下。企业在人的问题上最忌讳搞"一刀切"，那是无奈之选择。企业有时候要培养一个有作为的高级工程师，花的代价是很大的。只要他身体好，完全可以干到六十五岁啊，有什么不可以的？搞企业是要用人才的。我们这几年还没有说把哪些干部搞了"一刀切"。每年的 12 月 10 日安排考评，末尾的那些人就是淘汰对象，不行你就让位。

民主指的是在任用干部和投资决策等重大问题上，一定要集体协商。调研论证在前，拍板决策在后，不搞个人说了算。权力中心指的是以厂长为中心。我坐在厂长位置上，企业的一切经营活动都是以我为中心的，不是以党委书记为中心的。我和党委书记的关系这几年处得比较融洽，我们之间是相互补台尊重的关系，但前提是以行政首长为中心的。这是企业经营发展之需要，不是个人之需要。谁坐在这个位置上就必须以谁为中心，他必须说了算，当然他不能胡说。

企业管理水平的体现是什么？是民主化的程度。既然企业赋予你这个权力，那么你在用人、决策和投资问题上，一定要民主。在这两点上，千万别独裁。五年过去了，我在企业的威信已经很高了，这时候最怕的是什么呢？就是明明我说错了大家也认为是对的——这是我最害怕的。越是这个时候，就越要冷静。所以，从去年开始，就有意识地使自己少说。你是否保持头脑清醒，就看你实施民主化的程度，看你是否受到制度的有效制衡，有效监督。

机制，我们在机制方面强调统一管理，各自为战，不搞各自为政。统一管理指的是什么呢？统一质量管理，以ISO9000标准为基准，贯彻推行六西格玛；统一技术管理，指科技计划及重大研制项目的立项和评审管理；统一财务管理，指的是财务制度规定的主办会计委派制；统一投资管理，指的是技术改造、固定资产的管理；统一信息管理，指的是市场及客户资源管理的分析、评价、服务。各自为战，指的是把经营权下放给经营者，使其像独自运作的战列舰，在旗舰统一指挥下，灵活作战。我们的改制就是要坚持凌云电器总公司的统一性。

十六大以后，国家反复强调产权的多元化，强调民营化。这种提法是符合中国当前实际情况的，特别是符合国有企业的实际情况的。在产权改革过程中，一定要明白建立现代企业制度的四句话：产权清晰，责权明确，政企分开，管理科学。国企改革不是要搞私有化，因为民营企业同样存在产权和机制问题。

我们国企在产权改革和机制转换的过程中，一定要考虑企业的长期持续发展，而不是借改革这个风，设几个岗位，提拔几个领导，把企业划分成几块完事。我们厂在产权改革过程中，实行的是"年薪+岗位期权股"。岗位股的特点就是：在岗持股，离岗退股，不允许继承。产权改革要始终把握一点：谁对这个企业的关联度最大，谁就应该最有发言权。这才是对全体员工的负责，也是对社会的负责。这就是我们从1999年到目前产权改革上所做的工作。我认为这样做才符合十六大精神。这是我谈的机制问题。

产品，在自己的产业链上延伸，不搞多元化开发。

（2）现场、质量、成本

现场，强调整洁有序，重点在工艺程序的规范执行上。

质量，强调严格执行质量体系文件，上道工序为下道工序负责，将六西格玛作为目标，追求完美。

成本，强调投入产出分析，不做无效投入，开源节流并重，产品成本的重点在设计。

（3）团队、诚信、服务

团队，强调精、气、神各方协调，步调一致，要求全员有共同认知的价值观。凡不认知凌云价值观的人不能重用。因为我们将干部当作一种智力资本来管理，智力资本 = 能力 × 忠诚度。你不认知企业文化，就证明你对这个企业没有忠诚度。

诚信，强调我们的企业要追求完美的产品质量，诚实良好的信誉，逐步树立企业品牌。传统意义上的诚信，是把道德观念赋予诚信之中。实际上，市场经济条件下的诚信，它有道德的因素，但主要指的是按规则办事。企业与企业之间，企业与客户之间，有约定俗成的东西，你得按特定的"游戏规则"去做。这儿讲的"诚信"与个人的品行没有直接关系。

服务，强调从用户始到用户止，全过程让用户满意。抓好"三个一"：一字不漏地记录用户反馈的信息；一个不漏地处理用户的信息；一个不漏地检查处理的结果。

这个我们已经做了两年了。第一，从1998年起用10年时间，分三个阶段抓好"六字方针",逐步形成具有凌云特色的企业文化和价值观,实现由人治到法治、由法治到文治的目标。第二,建立完善的评价体系。我们已经建立的评价体系有:对后勤系统实行管理现状评价,每年进行两次,重点在用户的满意程度上;对技改项目实施项目效果评价,按项目型号逐项进行,五万元以上的仪表、设备要评价其主要功能,每半年一次,连续评价两年。只要你买的东西主要功能用不上,你就得承担责任。设计、采购、生产运行成本,每年分析一次,对负责人排序奖惩。

  我们原来一个子公司的经理,在位的时候,每年都作个十万八万的利润出来。领导也很高兴,这个单位今年盈利了。等把他调离时,一看库房的东西,账面上值10元钱的东西,实际市面上可能只值1毛钱了,作账时是拿10元钱"作"的,国有企业往往是这个样子。为了解决这个问题,从2000年开始,每一个子公司,以及供应部门都进行清理,凡是历史遗留积储下来的东西,全部建立呆贮物资库,把它隔离了。然后大家静下心来进行分析是什么原因造成的?不去追究任何人责任,只是分析,让采购人员、管理人员都吸取这个教训,分析一下什么地方应该改进。然后从2001年开始,那就对不起了:当年产生的东西,谁采购的,为什么积压,你不该投这么多为什么投,讲不出个一二三你就得走人。你这个子公司到年底买那么多没用的东西,积压了那么多,讲不出个理由,子公司经理要么你走人,要么受处罚。别等你离开的时候再发现问题那就迟了。这样进行了两年,效果挺好,至少把家底盘得比较清楚。

  干部质量意识评价每年一次,纳入奖惩、量化考核、绩效评价体系,重点在"区别对待"上下功夫。坚持责任制考核评价体系,完善简化操作。

  全员区别对待的概念是:优秀员工比例20%;普通员工比例75%;不合格员工比例5%。在20%优秀员工里,奖励一般分为:进修培训、出国旅游、股票、期权、工资、奖金、住房、其他。所以我们最高的奖励是进修培训。对5%不合格员工中的90%下岗培训,其中10%解除劳动合同。所以这个比例是比较低的。2002年1月20日解除了13个人的劳动合同，没有人找我。当然多了就不行，这里得讲个"度"和策略问题。每年全员的绩效评价，按区别出来的比例区分并不断提高评价标准，锤炼员工基本素质。长此以往地坚持下去，我们就可以做到百年永存。

海尔的张瑞敏有一句话："什么叫做不简单？把别人认为简单的事一次一次地做下去，就叫不简单；什么叫不容易，把别人认为容易的事千百遍地做下去，就叫不容易。"

谢谢大家！

（本文系作者2003年3月20日在长岭厂演讲）

团队精神是企业成熟的标志

作为主管生产的副总经理,我很努力、很辛苦,也有不少烦恼。自认为是一个有思想、有方法的人,为什么在管理中越管工作头绪越多?工作务实是我的特点,但如果不思考、不反思、不总结工作中的共性问题,恐怕会更加忙乱。因此,今天的生产会我主要是务虚,讲讲协作和团队精神,讲几个我认为应该提倡的观点。

一、企业兴亡,我的责任

我们厂正处于大发展的历史时期,干部的责任的确重大,但遇到问题和困难的时候,先不要问工厂给了你(或单位)什么,应该先问你(或单位)给了工厂什么,你(或单位)的工作做得怎么样?这里首先要解决的是出发点问题,即你应当通过创造或干些什么来支撑工厂,而不是等工厂把一切都弄好了等你去领导,要有"从我做起"的思想。从我做起,体现我之责任的核心是爱厂。爱厂是很具体的,不是一句空话。我提倡"离开厂门一步,肩负忠信荣辱"。一口痰吐在无人的角落里是小事,吐在外国人面前,就丢了十二亿中国人的脸,使人看不起你中华民族。推而广之,在厂内应当实实在在地讲话做事,诚诚恳恳地提建议,只要是善意,任何意见都可以提。但出了厂门,在外人面前,就要体现七六五厂的精神风貌,讲工厂的优势,宣传工厂好的一面,使外人对我们的工厂有信心。这就是体现企业精神。而有些人,在厂内很温顺,离开厂就把工厂骂得一文不值,推而广之,这就是厂奸。

二、万事从小事做起

能看见小事的人,就能看见大事,最终能干成大事。但只能看见大事的人,不一定能看见小事,最终大事也干不成,就像盖楼没有基础一样。这里举两个实际例子。

第一个,美国福特汽车公司的前总裁福特先生。早年大学毕业后,去一家汽车公司应聘,和他同去应聘的几个人均比他学历高,可只有一个位置。当前面几个人面试完后,他觉得自己没有希望了。但既来之,则安之,他敲门走进了董事长办公室。一进办公室,他发现门口地上有一张纸,他弯腰捡了起来,发现是一张废纸,便顺手把它扔进了废纸篓里,然后才走到董事长的办公桌前,说:"我是来应聘的福特。"董事长说:"很好,很好,福特先生,你已被录用了!"福特惊讶地说:"董事长,我觉得前几位都比我好,你怎么把我录用了呢?"董事长说:"福特先生,前面几位的确学历比你高,而且仪表堂堂,但是他们的眼睛只能看见大事,而看不见小事,你的眼睛能看见小事。我认为能看见小事的人,将来自然会看到大事,一个只能看见大事的人,他忽略很多小事,他是不会成功的。"福特就这样进了这个公司,而且使这个公司名扬天下,改变了美国的国民经济状况。

第二个,当广岛亚运会结束的时候,六万人的会场上竟没有一张废纸,全世界的报纸都登文惊叹:可敬可怕的日本民族!没有一张纸,足以使全世界为之惊讶。再看看我们,有一次举行国庆升旗仪式,当人们散去以后,满地的废纸到处乱刮。就此可以断言,我们同日本相比,还差很远,就是我们的道德水准还没有上来。再看看我们厂,禁烟至今三年,仍然禁不绝。不是工厂没决心,而是我们的干部认为这是小事。抓住了是你倒霉,抓不住我视而不见。许多违规的事不是管不住,恐怕是当做小事没有管吧!

三、学点中庸之道

工厂在发展,有不少问题的处理是缺乏先例的,难免出偏差,结果不见得人人满意,也做不到人人满意。不同的角度有不同的看法,这是很正常的。实践是检验真理的唯一标准,有时工厂的某个决策,被事实证明有偏差，只要在今后的决策中注意不再出现就行了。有些决策是临时的，不待纠正已经过去了。因而，有不少同志认为工厂没有做到真正的公平与公正。其实，绝对的公平是没有的，你不能期望值太高，也不要过多地注意自己做了事有没有被肯定。只要你努力了，你的主管会了解你的，群众会支持你的。要承受得起做了好事不被认可的委屈。生活的评价有时是会有误差的，但绝不至于颠倒黑白，差之千里。

　　工作中遇到挫折，出现失误是正常的，前提是你已经努力了，只要你的敬业精神还存在，就没有什么可自责的。只要吸取教训，今后不再重犯即可。聪明的人不犯重复错误，从不犯错误，只能是那些从不干事的人才可能创造的奇迹。人在失败、沮丧时，才会看清自己的另一面，才会对自己有比较客观的评价。哲学的思辨不是在成功而是在失败时产生的。磨难不是找来的，也装不出来，只有奋斗，才会碰到，经受住磨难就会有进步。

　　工厂的工作、同事的工作可能会不断地出现失误，有失误可以提出来，但如果暂时不能解决，你就要顾全大局了。什么叫大局？在这个意义上就是走中庸之道。

四、不能让"雷锋"吃亏

　　企业精神是企业的灵魂。没有精神的企业，只能像瞎子一样蛮干。精神是通过教育、管理和奋斗体现出来的，只有一大批雷锋式的人物涌现，企业的精神才能落到实处。

　　一个企业不能只讲钱，钱是永远满足不了的，只讲物质利益是有问题的，还是应当以精神激励为基础。在提倡向雷锋学习的同时，我希望各位做到不让"雷锋"吃亏。这一点要求基层领导要深刻地体现在工作中。今天学习雷锋是学习他那种奉献精神，那种对工作兢兢业业、一丝不苟的精神。越是这种人，工厂（分厂）越要给他更高的物质回报，甚至硬塞给他。这就是用物质文明巩固精神文明，使我们的优秀队伍越滚越大。具体地讲，就是要营造一种氛围，即在干部员工中培育一种愿意吃亏、并能共同奋斗的团队精神。各单位先要设法让职工实心实意在你那里干，你的单位才有希望。工厂有了凝聚力，才能体现整体实力，管理才能最大效能地发挥作用，这才是一个成熟企业的支撑点。

五、有限授权，让最明白者最有权

应该说，在用人问题上，我们厂多年来坚持了自下而上、自上而下培养、考察、任用的组织原则，大的问题是没有的。但是，建厂至今三十多年，一大批有经验的老同志，在很相近的时间内从领导岗位上退了下来，这就留下了不少"真空"。在干部的任用上就难免出现"跑步就位"的现象。所谓"跑步就位"，就是人在跑步过程中，对跟着跑的人看得清清楚楚，远离身边的人没有看清楚。这一问题，从古到今都有，对自己了解的人就用得多一点，不了解的人用得少一点。这是典型的人治，这种现象很常见，免不了埋没人才，好在这一过程我们厂已经经历过了。目前，在特定环境下任用的一部分干部，已经成熟并成长起来。今后要尽可能避免出现"跑步就位"的现象，这就要求我们的干部要善于发现人，学会带人、培养人。以前我多次讲过，培养新人是各级领导的责任。如果一个领导（或关键岗位上的技术人员和工人）有了更换工作环境的机会，但他没有培养出接班人，他就不应当更换环境，道理就这么简单。所以我们的干部，首先要知道你的下属谁是最清楚、最明白的人，然后让他们掌握一定的权力。谁对事情最清楚、最明白，谁就应当有较大的发言权，即让最明白者最有权。这并不影响关键时领导紧急决策，下属必须全力以赴照办的基本原则。大家可能已体会到了，这几年工厂的生产管理政令通、人心稳，生产处的权力比以前大了，以前由我决定的一部分事，现在交由生产处去管、去办，为什么这样做？因为生产处具备了眼睛向下、诚实管理的作风，他们了解工厂的生产状况。事实证明，生产处大部分事情处理得比较好。这样使我有较多的精力去检查督促，并更好地去完成厂长交办的其他工作。不是什么权都放在自己手中最好，而是该管的管，该放的放。检查、指导、帮助、督促是经常性的。关键是在指导上下功夫。

六、管理要在尊重沟通上下功夫

所谓尊重，是尊重科学，尊重人格，尊重人的价值。这种尊重，不是无原则的放弃管理，而是决策民主，管理权威。蓄电池厂二期改造项目在方案论证的过程中，让蓄电池厂的技术人员、管理人员充分地参与，让他们为自己的主张据理力争，甚至推翻主管的意见。几次上下反复，大家都很认真，但意见仍不完全统一，这很正常。经领导小组决策后，无论你有什么理由，必须充分理解，严格认真执行，从而保证决策的科学性、管理的权威性和有效性。这就是我多次强调的，在重大问题上不搞一人说了算。

人际关系的沟通本来是一件比较容易做到的事，但多年来，被人为地复杂化了。主要是一部分干部的官本位思想造成的，认为官就是官，民就是民。把官位看得太重的人，职工很可能不买你的账，指挥难免失灵。屁股沉不下去，浮在上面，不从小事抓起的干部，应当好好地改变作风，学会走动管理。几年来，每次生产会上，就工厂的形势、要求、政策，我都定期讲给大家，从去年开始，我定期（每季）将生产管理方面所做的工作、取得的成绩、存在的问题和犯的错误，向我的下属述职，以求得大家对我分管工作的监督评价，当面评说。我也多次在生产会上指出各位做得不好、令我不满意的地方。这是基本的管理要求，我的工作由大家监督，当然我也希望各分厂厂长在每月的职工会上能向你的职工述职，自我评价，接受监督。

现代企业制度，要求按规范办事，按程序办事，就是要使任何人都有压力，都得学习，都应受到一定的约束。工厂管理要进步，规范管理是长治久安的基础。我希望我们的干部认清这一点。

（本文系1996年4月任管生产的副总经理期间，在生产会上的讲话，是学习了华为经验后的有感而发）

说说心里话

在辞旧迎新之际,《凌云报》约我写篇新年献辞。我想,有些大道理我在许多场合已讲得不少了,今天就和大家聊聊天,说说心里话。

应该说,在过去的一年里,经过全体员工共同奋斗,企业在困境中已迈出了坚实的一步。尽管我们仍然困难重重,但可以告慰大家的是总公司经营下滑的局面已得到遏制,尽管目前还没有明显的上升迹象,经营状况还没有根本好转,但我们看到了希望。在经营机制和产品发展方向上我们已赢得了较大的发展空间。

过去的一年,对总公司和我本人来讲都是不平凡的一年,有太多的事情需要回顾和反思:成功与失败、自信与迷惘相互交错。在理解、帮助、支持的大环境下,在一个"熬"字中我们的奋斗目标一点一点地得到落实,每前进一步都是那样的不容易。

我有很多话要讲,有太多的事要向大家说明,但我更想说的还是:作为一个凌云人,我感到自豪!作为凌云电器总公司的总经理,我感到的是责任和压力!

我曾对朋友讲过这样一段话:进了七六五厂的厂门,我第一是做人,第二是做事。我必须对七六五厂全体职工和其家属负责。出了七六五厂的厂门,我牢记:自己是一介草民!

我认为:事业,是男人的精神支柱。做事,就是要为大家着想,要始终把员工的利益、企业的责任装在心中,落实在行动上;做人,就要有原则、有规矩;做官,就要清正!活人,则不同。活人,只要没有伤害别人，不违纪违法，怎样活得好就怎样做，可以与朋友谈天说地摔老K，可以与家人和和睦睦享受人生，也可以去拼搏、去奋斗、去体验成功和失败的大悲大喜！

上任近一年，从做事到做人，我已尽了全力，本人虽不满意，但大部分员工认同我的做法，班子成员给了我极大的支持，中层干部中绝大部分尽了全力，"人气"的初成使我有了些许安慰。唯有"活人"没有时间去完成，以致疏远了朋友，冷落了妻儿，但我却活得充实，增强了自信心。我更愿以百倍的干劲为凌云的明天同大家一起去奋斗，更愿扎扎实实地去做人、做事。

路，是自己走出来的。1998年在集思广益的基础上，总公司出台了不少新政策，这些政策大部分都比较切合企业的实际，起到了较好的作用。其真正的效果1999年才可以看到，但有些政策也与实际情况不符，我已注意到并要求有关部门在年底前广泛征求意见，完善充实。员工的批评、支持、谅解是我工作的基础。在追求企业经济效益的过程中，我更注重对"人气"的培养，看重团队精神的形成，这才是一个企业长治久安、永恒发展的主基调。强化管理、从严治厂"二十五条"是体现这一主基调的基本手段，只要持之以恒地坚持下去，我们就会有收获。

常言道，一个篱笆三个桩，一个好汉三个帮。我真诚地希望大家和我一道去努力、去奋斗，力争为凌云创出一片新天地！我想，我们能够做到，而且会做得更好！

总经理的反思

我们召开这次会议,主要是总结和反思两年来总公司在"班子、机制、产品"①方面所做的工作,检讨过去,理清思路,统一认识,振作精神为长远利益而奋斗。

两年前我讲过,一个合格的国有企业的当家人,应具备三个条件,即政治家的眼光、企业家的能力、哲学家的思维。这是对高层次的企业家而定的,是我为之奋斗的目标。作为一个普通的企业总经理,如何当好总经理,我认为有四条:

第一条是大思路要清楚,即方向不能错。

第二条是求真务实,一切从实际出发。

第三条是决策民主,管理权威,知道如何与人共事。

第四条是敢于否定自己,在自己身上找问题。

今天我就是想通过从自己身上找问题,与大家共同研讨我们企业政策、策略和方向方面的出路问题。

首先要说的是对我们企业现状的定位。我们厂是一个苦海无边、回头无岸的困难企业。可以说,国有企业所有难题在我们企业均能碰到。有些问题,一下子还找不到解决的办法。市场经济走到今天,我们已没有依靠,要活下来,只有靠自己去奋斗,义无反顾地向前走,走对了才

---

① "班子、机制、产品":是1998年新一届领导班子成立后提出的摆脱企业困境的六字方针。详见《凌云企业文化与价值观》。

会有出路。否则，除死亡外，没有他途。情况不明时，咬紧牙关，挺住；稍有机遇，应紧紧抓住，不回头向前走，出路就在脚下。只有明白了这一点，我们的反思才有意义，否则，就会变成无端的指责和非难。

其次，意识到错误并不难，难的是，找出错误的根源，并能从根源上解决问题，制定措施，落实整改，也就像质量管理中的"不放过"原则。

下面，我和大家从十个方面进行反思。

一、成功与失败

两年多来我们坚持"以人为本、科技兴厂、质量立厂、内方外圆"的管理理念；坚持从严治厂，坚持科技兴厂；坚持"二八"分配原则；坚持以导航和信息产品为主导；坚持以和为贵来化解矛盾，处理积怨；坚持集中决策，分权经营，分层管理，规范管理，不搞人治；坚持治理环境，创建文明洁静的工作场所和家园；坚持机构要精简，管理者要精干，干部要有压力，能上能下等等。

我们这样坚持的结果，明显的变化体现在人上，即勤快人多了，懒人少了；聪明人多了，庸人少了；明白人多了，糊涂人少了；讲规矩的人多了，自以为是的人少了；提建议的人多了，骂大街的人少了；干实事的人压力大了，收入高了，劲头足了，务虚的人心虚了，收入少了，讲空话的嗓门低了；讲真话和大道理的人多了，搞小动作的人少了。

我们最大的失败仍然在人上。对懒人和不思进取的人未动真格的，有些部门至今庸人自扰，已经成了工厂深化改革的阻力。工厂的各项规章制度的建立，处于条块交叉的阶段，短期可以，亦有作用，时间稍长，已显现出衔接不好，系统性不强，互有制约、牵制，解释不一致等现象，对下面执行造成了困难。这反映总经理在整体管理上系统性差，站得不高。"科技兴厂"口号喊了，做得也可以，但同市场的切合不紧，搞了一些只开花不结果的项目，浪费人力、物力、财力。"一切按市场规律办"这句话也做了，但不认真、不到位，导致有些项目的开发盲目，个别还有做给别人看的现象。不知道怎么选拔和使用经营管理者，对事关工厂前途命运的子公司这一关键位置上的用人抱着试试看，在干中了解、定位的原则，就像押宝一样，把风险摆在未知数上，已经尝到了苦果。员工利益的最大化，在一定前提下是我的追求，但应有效益作支撑。可是在实际操作中由于急于求成，脱离工厂现实效益状况，给进一步深化分配体制改革带来了本不该有的麻烦。"债转股"按我们的条件和国家的要求是可以办成的，由于力度和功夫不够，功亏一篑，留下深深的遗憾。

二、愿望与结果

三年三大步的目标[①]，我们艰难地实现了前两步，经营继续下滑的局面得到遏制。主业军品面临被挤掉的危险局面得到了扭转，初步稳住了阵脚。工厂近几年生存问题已基本解决。建立现代企业制度的目标中，宝凌公司股份制改造顺利完成，管理运作比较规范，但其经营结果不尽如人意，内部管理、市场运作还存在较多与现代管理不相适应、需要改进的地方。凌华公司的改制由于其技改拖期和经营效益增幅不大而不能如期进行，对其持久发展将会产生负面影响。蓄电池厂经营下滑的局面，目标与实际相悖的结果，已使全体员工背上了沉重的心理负担。管理者刚刚昂起的头，挺直的腰板又不得不低下来、弯下去。除部分外部原因外，冷静反思，我们内部的尽力不尽心，事不关己，高高挂起，把对人的成见带到工作中，就像一只看不见的手，感觉得到，抓不住，摸不着，但又起作用，结果总是差那么一点点，也就是那么一点点，使机遇丧失，相互埋怨增加，合作各方的不信任感增加，公司和产品陷入困境。我们那么多好的民品项目搞不成，不能说没有这方面的原因。《经济日报》有一个"东人西行"专栏，在分析东西部人观念上的差异时说："东部人们同人合作，设法使双方都有钱挣才持久，西部人们只关心自己能挣

[①]三年三大步的目标：指1998年新一届领导班子提出的企业三年奋斗目标，即一年减亏，二年持平，三年盈利。实际上1998年将亏损控制在了900万元以内，1999年实现盈利138万元，2000年实现盈利193万元。三年目标提前实现。

多少钱,这种心态很难同人长久合作。"我们厂同别人合作中的几次失败,不能不引起深思。

按市场经济的规律管企业,就得清醒地认识到,企业在发展过程中是有起伏的。规模扩大时增加员工,经营困难时减少员工。这一点,政府部门看得比我们清楚,也要求这样做。两年前,我们处于低潮没有做,坚持了两年,我们有了发展,但仍然不能提供2000人充分就业。想让大家有事做,不下岗、不减员的愿望是积极的,而我们实际状况却不允许这样,5%的末位淘汰机制只能解决激励问题,只有发展生产才能解决就业问题,而生产一下子又发展不起来,如何办?决心比较难下。

三、狂傲与浮躁

进厂十几年来,事业上基本顺利,我在认真、努力办成了几件事情之后,在知识、阅历增长的同时,自信心的增加也带出了自负心态,自以为只要机会合适就能办成不少较大一些的事情。故当了总经理以后,把机会看得很重,认为当机会没有时,自信可以努力争取,机会到来时,通过努力,敢冒风险,即有胆就能成事。1996、1997年分管蓄电池厂时,通过加大广告宣传,四次降低产品价格,使销售有所增长,自以为思路得到了印证,而忽略了对规范经营管理的研究和市场销售网络的建设,忽略了对销售员"德"的培养。电池厂经营的连续下滑,除用人的原因外,基础不扎实也是重要原因之一。我深知市场经济走到今天,市场已不是昨天的市场,而自己还是昨天的自己,在市场运作上,缺乏扎实认真的务实做法,结果自讨苦吃是必然的。自负和浮躁的心态导致企业文化、产品创新、人才战略等一切本应成为企业内在根本的东西,变成了对外宣传和装点门面,为改变形象而急于求成,在宣传上实中有虚、虚中有实,做了一些工作,很美妙,淡忘了经营管理的根本是实在、冷静。只有做实,才能打好基础,唯有冷静才能找出问题的根源。我们实体单位个别领导依赖小聪明、小点子去谋求发展,应付危机,其失败的根源同样在于浮躁。今年年初,我在几次会议上反复强调,我们应维持正常经营，追求持续发展，不搞外在的包装，就是对浮躁心态的反思。

四、总经理该干什么

这个问题我想得最多，总想对自己有个定位，使自己和各级领导能各干各的事，各尽其职。1998年初，我讲过我是"管人不管事"，经过两年来的实践和反思我今天想对这句话作一些修正——我的工作方式是管人管大事、厂级副职在分管范围内管人管大事、中层干部管人管事从小事做起，从小事、具体事抓起，各级体现在管人中管事，在管事干事中造就人。这一点两年来贯彻得比较好。企业的人、财、物、技术我均未具体管，但我们看一看，总体管理还可以，运作基本正常，其根本原因就是我干了我的事，没有代替厂级副职干事。如果我也同有些领导一样每天会客户，在酒席上累得四脚朝天，就不可能有太多的时间去研究政策，建立制度，评价各部门的工作。重大的事情我亲自推动，一旦成熟，建立制度，规范运作转入业务管理。我的职责就是去检查评价建立的这些制度运作如何？如何去完善？不顺畅的地方让他们顺畅起来。从严治厂工作、学邯钢控制成本、科技政策、新品政策、干部考评、员工考评等已可以由业务部门去执行了。我要同志们弄明白"管理"和"领导"的区别：前者有强制的意思，后者更强调指导、引导。没有制度，光靠聪明与激情，靠感情去维系，是害人害己的，越是重要部门的领导，越要弄明白自己该干什么。特别要防止做错事不承认，谋私，心胸狭窄，记仇，分亲疏，只想自己成功，不愿或不支持同事成功。这样的人，再有能力，也当不好领导。

我对自己该干什么是这样定位的：

第一是设计师，设计企业方向，研究筹划重大决策。

第二是倡导培育企业文化，营造核心价值观，让无形的东西比有形的制度更有用，起到相辅相成的作用。

第三是培养造就人，这一条的重点在培训。

人才无价，事到临头方知急，书到用时方恨少。而对有一定素质又是可塑之才的人，哪怕有某些毛病，我愿意以较长时间的耐心、较大的代价来换取你的成长。虽然我多次强调管理权威，强调政令要通，但我更明白"霸气"和"霸道"是有很大区别的。如果我告诉你，你的作法是错误的，而你不以为错，要坚持，而我又认为你是可塑之才，我就可以不在乎我的面子，你可以不听我的，允许你尝试。当你碰壁后，冷静下来，我们再坐下来分析，从头再来。培养人是要交学费的，如果证明我错了，我为你的成功而高兴。

以上三条，大家想想是不是有道理，今后着重要加强的是第三条。

五、专业化与多元化

有一位哲人说过，企业的成功，需要领导真心支持，同仁诚心配合，员工的衷心拥戴，客户实心信赖，缺一不可。可是让企业垮下去，只要老总一个失误就够了。我理解，这里的失误指的是决策。

我们厂就现在的产品门类而言，是个典型的主业不突出、多元化经营的格局。我们现在干的产品或曾经干过、没有干成的项目可以说无一不能形成较大产业，但我们就是干不成，这山望着那山高，总认为别人的门类好，产业旺，对自己深层次的弱点不去深究，导致年复一年，猴子掰包谷，搞一个丢一个，没有一个可以搞大、搞好，就连赖以生存的军品，近十年不搞技术进步，差点被别人挤掉，危险极了。而对自己下功夫努力了而没有效果的项目，或市场已发生变化的项目，不敢轻言动大手术或放弃掉。久而久之，就像"鸡肋"，食之无味，弃之可惜。在这种情况下，又涉及自己不熟悉的新产业，实为不智。好在这两年，我们在投资上把得比较严，没有较大的投资失误，个别投石问路的项目，数额很小，没有形成负担。在这里我既为班子成员把关之功而高兴，又为自己小心而庆幸。1999年的9月份，经过深思后，我提出除非国家有投资，我们两年内不搞大的技改项目，不搞多元化，在现有产业上集中力量使核心竞争力提高，除导航、信息产业为主导外，其他产业以养人为目的，先维持，如果维持也困难，即当断则断，动大手术，整改、停业、破产,要有这个思想准备。

军品、电调、音响、解扰器、警灯、警报器是我们厂的传统产业,在自己的产业链上,对这些产品我们唯有当作主业下功夫做好,管理、投资、市场运作的重心在此,不能动摇,按现在发展和规划,经过三年基础调整,明后两年的适度发展,2003年应当形成突出的主业。不管这些产业品种在哪个单位,只要成长了,就是我们主业的强支撑。当然,这里的核心是以军品和凌华公司的电调为重中之重。而且电调要有三五年内产量规模在行业内占有重要地位的长远目标。

蓄电池厂就是我说的"鸡肋"了。对于电池厂首要的任务是先活下来,在维持中整顿调整,要以汽车电池为主导,但量要适度,向船用电池、坦克电池等特种行业转移。电池门类很多,向其他方向转移又需要投资,不是当前应做的事,至少三五年内不要考虑。电池厂投资太大,我们不能轻言放弃,长此下去也不行。争取国家政策,银行扶持是外因,内部要动真格的,当用超常思维和方法去解决机制、产权、经营队伍和干部队伍整顿等问题。这一点,大家可以讨论,请主管领导深思后提出方案。

六、建制与机制

建制指的是创建或完善各种规章制度,并使之有效运作。积工厂四十年之经验,经两年多来的强力完善推行,我认为除人力资源开发系统需下功夫外,其他方面已差不多,尽善尽美的制度是没有的,我们追求的是在一定时期内,各种制度能适应我们生产经营的发展水平,互相匹配,不敢言长,两年之内不断完善是可以适应的,关键在落实。

机制则始终处于动态之中,需要不断创新。建立现代企业制度是我们的目标,也是政策的要求。但对建立什么样的现代企业制度我们要认真讨论。是翻牌公司,还是真正意义上的"产权清晰,责权明确,政企分开,管理科学"的公司制企业?我们的目标是为了上市?还是为了真正激活内部的管理?在这点上存在一些争议。看到别的企业上市,员工得到一些实惠,就寄希望于此。两年前,我也这样想,现在则不然。原因是像我们这样主业不突出、效益一般的企业，上市几乎不可能，那种包装会带来后果的。若是为了"圈钱"，我厂资金状况尚可，虽做不了大事，几千万的项目还可以投入的，问题是能否干好。所以我们要把转换机制的最主要的目的放在激活内部管理上，放在企业的持久发展上。这一点想对了，机制转换的方式、方法就可以多样化。一切唯实际而论，在一定规范下，怎么有利于生产经营就怎么干，股份制、责任制、承包制均视分、子公司特点和当事人而论，不规定一个模式。①

七、上、中、下关系的处理

这里谈的上、中、下关系处理原则，是我自己处事而言的，不是要人人仿效，而要大家悟理。

对上：尊重，不唯上。这里的"上"指政府部门和领导机关。

对中：苛求，理解，支持。这里的"中"指我们的各位干部。

对下：亲和，解决实际问题。这里的"下"指普通员工。

八、多说与少说

这里我说的"多说"与"少说"是指在广开言路的前提下，对他人工作中功过的评价方式。我们国有企业的人从来都把自己当主人，对任何事不论自己知道多少都要东长西短议论议论，这本无可厚非。但任何事情都有个"度"，也看谁议论，谁评说，员工讲讲，不了解情况，说错了也不要紧。干部则不同，轻则影响团结，重则影响经营。我们厂恰恰在这方面最容易出事。有些领导的做法有错误，他的主管会去纠正，或你按正常渠道提个醒，善意的指出某些错误，这都是处事之法。而东打听、西打听，不时评东论西，有时态度还很激动，也许你讲得很对，可与事情有帮助吗？如果在厂内讲讲，还是圈子里的

---

① 一切唯实际而论，……不规定一个模式：此处提出了凌云电器总公司改制的基本原则。以后逐步完善为"小步快跑，量力而行，适度风险"。

事。对亲朋好友、左邻右舍讲多了，会影响企业形象，你作为其中一员，最终也会受到伤害。

其次是工作上的事。是你个人的分内事，对家人讲该讲的，若稍有意见，夫妻联合行动，或自己不出面，让家人去问，这都不好，与工厂现在的管理环境不相适应。有些同志老是托我们一些官太太说个事，帮个忙，奇怪的是，有些事竟然说成了。这就造成了一种不正常的关系导向，对工厂树正气、规范管理害处太大，今天在这里提出，请同志们注意。

九、信任与制度

我的教训是，当自我感觉对某个同志了解时，就充分信任。而因信任，便淡化了严格要求和制度管理，不知人在社会中随着地位和事业的变化而变化。信任是"不稳定的"，而制度是长久的。"疑人不用，用人不疑"在今天虽有现实意义，但并不全面。对信任的人同样要用制度去约束他。

我们基层单位领导中，有靠感情投入维持单位正常工作成功的例子。但我要提醒的是，这是不全面的，也是不能持久的。感情投入和制度建设并不矛盾，后者比前者重要，在制度的基础上适当加大感情投入是可行的，但主次要区分开。

十、企业文化与价值观

美国有一企业家讲："没有强大的公司文化即价值观念和哲学信念，再高明的经营战略也无法成功。公司文化是企业生存的基础，发展的动力，行为的准则，成功的核心。"

我们管理理念的核心是"以人为本"，这就要求我们企业的价值观应包含以下内容：一是尊重人；二是"我是否有用"的自我加压意识；三是求真务实，"把最简单的事情做好"的作风；四是依靠团队精神实现共同目标。

总之，在市场经济条件下，我们想留人，不仅要靠感情和待遇，最根本的要靠企业的前途和良好的文化。而文化创建的过程也是培养人、造就人的过程。

（本文系作者2001年在总公司经营工作会议上的讲话。文章发表后在企业内外引起了广泛关注，并被《宝办通报》2001年第20期转发）

在动中化解矛盾

这几年的改革改制解决了不少旧的矛盾,在一段时期内起到了促进作用。但随着时间的推移,新的矛盾又产生了。特别是分配机制的变化,带来了一部分人的心态变化。工作量加大后,心里不平衡增加。现在看来,这些问题的解决,光靠局部措施只能治标,难以治本。我们得静下心来,从全局、长远的角度系统考虑问题,寻找解决方法。

我们的工作中存在哪些突出的矛盾呢?我认为有以下几个方面。

一、设计所特区政策①的负面效应

对地位十分重要的设计所实行"特区政策",实践证明是正确的,经过三年运作、完善,目前已形成规范。凌华公司、蓄电池厂、宝凌公司也已按此办法实施,取得了初步成效。对此,我们应继续坚持,并加大力度,加强考核的科学性。

"特区政策"体现了压差,拉开了设计所同其他技术部门在分配上的差距。1998、1999两年是可行的,因为那两年新品少,工艺所、技标处等部门工作量相对较小,其收入与工作量是匹配的。但进入2000年以后,情况有了变化:工程项目增加,新品品种增加,生产任务增加,工厂管理细化。这样,从机动处、计量处、技标处、工艺所、检验处等单位的技术人员到各分厂工艺人员,工作量都大大增加,收入却相对较

---

① 特区政策:指总公司在工程技术人员中推行的分配倾斜政策。分两大类,各三个档次。对工程技术人员实行岗位津贴,根据工作业绩,优胜劣汰,实行竞争上岗,动态管理。

低。尽管大部分同志在默默奉献,但我们必须看到,工艺所、计量处几年来补充的技术人员太少,特种工艺、专业工艺中的不少项目已难以正常开展工作,要么应付,要么外协,对产品质量已产生影响。

这种不平衡已给我们的正常运行带来了压力。一方面要继续完善"特区政策",加大其实施的力度;另一方面又要调整对相关技术人员的分配政策。在工厂效益没有大的好转的情况下,这一矛盾比较难解决。弄不好,压差缩小,要么吃大锅饭,要么影响一线设计人员的积极性,对几年来好不容易形成的新品开发的良好局面形成较大影响。钱少,又要平衡解决矛盾,如何解决?措施是:对现有工艺等相关技术人员的能力、工作状况、工作饱满度进行测评摸底;从2001年起每年至少补充5~10名大专、中专学历的技术人员;在此基础上,对其中的尖子人才和关键岗位通过评定,提高这些人的收入,并适度调整岗贴的比例,加大量化考核和淘汰力度。

"特区政策"对中层干部也有冲击,只是大部分同志不讲而已。对此我的看法是,中层领导干部现在的收入同我厂的实际状况相符,大面增加只能是渐进的;对实体单位则继续加大实施年薪制的力度;对模拟子公司运作的单位规划部要做好摸底和量化的准备工作,为实施年薪制做准备;对3个军品分厂的中干,要加大对其外协收入的奖励力度。总之一句话,大部分中层干部的收入仍按现在的量化办法执行,实体单位和设计部门,谁完成任务好、创收多就该多得。

下半年将开展厂内技师的评定工作。按国家相关政策,结合我厂实际,对有一定专业技能、且在一线工作的优秀工人,鼓励其申报评定技师职称,并落实相应待遇。

二、能力和职称、学历的差异

高学历、高职称、低能力的人在我厂大有人在,这其中有些确实是能力问题,有些是由于工作没有压力,缺乏主动性造成的。员工中有,中层干部中也有。这一问题已不是单纯靠激励、淘汰就能完全解决的。我们要首先从培训抓起,倡导终身学习制,创造学习气氛。我们为什么建教育中心？就在于此。在此基础上辅之淘汰、激励机制，最终按人力资源开发系统建立人才评价体系，不看学历看才能，不看资历看贡献，倡导认同贡献而不是认同学历的风尚，创建一个鼓励学习、充分竞争的大舞台。人事部、教育中心在此业务上责任重大，全体中干亦要充分认识，积极参与学习，提高自己，才能带出好风气。

三、技改带来的高精尖设备低效能使用

两年来的技改基本上使工厂各个角落都变了样，特别是设备、仪表、检测设备增置较多。这是好事，也是企业实力的体现。现在的问题是：如何发挥效能？如何科学有效地利用而不是不讲成本地运作？仪表设备的管理、使用中均有"大炮打蚊子"、大材小用或精材滥用的问题；折旧的方法不透明、不科学，与使用成本脱节等，这些问题必须解决。最近计量处调整了12分厂高档仪表的使用费，这是一个可喜变化。这里我讲的是合理使用、科学使用，而不是不让使用；讲的是尽量发挥仪表设备的效率，自己算好账。计量处、机动处、财务部等部门通过价格的调节作用，做好控制管理，不能让高档仪表设备只是装点门面，也不能低档的能用而非用高档的。这一问题的责任不在基层，而是在业务部门，业务管理部门要用价格杠杆来调节。

四、关于议论中的军民品发展不平衡问题

实际上这一看法不恰当，我们厂军民品均处于起步阶段。军品由于这几年的机遇好，加之相对重视，有了小小成效，还谈不上巩固发展，只能讲走上了轨道。民品仍处于低谷，但发展思路、方略、措施是正确的。由于基础不扎实，时机不成熟，一时成效还不大，这种状况还将持续较长的时间。若有能快速改变面貌的良方，我们也不会提出用三年时间结束低效运行的状况，由于难，见效慢，才提出三年。所以一定要深刻理解"靠市场拉动"这句话，它是我们经营的基本措施。凡是市场需要的就生产，市场不需要的就停产；淡季促销，旺季扩产；员工收入随产量质量随时变化，靠市场调节。只有这样才能促使我们的观念、工作

效能、对市场的反应得以提高。在市场适应问题上，实体单位比业务部门好，业务部门比职能部门好。6月份军品任务完成差，奖金基数减半。部分同志议论说，责任不转移，怎么转移了？这种说法不全面。同生产任务直接的单位和领导的奖金、岗位工资已扣了几个月，任务完成不好，已影响到工厂的整体，整体效能发生变化，难道你不受波及？工厂的每一块都是关联的，有直接、间接的关联之分，这次奖金全面减半，是关联效应。这也给大家一个信号，即浮动收入与任务始终是相关联的，大家都要关注。

五、成本管理的重心要下移

几年来的成本管理，大部分领导认为，"浮财"已扫得差不多了，成本控制情况不错，实际上在成本控制上仅仅才是起步。以前那些该做好的没做好，现在稍加认真就有了收获，有了成绩，于是感到满足。这种看法，相对浅显。实际状况是，成本控制差距仍然很大，市场竞争的基本理念就是价廉物美。我们的产品成本仍然缺乏竞争力，说明这方面的工作没有做到位。控制成本，首先抓设计，抓技术进步，抓设计过程的目标成本，必须确立设计低成本、高功能产品的设计思想。其次，抓工艺流程再造。小批量、多品种是现代市场的特点。工装、夹具、辅料的重复利用，仪表设备功能的多用途开发等就能减少投资，降低成本。这就得有制度，就得有人不停地算账、评比、公告，让大家关注。再次，就是反应速度要快，以最快的速度满足消费者的个性化需求，就要做到在接订单的一刹那，所有与这个订单有关系的人员和部门，都必须同步动起来。反应速度快既是市场的要求，也是最能省钱的方法之一。要做到这一点，除大家有此观念外，物流的整合、价格手册的合理性是基础工作之一，要下决心在物流管理上细化、系统化、科学化，其目的就是为了提高反应速度，降低成本。

六、"和为贵"不是无原则

我们倡导的"和为贵"是指相互尊重的一种策略，不是无原则，不是一团和气。这同按制度办、严格管理并不矛盾，而是辩证的统一。现在，在一些责任事故、质量责任的追究中，轻描淡写，大事化小，小事化了的做法比较普遍，已成了制度执行中的误区，必须加以修正。4分厂加工中心机械手臂断裂事故，原因清楚，是典型的责任事故。机动能源公司在事故的处理中采取的措施、方法均应给予肯定。本应花费2万元左右修理费，实际只用了2000元左右就基本修复可用，为工厂节约了费用。但事故的性质并不应以少花钱而改变。机动公司第一次上报的处理意见上，对责任人的扣罚是92元，为什么这样？可能是方方面面求情，机动公司被"感化"了。这样一起严重责任事故在机动公司的报告中就成了偶然的小事故。我不明白，什么是制度？机动公司如何理解工厂有关制度，希望你们专门组织讨论此事。其次，类似事情同样不少，质管处应在质量奖罚上当好"警察"，很好地行使职权，严格执法，作"黑脸包公"，大家要理解他们。不严格，无规矩，是害人害己、不负责任的表现。

七、"坏上司"是一所学校

这里的"坏上司"是一些员工对他们单位领导的评价，并不是真正意思上的"坏"。我多次碰到员工告状，讲他的领导多么苛求。若反映他的领导处事不公，分配不公，我会了解，并根据事实情况处理。而仅是反应领导苛求，不近人情，我多半根据对其领导的了解，做一些解释工作，大部分可以化解，让员工高兴而去。讲此事，不是说我是如何化解类似矛盾的，而是要大家正确对待比较挑剔、苛求的领导，明白如何理解、支持他们工作，如何在其手下成长。苛求的领导最基本的特点是不讲方法，敢于批评，认真，能力强，一般人要糊弄他们不行。写个报告，要反复几次，一次一次被退回、订正；办个事，要仔细计划，否则差一点就得被指责；做每件事都要尽心尽力，压力很大。这些似乎不美妙，就看你如何看、如何对待。我们厂有一位我比较尊重的中层领导，我深知他对下属的苛求，几年前下属对他的意见较多，后来我几次做工作，这位领导的工作方法虽然比较讲策略了，但苛求的性格、工作方法并没有变。多年下来，凡是在他身边工作过，有点悟性的同志，只要工作变动都在新的岗位上比较出色。他的贡献是为工厂培养了人才，而有幸在他的手下工作的同志得到了锻炼。这就是辩证观，就看人如何利用环境。有些领导永远你好我好大家都好，下属错了，宁愿自己干，也不批评。在这种领导手下工作，有责任心、有悟性、有前途的人本身就是一种不幸。你可能会被感染、误导，被改变成无能的人。所以，大家一定要正确看待苛求的领导，学习他们身上的闪光点。这样，你就会不断地长进。人在逆境中的成长比在顺境中快，是有道理的。

这次会议，重点是讨论人力资源开发体系，讨论如建立评价体系。我讲以上几点，其中心也是围绕这方面的工作。若能悟得，感到有启发，我就没有白讲。

（本文系作者 2011 年在凌云电器总公司经营工作会议上的讲话）

别了，"谷底"

走出"谷底"，万象更新。

1998年的5月，在摸清了我们极薄的"家底"后，我冷静思考，写下了洋洋千字的《十年指导规划》。由于只是一个很客观、低调的奋斗目标，恐影响全员信心而未公示，只是作为我和班子成员的决策参考。今天，我比照三年前的这个规划，突然平添了某种自信，可以宣称：别了，"谷底"！因为，实事求是的指导思路，使我们未走弯路，翻山越涧，走出了低谷。

三年前的《十年指导规划》全文如下：

一、对工厂现状的评价

我们是一个收入和负债不相称的极端困难企业。若不是国企的架子撑着，应该关门了。生存是当务之急。原因：

（1）主业军品没有新品，研发队伍断档。

（2）蓄电池质量不好，市场运作失误多。

（3）凌华公司软硬件均已不适应市场竞争。

（4）宝凌公司实力不足。

（5）企业缺乏人气。

二、措施与对策：先求生存，再谋发展

1. 开源节流

1998年，以节流为主，过紧日子。除火烧眉睫之事，一般性技改、技措停止。

1999年，以调整整顿为主。

2000年，开源节流并重，重在开源。

2. 用十年时间让企业发展起来

分三个三年，留一年余地。

第一个三年求生存，即1998年把亏损控制在1000万元以内，1999年持平，2000年赢利。

将"以人为本，质量立厂，科技兴厂，内方外圆"作为我们企业的管理理念，并持之以恒推行下去，树信心，正人气。

以"班子、机制、产品"三要素为突破口抓点带面。

班子：强调"决策民主，管理权威"，树中心，倡导人和。

机制：强调"统一管理，各自为战"，细化量化责任制。

产品：突出"科技兴厂"，召开科技大会，并形成制度，用三年时间让军品研发有重大突破，民品在调整中培养出开发队伍。

若第一个三年目标不能实现，则证明班子不行，主动请辞。若实现第一步，那么，第二个三年目标是求强。其标志是将资产负债率降到65%以下，主要军品地位稳固，某一领域居国内领先水平。

在坚持"班子、机制、产品"六字方针的基础上，深化管理，强调"现场、质量、成本"。

现场：以工艺管理为主，强调实用、文明、整洁。

质量：在2002年将质量成本损失率控制在1%以内。

成本：形成成本管理规范，追求有效控制。

在前六年中，少贷款，除非国家有投资；尽量少技改，而以盘活现有资产为主。前六年求稳不求快，求实、求强，不求大。待有了一定积累后，适度技改。

第三个三年是求发展。其标志是每年的有效增长速度确保在30%以上。其间，以"团队、诚信、服务"六字为指导方针。

团队：指企业文化要初步形成，凝聚力强，人气旺。

诚信：指企业要有良好的信誉，取信于客户。

服务：把最简单的事做好，替用户着想，让用户满意。

六字方针根植于人心，体现在方方面面。

企业文化、管理信息化要形成并实用，开发中心要有一定规模，年收入十万元以上的技术尖子、技术人才要占技术人员总数的20%。

前六年员工的收入适度增长，要拉开差距，过苦日子；后三年要在改善员工福利和收入上加快步子。

……

现在看来，当时这个规划虽步子不大，但符合实际。如今有些我们提前完成了，有些正在努力之中。三年前的这个指导性规划，仍有现实意义，仍是今后工作的指导方针和目标。

从"班子、机制、产品""现场、质量、成本"到"团队、诚信、服务"，体现了"调整→深化管理→满足市场要求"的一般企业到现代企业的完善过程，即企业管理由"人治→法治→文治"，每三年上一个台阶。只有完成这样的目标，我们才称得上是一个真正的企业，才算走向成熟。

2001年我们有了较快的增长：前两年实施的技改开始生效；债转股的实施，将会使企业轻装上阵。今后我们面临的将不是如何活下来，而是如何把企业往强里做。"困难"一词，对七六五来说已经转化为新的危机，新的压力，有望形成我们新的动力。

常言说"马到成功"。新的一年我们将踏上一条步入发展的快车道。尽管困难和压力仍然很大，但我们已有了较扎实的发展基础。因此，今日别了"谷底"，必将成为明日腾飞的新起点。

奋斗吧——希望就在我们的努力中！

（本文系作者2002年为《凌云报》撰写的元旦献词）

诚信：企业支撑点

一天上午，带着产品刚刚通过设计定型审查、并获得很高评价的喜悦心情，我去看望专家组组长。

见了专家，开门见山，表示感谢，我主要是请教下一步新品如何发展。听了来意后，老专家讲："同你们厂打交道已近两年，为什么帮你们厂，一是上级指示安排的工作，二是你们人诚实。你在定型会上讲的你们人气旺，我亦感受到了。做实业犹如做人。我干此行已近四十年，国内情况比较了解，各企业情况也清楚，目前在此类产品上最有实力的企业也是我帮助他们从第一代、第二代、直到第三代开发出来，但我并不看好他们，我希望你们能超过他们。但……"停了片刻，苦笑，又接着讲："我说一件事。我帮助过的那个厂，刚起步时，每次我去厂里，总工亲自到车站接；第一代产品出来后，再去，副总到车站接；做第三代产品时，派技术员去接；第三代出来了，他们认为已属国内领先水平，可以独霸市场了。当我去电话要和他们商谈第四代产品开发相关事宜时，总工言，这几天工厂忙，不能去车站接你。我说没关系，我自己'打的'去。到了车站，还好，意外地看到他们派了一位老技术员接我，到宾馆住下后，已是上午11：40。技术员讲，他有事，先走了。每次来，我均住在这里，几十年来来往往，连不断替换的小服务员大多数也认识。该厂正好在宾馆有会议，领导们均在会上，服务员向我问：'你来了，是参加会？'我苦笑：'不是'。我不知自己怎么了。是不是年龄大了，利用价值也降低了？……讲这件事，请你不要多心。只是觉得我们这一代技术人员期望在做事的同时，能多些理解和尊重，能有人继续我们的事业。"

我打断了他的话。我说："您给我上了一堂课。您诚心帮我们两年多，产品出来了，您是功臣、朋友，凌云不会忘记您！"他急忙讲："我不是那个意思。我不要回报，对我个人是否热情是不重要的，关键是要诚实待人。"我讲，明白了，谢谢。

明白什么了？有些路越走越宽，有些路会越走越窄。

恰好，第二天早上7：25分要上班时，在家属区门口，有人喊我，回头看，是兄弟厂多年未见的一位朋友。他们一行四人来我们厂出差。我忙问："你怎么在这吃油条？是嫌我们招待所的早饭不好？"他讲："刚到。去招待所，没房间。就先吃早饭，吃完饭后再去联系。"我问："给设计所讲了没有？"他说："没有。"我急忙帮他付了油条款，领到招待所，安排好，方去上班。

讲第一件事，是说假如老专家在那一家企业不受冷遇，我们就没有开发此项目的机会。我们的机会当是那家企业的疏忽造成的。我们类似的情况有多少？给别人提供了多少机会？值得深思！

讲第二件事，是说因为有了老专家的提醒，第二天我才会亲领那个兄弟厂的同志去招待所。否则，可能只是打个招呼，到厂后安排人去办理。我以前在对待客户问题上亦有不到的地方。我也值得深思。

生活、工作中的类似事，天天能碰到。我们只有诚实待人，多替别人设想，别人帮了我们，应当记情。为人处世和工作都是一理，不能干过河拆桥之事，人与人之间来日方长，不能砂锅捣蒜——一锤子买卖。不论新老朋友，哪怕是不熟悉的客户，亦首先应当热情。在不断结识新朋友的同时，逢年过节打个电话问候一下，或有机会时去看望帮助或未曾帮助过我们的朋友。我们不会少什么，只会日后多一条路，多一双帮助自己的手。

诚信，只有体现在对人对事上。做到了，人活得方有味道，企业方能有耐久力。百年凌云，只有靠诚信支撑。

结识新朋友，不忘老朋友，诚实待他人，回报方能久！

理念·精神·价值观

◇如果你看到一个人没有笑容，请把你的笑容分给他。
◇任何事情只有做起来兴致勃勃，才能取得成功。
◇领导永远是付诸行动的人。
◇创新是没有穷尽的。
◇善待他人，你会时时有个好心情。
◇永远保持热情。
◇一个人如果满怀自信，就不会在任何困难面前屈服。
◇作为一个有点权力的人，最重要的是实现价值，而不是行使权力。
◇我究竟给公司带来了什么，我的存在是否为改进局面做出了贡献。
◇任何主管职务者最忌讳两点：对下属像驱使奴隶，对上级又像是没有常识的马屁精。
◇管理上最忌讳让问题睡大觉，解决他，无论对还是错，若解决错了，问题还会跑回来打你的嘴巴，那时你就可能会解决对了。
◇要敢于逆水行舟，如果许多人都认为是对的事，而你知道是错的，你要坚持，不要放弃自己的主张。
◇高学历只能说明你本身聪明，你的确需要这些基础和能力，但仅有这些远远不够，你更需要增强和传达你的精明和能干。
◇你可以聘到世界上最聪明的人为你工作，但是如果他不能与其他人沟通并激励别人，就对你一点用处也没有。
◇最后的成功，是由为达到目的而进行的全部努力来决定的。

◇如果一个人从来没有过坚持到底，并取得胜利的切身体验，那他就不可能具有因为成功而获得的自信心。

◇不必留意过去的成功，不应计较眼前的失败，不要畏惧未来的艰难，一次老老实实的失败并不耻辱。

◇当你每天不能为提高效率而工作时，你的存在就没有意义。

◇谁生产了不合格产品，谁就是不合格员工。

◇谁是企业最重要的人，最重要的是离客户最近的人。

让"活人"成为现实

我们是一个以人多见长的大型军工企业，国企常见的难题我们均遇到过。身在国企的现实，对大部分国企员工而言是命运，如何让员工对生活和工作有积极态度，如何提高他们的生活质量，把"活着"转变为"活人"，这就是国企领导的责任。也就是说在西北地区，在国企的艰难环境下，如何让员工和家属活得好一些，就成了我们努力工作的动力。

四年前，我们是个连续亏损了十年的企业，虽然没有到发不出工资的困境，但基础建设欠账之多，有时已到了连维持简单再生产都困难的地步。人才的流失成了十分平常的事，我们想要的人来不了，留不住，生产经营难以为继。对这一"怪圈"应当如何支招，对国企后勤系统如何定位，就成了国企领导人远见和胸怀的另一体现。1998年3月，我们在进行机制转换时宣布："后勤不是包袱，而是企业软硬环境的一部分。"为什么这样讲，我们基于以下分析：

（1）国企的后勤是几十年的历史环境形成的，是计划经济的产物，是客观存在的，烦它没有用。

（2）宝鸡的市场环境、政府的财力决定了国企在不短的时间内是难以将后勤剥离出去的，后勤员工仍然靠企业生存。

（3）多年来建成的配套完整的后勤体系，用好了就是留人的环境，会解决企业的根本问题。

（4）服务系统社会化是大趋势，但并非市场经济条件下国企的唯一选择。用市场经济的规律激活它，完全可以变被动服务为主动服务。

拥有它，让其形成新产业，既可解决就业，又能形成新的增长点，没什么不好的。

基于以上几点认识，我们对企业的后勤系统进行分类整合：

将居委会作为企业的职能部门，授权其对社区内的所有单位进行考核奖惩，并接受和处理社区居民对社区各服务部门的投诉。

成立物业公司，将原来企业对员工的福利部分由暗补变为明补，按略低于市场价收费服务，并负责社区的管理工作。

成立房地产开发公司，按全成本价建房售房，在符合企业住房制度的前提下，尽量满足员工住房要求。譬如：去年交工的三室二厅住室全成本房价为673元/m^2，澡水、暖气、天然气、铝合金门窗、地砖等设施一步到位，一般不用装修即可入住。若不改制，这样低的房价是不可能的，1998年以后分到厂的大学生有不少人已住到110m^2。这里，企业只贴了地皮费。

医院实行独立核算，自负盈亏，逐步同社会医保接轨。

对学校，我们仍把它当作福利来办，而且投资力度、管理力度比以前还要大。原因是：中国人把子女教育看得非常重，办好学校，教育好子女，对稳定职工队伍至关重要。企业只要投入不大的力量，就可以做到，故近两年教育上的硬件投入达300多万元，我们认为值得。即使哪一天政府接收了学校，它还在我们的社区内，我们的子弟仍是主流，投入也是值得的。

对老年活动室、社区各种运动器具、社区绿化、文化娱乐设施、水电设施的完善，均采取量力而行，长远规划，分步实施，要么不干，要干就要到位、就要管好。

1998年5月份，我们在企业效益低的情况下，大胆宣布一条政策：优秀人才来去自由！执行至今，走的人很少，每年新招25名大学生，因各种原因离厂2～3人，原来离厂再回来的3～5人。人为什么留住了？除企业有了发展外，社区福利条件改善、生活质量提高是很重要的原因。

我们实实在在地感受到了社区建设对企业生产经营的促进作用。人气旺、精神状态好是我们值得自豪的。因此,对国企后勤系统换个思维方式去看、去管、去激活,真正体现了"以人为本",体现了尊重人、善待人,体现了"活人"的质量,体现了"三个代表"。

  当我每天看到那么多员工在洁净的环境中晨练、纳凉,离退休人员休闲愉快的生活,我为自己为此所做的努力而欣慰。我的动力就是让我们的员工和家属活得更好些,活得有尊严,活得有价值。

为"33个字"而言

今天，我们为凌云文化墙（照壁）揭幕是很有意义的。按古人之传统，照壁是为了改变风水。我们不讲风水，但希望此照壁能为企业带来好运，希望文化墙上的33个字能刻在我们每个人的心上，融入我们的思想和行动中，时刻震撼着每个人的心灵。

每天进厂门看到这33个字，各种理解均会有。区别对待，就是分出优、中、劣。优者让其保持，中者激励其向优者发展，劣者向中、优转化，转化不了的淘汰。市场经济不相信眼泪，不同情弱者，也不容那些总希望让别人怜惜的人。看看动物世界，就知道"适者生存"的法则，对市场环境中的企业同样适用。这一规律，我们无法回避，也别无选择。

当一天工作结束，步出厂门，背对这33个字时，我们每个人该想的是：今天努力工作了，我仍是这支团队中的一员；当新的一天来临时，必须忘记昨天的功劳，从头再来，用一天有效的工作证明：提高了，我还是这个团队中的一员；当辛勤奋斗得到的工作因有人比我强而该让位时，就该认输，但不要服输，而应继续奋争去创造新的机会。公平、公开、公正是这支团队当努力维护的法则。不断地提高标准，不停地锤炼自我，使压力转化为动力，在不断转化的过程中，体现自我价值，最终个人得以生存，团队精神得到了升华，我们也具有了淘汰别人的能力。个人的才能、企业的社会价值只有在你体现出自己的能力时才会有意义，而这一切均需要锤炼。锤炼的基本原则就是先有区别，知道哪里不行，然后有针对性地去提高。文化墙上的33个字说的就是这个道理。

管理者的悟性和韧性

四年前我讲过,管理是一种悟性。其含义是说,管理是一门学问,虽然专著论述很多,现成的经验和模式也不少,但具体到实际工作上,教条地死搬硬套成不了事。实事求是地灵活运用,真正做到简单、实用、有效,实在是靠悟、靠灵活的思维方式。好的管理是一种高境界的体现。

一、悟性,在于思考,在于行动

我和干部间沟通交流的不仅仅是思想,更多的是思维方式,具体如何做是他自己的事。干部要有悟性,这一点很重要。什么是"悟"?就是通过做事而达到悟理的能力,不是让你揣摸领导的心思和意图,而是遇事要多动脑子,多思考问题。当然,真正悟性高的干部毕竟是少数。若悟性不够时靠什么来补,就要靠韧性了。韧性就是认真、勤奋、持之以恒的作风。认准的事情坚持做下去,一点一滴,一步一步,扎实持久,必然会有好结果。

运输公司、房地产开发公司、机电设备制造公司改制已两年多了。三个公司均有了不同程度的变化,初步证明机制转换的正确性。但其经理在工作中体现出的悟性和韧性,我看不亚于机制的作用。

运输公司经理,文化程度不高,由司机被推到领导岗位上。前几年,大家对他的认知是:实干,敢干,不怕事,敢管。未推向市场时,运输公司在成本管理、工作作风上有较大变化,得到大家认可。真正的考验是改制以后——他们解决了为谁干的问题,学会了向市场要饭吃,靠的是实干。但仅有实干是不够的,还要学会灵活正确的应变。驾校就是应变的产物。我一星期之内为其批了三次技改,他不厌其烦,我不是因他的嘴皮子功夫,而是因为他那种"干不好事情不罢休"的韧性精神所打动。只要工作需要,他认准了,我就批,让他试。驾校成立两个多月,其成效已有目共睹。

我倡导的就是这种站得高、做得实的思维方式,即悟性和韧性。

二、思考,先要摆正位置,磨炼韧性

悟性和韧性,一靠学习,二靠磨炼。大部分同志具备这样的素质。但这几年比较突出的除部分老同志外,年轻干部中大、中专或文化程度较低的同志大部分在这两个方面表现较好,而本科学历的中青年干部中,这两方面均突出的比较少。他们当中悟性较高的干部不少,工厂给了舞台,但出成绩的不多。我分析是韧性不足,个别同志太自以为是,欠实干,算法太精,摆不正位置,总认为自己是块料,能干大事,事事想当家做主,不想当配角、当助手,他也就难以进入角色。结果小事不愿干,大事干不好,自己不服气,领导、员工不满意,你急,我急,怎么办?我送你一句话:调整心态,扎实做事,锻炼韧性。

三、行动,在于守住本分,关爱用户

这几年,将"不搞多元化"作为一条基本原则。但一些干部在实际运作中总是不能贯彻,这山看那山高,这是很危险的。我们现有的产业中应当都可以做好。全公司2个亿的销售收入,涉及7个行业,已很分散,若再涉及新行业中,不是不智,而是愚蠢。这一点,多次讲,有些领导就是悟不透,在执行中走样,什么都想干,实际上什么也干不成。我再次提醒:你已经误事了,不换脑筋,就该换人了。这里不包括有市场的原料加工。蓄电池是很好的产业项目,今年的起色已证明:质量做好了,就会有希望。今年电调市场之好,出乎行业预料,但我们没有一款可以完全满足用户需要的电调。多年的奋斗,在行业中是这样的结果,应当感到惭愧。宝凌的路子走对了——守住本分,真抓实干。今年有变化是情理之中的事。军品两年来开发的项目,今年大部分进入试飞阶段,到结果子的时候了。大面积试验，出问题是正常的，关键是我们对出现的问题反应要快，态度要端正，不断地列条挂账，解决问题。军品已是准市场经济，按部就班地解决问题，不仅会误事，弄不好会丢掉市场。要求用户像我们一样了解我们的产品，是强人所难，是没有服务意识的表现。看不透这一点，说明你悟性太差。产品出了问题只要派个人就认为问题解决了，这是不实、浮躁的心态。个别领导在解决问题和对待客户上的麻木态度已造成较大负面影响。

这几年我们在军品开发上的思路是对的，选项也是慎重的。有了问题仔细分析，咬紧牙关攻关，自己不行，"借脑"也要坚持把问题解决，否则会前功尽弃。

四、验证悟性，在于做事到位

有人问我：企业的核心竞争力是什么？我说是保有人才的能力，也就是人才的竞争机制，说白了就是如何贯彻区别对待的策略方法。我讲的区别对待，不是把人简单地分为三六九等。实质是实现人力资源的合理配置，形成一种有利于人才成长进步的良好机制，也就是给有才能的人搭舞台。区别对待做好了，中专生过几年会变成大学生，小学徒也会变成技师。相反，大学生、技师不努力也可能变成低素质的人。因此，任何人不可自恃。正确理解工厂的重大方针，在学中干，在干中学。自认为悟性欠缺的就靠勤奋和韧性去补。自以为悟性好的，你就要干成事情去证明自己。六西格玛、区别对待、民营化等我只提了个奋斗目标，大家可以结合本单位工作去实践。做好了，就算悟出了理。"现场、质量、成本"六字方针，做到了位，才说明你有悟性和韧性，否则，自我的评价没有意义。譬如，成本问题我们抓了近两年，设计、采购、现场成本已有所关注。但客户资源成本评价过没有？悟出了这其中的门道没有？据专家研究，吸引一个新客户所耗费的成本大概相当于保持一个现有客户的5倍，如果将客户流失率降低5%，其利润能增加25%。有首歌里唱道：结识新朋友，不忘老朋友。我们经营工作的重点就是结识新客户，不忘老客户，但我们做得并不好。蓄电池厂是最早建立客户评价体系的单位，但并没有解决开发新客户、留住老客户的问题，故其销售费用一直很高。凌华公司更是缺少大客户，依然是不断地重复着开发新客户，丢了老客户。军品同样存在新老客户，存在不同层次的对待问题，设计所、检验处要加强同客户的交流和服务，做好了，就降低了成本。

其次，关于产权改革问题。一提产权改革，有些同志就理解为私有化。其实，我们倡导的产权改革同私有化有较大区别。这个道理也要靠悟，而且要靠较高的思想境界。只要你认真体会建立现代企业制度的十六字方针：产权清晰、责权明确、政企分开、管理科学，就基本明白了。几年来我们在改制上求稳，当条件不成熟时，不搞翻牌公司，做实实在在适应市场机制的改制试点，成功了再推广。目标是解决"为谁干"的问题，基本点是股权多元化，即股权适度分散，不搞个人控股，互相能够制衡。做到了这一点，机制转换可说基本上成功了。照这样的路子我们小步快跑，稳中求进。几年以后，你说我们是国企、民企，已不重要，这方面的差别将相当模糊。几年来我们公司的机制转换就是悟出了此理，以持久的韧性不断落实。悟性和韧性，企业是这样运用的，你在自己的工作中可否借鉴？

"管理无定理"，无固定模式，靠实践，靠悟。大家明白了，我们这次会议就收到了效果。

产权改革要讲境界

古人云:"不谋全局者,不足谋一域。"

什么样的管理模式适应企业长久发展,已是困扰我多年的问题了。我深知,现代企业制度是一个体系,核心部分包括决策、运营、分配、管理机制。吸引、留住、发挥人才的才能是验证制度有效性的试金石。

在我们企业处于相对困难期,员工的期望值较低,部分有才能的员工由于舞台小其潜能还没有发挥出来。特别是极个别现今非常优秀的人才当时还缺乏自信,因而对自己要求较低。随着企业的发展,生存问题解决之后,提供给部分人的舞台随之增大,一部分人把目标定位为体现人生价值,持久地做好更多的事。而大部分人则把人生目标锁定在"为谁干"这个问题上。如何干才能使自己有更多的利益和发言权?这是一个十分现实的问题。因势利导地解决好这些问题可以促进企业持续发展,遏制则会很快导致企业低效率运行。建立现代企业制度是企业生存与发展的一条出路,也是解决这一问题的良策。

对我们这样的企业,明晰产权逐步可以做到,也是政策许可的。而在具体政策的运用上则要用超然的思维方式,教育引导大家要有两个重大的观念调整。

一是企业主要决策者的心态调整。强调"决策民主,管理权威"是我们成功的原因之一。军工机遇使企业有了发展,我在企业内部有了一定的权威,形成了具有企业特色的管理文化,这是由乱到治的过程中本人所期望的。在我们企业初步解决了生存问题之后,我必须对自己要有一个清醒的认识和正确的评价；必须有做"百年企业"的理想和从战略高度看问题的思维定势；必须靠机制保证民主决策，保证自己的决策有制度制衡。这样，即使自己不在时企业仍能正常运转，当自己不能为企业做贡献时，就不该保有对企业的影响力。

二是通过改制，让已成为股东的员工和下步改制中骨干员工持股比例加大。①但当他们离开岗位和企业之后，其所持股份是以当时净资产回购，还是由其继承处置？这是比较重大的政策问题。由于我们企业暂不可能上市或搞内部市场，所以要保持企业的活力，使其持续发展，只有搞"岗位＋期权"股。当员工离岗以后，其所持股份应以当时的净资产由企业回购另行分配，始终保持直接参与经营者与企业的关联度最大，即在岗持股，离岗退股。

为什么要在改制中强调这种观念？原因是：财富是社会的，生不带来，死不带去。企业由小到大，由弱到强，从生到死要靠有才能、有责任心的人去经营；当你离开工作岗位或你已不适应管理企业时，亏了也该自己承担，然后让继任者去经营。

即使是民企也同样存在这样的选择。我认识一位曾在国企当了多年厂长后又下海创办自己企业的厂长，曾对我谈了他自己的苦恼：他下海后，几年苦心经营，企业已有了相当规模，但本人年事已高，身体又不太好。儿子几年前去了美国，他多次催儿子回来帮他管理。儿子说，我的兴趣不在企业。他问儿子，我干不动时，企业交给谁，儿子说，你来美国养老，企业我找个人经营就可以了。他很无奈，为儿子对自己的心血不在乎心痛。几年来自己全身心投入，艰难经营方有今天，若找个人，不垮才怪！他问我咋办。我说："若你儿子志不在此，趁你身体尚好，赶紧建立现代企业制度，实行股份制，选择志同道合的人来合作经营。

---

①已成为股东的员工或骨干员工的持股比例加大：子公司在此前的改制中实行的是全员持股，在此后的深化改制中，加大了经营者和骨干员工持股的比例，目的是确保直接经营者及骨干员工与企业的关联度最大。

你放心不下的是,企业能否持续发展,那么多员工是否有工作?不是本人的养老金吧!"他说:"是啊!我自己的钱几辈子也花不完,完全是一种责任心。"我告诉他:"若选择人合作经营,你可进可退,至少企业可以存在了,你的事业有了着落。"前不久,他来电话说已将部分股份量化给跟他多年的骨干,并找到了合作者。他自己只持了40%股份,现在心中踏实多了。

民企的老板尚可如此,我们国企改制,当知识资本也参与分配后,部分管理者和骨干只要在岗时努力经营,使企业有发展,他们离岗时,会得到丰厚的回报。若其子女是企业员工,且具有管理才能或是其他专门人才,他完全可以通过自己的成长之路去获取报酬和体现价值。亲情的关照和扶助可以,但太多了未必是好事。当子女志不在此企业时,继承股份对自己短期有益,但从长远讲则对企业和本人无益。

因此,我们在建立现代企业制度的过程中,在政策允许的范围内,加速国有股的退出速度,力争三年之内(除军工以外),其他各子公司国有股要在40%以下,但不搞人人持股。让知识资本参与分配,对骨干员工采取"岗位+期权"股的方式予以激励。但任何人离岗时则要按规定程序退股。经营破产了,就得承担相应损失。这就是我以前所说"用产权改革方式经营、不搞私有化"的含义。

总之,建立现代企业制度,不论在国企和民企,均是一个长期的过程,所有员工要有耐心。对待财富,要明白,富贵贫贱,总难称意,知足即为称意。山水花竹,无恒主人,得闲便是主人。——这就是我说的境界。

(本文系作者2003年在陕西省电子系统企业产权改革研讨会上的发言)

保护根本

在企业法人代表位置上，普通员工希望你充满智慧、活力，时刻给他们信心。干部们希望你随时能正确地评价指导他们的工作，这都是该做的。但难的是你的智慧、活力、公正评价均得来自不断的学习、调查、思考。而你除日常工作外，得有不断充实自己的时间，留有启发悟性的灵感空间。而事实恰恰是：和你打交道的人中有相熟的，还有不熟的，他们不时来光顾，外部的倒还罢了，影响有限。而内部的同学、好友接触过分亲密，时间稍长，就淡化了公事和私事的界限。弄不好，会导引出公私不分的交往文化，不正常的事就变成"理所当然"的了。

总之，公正、公平、公开在企业难以做到，士气低落就成为必然。大量的人会变成"无所谓式"的麻木，企业就丧失了支撑竞争力的根本——人心与活力。而领导者本人呢？整天应酬，迎来送往，喝得酩酊大醉，哪能保持清醒的头脑思考问题，每次开会，陈词老调，讲不出激动人心的哲理，对大家的感召力、人格魅力将失去，本人的自信心亦会被冷冻起来。

上帝给每个人同样的时间，只有那事半功倍、善于思考、勤于学习的人，才能有过人的成就，也只有理性的、有计划的人，才能做到事半而功倍。

当你失去人格魅力，企业掉入低谷之后，可以肯定，不少人会很快离你而去。你请的人不会到，别人也不会真心请你。你成功，有人奉承你；你失败，则有负于人家对你的奉承。

其实这社会本来就如此的。就像看晚会时，掌声会引来更多的掌声，嘘声也可能勾起更多的嘘声。不论我们怎么说"锦上添花，不如雪中送炭"，那添花的毕竟要比送炭的多。

所以，当企业有了发展，周围人越围越多，并有人奉承时，千万要明白，为什么会有那么多人奉承？而且应该知道，当失去了那被奉承的东西，你也可能失去了自身的价值。

因此，企业家之根本，是要理性地对待奉承与友情，适应孤独，留给自己以充足的时间与"高人"交往，在不断学习中开启灵性，明白你该做什么。当企业有人气并能持续发展时，你才会体会到"奉承"的真正含义。

值得回味的几个观点

一、企业文化体现的是一种境界

企业文化体现的是一种境界。只有干部和员工的境界有了整体提高，才意味着企业的高境界。因此，干部和员工境界的高低，行为是靠"利益驱动"还是"精神驱动"，将决定其单位的企业文化的建立和形成。将一己之利作为最高目标行事的干部，他将永远处在低层次，谈不上文化和境界。"领导是公仆"并非老生常谈，而是指当前若要员工三倍地努力，干部就要十倍地努力。干部比员工要多付出，心态还要平衡，这就是人格修炼，即修养。

二、机制转换先要弄明白"谁管谁"的问题

成为具有现代企业制度的企业是市场经济的要求，也是我们改制的目标。

长期以来，我们不知道为股东负责，只知道为上级负责。而现代企业制度是股权制，股份公司的真正领导是股东大会，而不承认什么行政主管的权威。但现在我们对那套行政观念已经很习惯了，总想"要听我的"。现代企业制度应当是制度管理，而不是"人对人"的管理。如果我们要坚持"人管人"，又要搞现代企业制度，则会弄得上下都无所适从，也许比不改更差。因此，在企业内部，要进行观念上的大更新，更要在改制的同时，建立相应的制度，明确改制公司和总公司之间的各项责任要素，理顺相互关系。

三、干部要学会研究失败

倡导和鼓励干部研究失败，正视失败，从痛苦的反思中得到启迪，

要让干部明白：一拍脑门就是一个好主意的时代已经过去。因为市场已经进入相对成熟阶段，市场竞争已演变成为一种深沉、稳健的较量。这种较量耗的是企业家的实力，拼的是内功，斗的是智慧，比的是眼光。干部要时刻省事、省己、照镜子，而总公司要宽容并帮助努力了的失败者共同反省。造成这样一种氛围，就会很快成长起一批有实力的经营者。

四、人如果缺德，智商越高危害就越大

企业越是发展，就越要注重对干部德的培养，人如果缺德，智商越高危害就越大。几年来我们培育企业文化，要求员工务实、敬业，要求干部要清誉至上，君子风范，善待他人，就是要培养干部员工要具备较高的道德品质和良好的职业操守。唯有如此，企业的发展才能持久。

五、机遇来自正确的应战

在我们的企业取得一定的发展成就的时候，绝对不能头脑发热，要研究我们的优势和长处，要始终明白我们的竞争力之所在，那就是导航和电子信息产品，这是我们的主业。要做强这个主业，仍要坚持在自己熟悉的领域去开拓市场，选择自己拿手的事情去做。在同人合作上，不必太在乎是否具有名分，生存第一，然后才是发展，发展了之后，自然就有了名分。只要我们始终坚持这种正确的选择和充分的应战准备，我们就会赢得机遇。

六、用好人比选好人更为关键

用好人比选好人更为关键。我们在管人用人上要实事求是，不搞花架子，不讲关系，不搞照顾。用人上要有气度，只要建立一个选人用人的良好机制，你就会得到人才。

人才是一个层面，我们企业的各个层面都有人才，人人都可能成为人才。关键是我们如何去发现他，用好他。

七、要善于把复杂的问题简单化

把复杂的问题简单化，这是一种境界，更是一种能力，一种高超的归纳、概括、总结的能力。我们的各级干部，尤其是基层干部和管理者

要培养这种能力。只有把复杂、具体的问题了解透彻了，才能看清问题的本质，解决问题才会简洁清晰，得心应手。简单的、有效的，才是最好的。主动、灵活、量力、务实——这就是我们处事的方式。

八、国企领导的"两个明白"

1. 明白"有用才有价值"

学会竞争是生存之道。自信、自强，为自己的生存、为养活家人而干是我们的基本点。要明白优胜劣汰是市场经济的基本法则，我们必须适应。自强了、适应了、效益上去了，对国家才有利，那时，再谈地位才有价值。

每个人在企业内部同样如此，有用才有价值。要使自己有用，一靠学习，二靠实干，三得热爱本职工作，对现在干的事情有兴趣。

2. 明白"谨慎做事，宽以待人的干部才能持久"

企业同家庭一样，难事不少，众口难调。员工有压力，当领导的同样难。但对待难的态度有两种：或知难而退，或知难而进，其结果肯定两样。解决了难题，会乐在其中，这就是生活。

实际上，国企的总经理是凭良心、责任、成就感工作的人，也是为了养家糊口。所以牢记：要办事，办实事，夹着尾巴做人，心术要正，心胸要大。这样做的基础，就是你得有"仁爱"之心，也就是群众观念。所以你时时把老百姓的事不记在心里的时候，你当不好，也当不长。

（本文系作者在历次职代会上的讲话摘录）

自豪的理由

前不久,国外一家企业通过国内某咨询公司了解我公司某项目情况,表示出合作意向。他们在做了大量的基础工作之后,有一道程序就是对企业法人代表进行考评。就座后,考评开门见山,要我在短时间内回答五个问题。

问:你最自豪的是什么?

答:最自豪的是在国企当领导。大家都知都言国企难,我认为,难才有挑战性。我当总经理几年,使企业有了发展,虽然经营仍显困难,但人气旺,精神状态好,全员安居乐业,发展势头较好,我也体现了自己的价值。

问:你最自信的是什么?

答:我们企业的管理现状不亚于一些管得好的外企、民企、国企。我们的企业文化是在干中总结形成的。2002年6月23日,国家劳动和社会保障部在我厂召开"西北五省区社区建设和离退休管理现场会"。晚上,相邻四个军工企业为庆祝这次会议,共同组织了一场大型露天纳凉晚会,晚会气氛热烈,秩序井然。晚会结束退场时,我厂1200多名员工静静等待兄弟厂员工退场后,将看台上的废纸、杂物拣起后离去。我当时在主席台上问主管领导,是你们提前布置的?他们答,没有。小事中体现精神,我深为我的员工骄傲。

问:你认为企业的核心竞争力是什么?

答:是保有人才的能力。产品、技术、人才、硬件均很重要,但系统地形成一种保有人才，能使人才不断成长，非人才被淘汰的良好机制，则更能体现企业的竞争力。有了这种机制，中专生几年后会变成本科生，反之，研究生几年后会变成本科生。我们对此体会极深。1998年5月，我们大胆提出"优秀人才来去自由"的政策。当时，工厂几乎开不出工资，每年也要不来几个大学生，来了的走了大多数。在这种情况下，我们的做法是：放开，让愿走的走，走了什么时候回来仍然欢迎，回来了还可以再走。政策出台后，我同大多数技术人员亲自谈心，请他们观察我一年，若认为我还行，咱们共同奋斗，把企业做好。若不行，你们再走不迟。话虽这样说，仍有一个我很器重的技术人员走了，但大部分人抱着"看看再说"的心态留了下来。当一系列完整的系统的绩效评价、量化考核、从严治厂、科技兴厂等政策相继出台，并得到执行；当"善待人"、让"活人"成为现实的理念深入人心；当公正、公开、公平成为现实，人才成长通道畅通，培训、进修成为最高奖励以后，优秀人才留住了。从2000年起，每年来二十多名大学生，因各种原因走2～3名，走了又回来的2～3名，去留基本平衡。现在，留下来的技术人员十分珍惜现有的岗位和机会。用一定的机制激励他们，使其成为学习型人才，并在学习中不断提高，这就是我们的核心竞争力之所在。

问：你靠什么来"控制"企业？

答：我理解你们提问时没有用"管理"而用"控制"的含义——你们是想问我在开放式、开明的领导方式之外依靠什么来"管住"人。实际上，企业的管理均有其关联性，所谓制度重要也是相对的，并随时间、空间变化而变化。所以我们在强化基础管理制度并要求认真执行的同时，下大力气教育大家对企业文化的认知，让无形的东西比有形的制度更起作用。譬如，我们价值观中对干部使用有一条规定：凡不认知凌云企业文化的人不能重用。所以我对企业的"控制"，主要靠有形的制度和无形的企业文化再加本人的人格魅力，当然有时也辅之以善意的、"无事生非"的技巧和度的把握。

问：你的人生信条是什么？

答：是善良。古语说："善为至宝，一生用之不尽，心做良田，百世耕作有余。"当一个领导有从善之心，他就能理智地思考问题，会以人性为基点，以史为鉴，用辩证唯物主义的观点，实事求是的方式去待人处事，不论处事待人的结果如何，均能得到别人的理解、支持。即使是错，自己亦心安。我们企业的价值观中第一条"善待他人，你会时时有个好心情"就缘于此。我的底气和自信不断增强，亦缘于我以从善之心不断调整自己的心态。经营企业的一些基本原则是相同的，成功没有模式，只有心态。

只有充分自信的人，才能更容易包容他人，培养理性，克服非理性。

凌云的危险

最近在上班路上,不少员工问我:"厂长,年底升不升工资?升多少工资?"我的回答是:"不知道。"年底任务完成后,弄明白我们的负担能力后才能考虑。还有部分员工见面就说:"厂长,我们厂不错,变化真大!"喜悦之情溢于言表。我与多位负有较重要责任的干部交流思想,讨论明年目标,一个共有的感觉是:明年会比今年更好。困难有人谈,但大部分谈的不多。有一个员工问我:"厂长,明年咋样?"我说:"可能比今年困难大些。"他说:"你去年就这样说今年,但今年比去年好得多,你是不是有意识说差一些?"看来提醒大家我们明年的困难,也很难有人信了。

我们企业已连续五年增长,我希望这种增长能持久下去。即使能保持一段时限的稳定增长,良性发展,那么,目前这种盲目乐观,只看成功,不问失败,自豪感、荣誉感增强,危机感减弱的情绪,表明我们已处于失败之中。

我前不久提出"我们永远离破产只有12个月",这是发自内心的呐喊。我没有一天不去想我们如何生存?如何活下来?先有生存的机会,再言其他,而失败的危险总是伴随着每一天。

如果有一天,我们的收入下降,利润减少,员工的收入减少,大家有思想准备吗?企业经营总有起伏,升降是自然规律。个人收入增加了高兴,减少了骂娘;企业发展了兴奋,碰到困难消沉。这样的文化导引,说明成功依赖机遇,发展只是碰运气。企业最值得称道的是胜不骄、败不馁的奋斗精神和全员奋发、平和、理性的工作态度，事实上我们做得远远不够。说明我们认真着力的"把最简单的事情做好"的作风，夯实管理基础的工作还任重道远，也就是说我们还不是一个成熟的企业。因此，在一年即将结束的时候，我希望全体员工能理性对待工厂取得的进步。借总结全年工作之机，人人反思自己一年来为工厂做了什么值得自豪的事情，做得不好的在今后工作中如何改进？恰当地评价自己的位置，能否始终以平和的心态对待人和事，善待自己的同时，善待别人，以奋发向上的激情调整工作态度，做每天都有用、有价值的合格员工，以下几点是我们必须做好的。

一、坚定不移地落实"现场、质量、成本"六字方针

年终总结的重点就在此，总结时把自己做的每件工作同六字方针的要求相对照，自省能否做得再好些。创新之源就来自于不断地反省之中。

二、正确理解"区别对待"

"善待人""和为贵""以仁爱之心与人为善"是中华传统文化的中心内涵，也是我们企业借以调整内部关系、弘扬团队精神的准则。为了使我们这支团队持久地和谐，人人保有旺盛的竞争激情，就必须尊重个人价值，体现个人价值，将个人利益和整体利益兼顾，不断地区别，不断地提高标准，奋发努力地跟上，掉队的就得理智地让其走人。这不是谁心狠，不讲人情，不善待人，而是市场环境下企业生存的需要。谁讲面情，最终走人的肯定是他。我在中干会上讲过，"区别对待"有哪一个单位做不了，单位领导就得走人。全厂"区别对待"做不下去，我就得走人。这不是谁个人的事，感情代替不了现实。有用才有价，有用才可留，努力才会有用，培训、关怀才会提高。我们做的一切均在这之间寻找。

三、全员均要唱低调

我们企业同过去相比有了发展，同别人相比差距巨大，生存仍是第一要务。我们可以自豪称道的是已建立的企业文化，有特色的管理理念，

求真务实的工作态度，旺盛的人气和精神状态。在这方面对客户和相关方面可做适度宣传；对我们的产品、质量、品牌要用心去树立、宣传、推介。除此之外，一律低调，特别是效益状况，领导人个人形象尽量少讲。这方面的用心目前没有必要，除非上级指令，我一般不会接受媒体采访。即便是必要的产品推介，也要朴素大方，体现简洁大气，有持久作企业的气度，但不要处处表现大企业的"派"。摆个"派"、讲"对等"完全没有必要，刻意这样只能暴露你的肤浅。

四、离客户近一点，再近一点

落实"三个一"，实施六西格玛是我们满足客户需要的基本条件，在这方面的工作刚刚起步，培训、教育落实的路还很长，不能轰轰烈烈，而要扎扎实实，从每个人的意识培养开始。最近我们电池分厂为客户提供一批中密电池，明知市场上大多用户使用的是 ABS 外壳，而仅为了自己生产方便用 PP 外壳，未能满足用户要求。生产条件不具备是客观存在的，而用户的要求是必须的，我们在实际工作中的选择只有一条：满足用户需要，要么就别去做。宝凌公司一度时期在满足用户要求上的几次反复造成的损失，也是对自己客观条件强调太多造成的。请全员深思，百年凌云的每一步在于我们怎么走得离客户更近些。

五、不要做以赚钱为第一动机的人

实事求是地讲，我们全员的收入比较低，还有相当数量的员工家庭生活相对困难。企业尽一切努力增加收入，我做梦都想让大家钱包鼓起来，让大家活得好一些。但这需要一大批对企业忠诚、有能力的人去共同奋斗才有可能。不论在企业困难还是强盛时，大家均能从企业的发展大局来衡量自己的得与失。这样，企业发展了，大家得到较丰厚的报酬；企业困难时，大家能同企业共患难，而不是像个职业跳蚤，哪儿钱多哪儿跑，无忠诚度，以个人得到多少来评价曲直，这样的人，融入不了团队。前不久工艺所在"13#"防水天线试验完成后，根据需要，全面推广，结果发现密封天线不密封，比改进前更差。经查，试验不充分，未严格按程序办事。有关方面分析了原因，发现不是技术难题太大，而是将急于出成果、得报酬作为试验的动力而产生的偏差。产生的后果虽然在纠正，但全厂当引以为戒。我的提醒是：一个人光靠幸运是做不成事的，个人的成功在于兑现自己所承担的责任，人生的价值在于不断地承担责任。

我们企业面临的困难不可怕，我担心的是处于困难而不自知，这就是危险。有了困难不能理性地去分析应对，而是绕开它，结果问题越积越多，从而促使危险转化成危机。

联想集团做事的原则是：撒上一层土，夯实了，再撒上一层土，再夯实了。我们应当向联想学习这种做事风格，进而转化成做人风格，危险就会始终远离我们，危机就不会暴发。

（本文系作者2002年11月18日在中层干部会上的讲话）

归 位

  2002年是工厂发展较顺当的一年。几年来的基础管理有了初步结果，印证了管理理念和措施的正确性。10月初，当我看到前三个季度的经营指标以后，意识到我们具备了再向上发展的可能性，因此，及时对十年规划作了微调，将经营策略由原来的"小步快跑，量力而行"调整为"小步快跑，量力而行，适度风险"。据此，开始加大对民品规模的投入力度。西安电子研究所的建立到投入，宝凌新厂建设，凌华的扩产改造均在论证落实之中。从今年起，我们企业的发展可能会更快一些。当然这要求大家必须在新的一年共同努力才行。

  年初有段时间，我感到轻松。11月份后，工资、年终分配、区别对待，还有明年指标，特别是要体现"百年凌云"的战略思想，一下子突感压力巨大。分析宝鸡地区同我们差不多规模的兄弟企业，再看看目前各自不同的处境，真是一言难尽。有一个调查预测说，国内的中小企业十有八九活不过3～5年，十有一二在10年内得关门，仅有5%能坚持15年。我们这种企业竟然奇迹般地存在了40年，不容易啊！虽然在市场竞争中没有垮掉，但跌跌撞撞，遍体鳞伤，活得不堪回首。

  这是一个适者生存的竞争时代，不能改变它，就得适应它。我们总公司搞市场经济也有近10年了，日子一直不太好过，近几年情况有好转，这一点大家有目共睹。能否继续保持这种良好的势头？用什么样的观念形态进入新的一年？我想，除了市场环境和相关政策因素，还有一个不可忽视的重要因素，那就是：调整干部与员工的关系。

干部的定位必须从"非老板""似老板"转向关注民本利益与员工活动的"教练",员工的定位更为接近职业化,成为职业资格人士,这样可以增加业内流动性,减少因劳资冲突带来的利益损失与不必要的情感、情绪纠葛。也就是说,干部和员工均回归于职业的属性,企业的生命力就会得到加强。我们倡导的"百年凌云"在产权改革之后,痛苦的观念转变就是干部和员工均在股权多元化的构架下寻找自我,淡化非股权持有者主人意识。而对那些有了股权的经营者而言,又不得有太多的"强人"意识。企业的兴衰不全由某个人负责,需要统一文化的整合力。目前是市场多变、科技创新、人才脱颖而出的时代,不是诸侯割据、称雄一方的主观英雄时代,个人的影响终究是有限的,感觉的无限和现实的有限会让自我性太强的干部在竞争中出局。我们厂已有太多这样的例子。

以前我们常讲,只要努力,明天会比今天好。而现在是:努力了,有了好的结果,明天才会好!

(本文系作者2002年12月31日为《凌云报》所写的元旦祝词)

让管理无真空

本次董事会在宝凌发展史上可谓意义重大，要研究改制发展等重大问题。宝凌公司股份制改造三年了，三年来有了发展，也交了一些学费。现在看来，有很多值得总结和反思的问题。

宝凌是在国企的基础上改造成现在的股份公司，按说产权、管理、机制上不应存在问题。但仔细反思，几年来走过的弯路并未全在机制上，而出在经营理念上。总公司对宝凌公司有支持、帮助，也有干涉。股东对宝凌有莫大的期望，但就实际的发展和管理而言，宝凌同总公司存在较大差距，特别是在观念上差距更大。地处深圳，股份制企业在这方面有差距，很多人难以理解，多次问我为什么，我明白问题在哪里。下面我要讲的就是应对之策。

一、心态决定一切

在去年总公司 MBA 培训班[①]上，我讲过四句话：知识改变命运，技能决定前途，心态调整苦乐，家庭度量幸福。每年的中干会上，大概有一半会议我要谈干部的心态调整问题。

1998 年我们提出第一个三年规划期的六字方针是"班子、机制、产品"，将机制看得很重要。从 1999 年起，在统一管理、各自为"战"的前提下，稳步推进有限责任公司、股份制公司、骨干持股等机制转换。国退民进，国有股减持是基本政策。所有这些，均显示机制的重要。实际上，我之所

---

① MBA 培训班：指陕西凌云电器总公司在 2002 年开办的 45 岁以下中层暨管理干部"工商管理培训班"。

以不遗余力地推进机制转换，其真正目的，在于建立规范的管理制度。我的看法是：企业制度很难断定先进与落后，目前家族式企业仍是最多的；合伙制是增长最快的；股份制是出问题最多的；单一国有制有好有差，但趋势在走弱。对企业而言，只要符合内外环境、实际状况，就是好制度。问题在于任何一个制度，关键看你能否规范运作，认真抓落实。看你能否把最简单的事情做好，并形成作风，领导能否克服浮躁的心态。做事要先爬，再走，最后跑，少讲"做行业第一"，少讲"做多大"，而在于做实，在于按行业规则自律。今天我们完善机制，是因为它对明天有好处，不是说机制决定一切。能够不断克服复杂心态，在理性的节奏中稳步前进，这才是我们该做的。

其次是对总公司依赖心态的调整。宝凌是法人实体单位，你的生存在市场，不在总公司多大支持。如果始终需要总公司照顾，要不了多久，宝凌恐怕就不存在了。我希望宝凌员工明白，随着市场经济的不断规范，凡是需要别人"关照"的企业，最后都生存不下去。这种心态也是你们应当尽快调整的。

经营理念决定企业的命运，而经营理念的不断完善和持续落实靠的是企业领导的良好心态。

二、只有纪律和文化结合的时候，谈文化才有价值

"以人为本，善待他人"是我们企业文化的基础。几年来我们坚持并初步形成氛围。但把纪律和制度放在"善待他人"的对立面，则是教条主义。实际上有了纪律与制度，人本管理才能落到实处。总公司几年来的变化，就是有了较好的纪律文化，坚持绩效评价、区别对待的结果。譬如，我们讲善待员工，但员工并不是企业最重要的资产。适合企业需要的人才，才是企业最重要的资产。因此，区别对待的目的就是激励员工成才，优胜劣汰。选人、培养人在于个性与特质，凡是有疑虑的人，培养无望的人，缺乏激情的人，不能保留。"精选精育"永远是企业最重要的事。这些事做起来总有部分人不适应，不高兴，可你得做。

三、不赚超过 20% 的利润

多数人认为，利润越多越好。但实际上是：任一行业均有相对固定的平均利润率。超过了这一利润，自然意味着有很多资本投入进去，而在行业从超额利润向平均利润过渡的过程中，风险非常大。如果你把握不了自己，以赚取超额利润为目标去投入和经营，一旦市场变化，就会遇到巨大麻烦。汽车业大上快上给我们提供了机遇，但对行业自律要求亦更高，风险也当是最大的时候。因此大家都想挤进来，同行拼命扩产、投入，这时我们就得冷静，从经济学角度看问题，从长远发展来运作，只赚行业平均利润。只有这样，我们才能冷静应对市场的起伏。

四、众人同心，其利断金

和为贵，公为上，求同存异，相互宽容——是企业人必须修炼的品德。记得我分管全厂生产工作期间，当时工厂费用紧张，组织生产很艰难。往往是：供应讲没钱买不来器件；财务讲产品没出来未收回钱，拿什么给你？生产讲，没有器件，没法出产品。均有理由，形成怪圈，这种怪圈大概持续了五年之久。气都不顺，似乎谁也怪不上。实际上这是"求同"问题，肯定都有难处，但都有相应的解决办法，坐在一起心平气和共同探讨出解决办法，可惜当时没有这种氛围。企业中类似的问题几乎天天都有，若形成共识，将心思放在解决问题上，讲原因、讲理由，而非将责任推及他人。只要公心在，就不会斤斤计较，办法总比问题多，你们学着试试。

西方有个"窗镜理论"，是讲领导要在顺境中往窗外看，把功劳归于自己以外的因素；在逆境中则从镜中看自己，反省自己。宝凌公司目前就需要锤炼建立这种自律的氛围。

宝凌的希望在于领导要学会把复杂的问题简单化，员工一定要学会把简单的事情做好。大家认同的规则，共同遵守，认真落实，不断完善调整自己，相互补台、激励，这样的结果，管不到位的地方就少了，事情就会管好，也就会形成"无真空管理"。

（本文系作者 2003 年在宝凌公司董事会上的讲话）

100-1=0

　　五年来，我们研制了三个好产品，初步证明"精品工程"有了成效。令我感到欣慰的是：技术人员将自己的设计思想和认真把事做好的意识贯彻到了产品的设计、生产当中，这是一个良好的开端。这个开端使我们又有了××等产品的高可靠性所带来的自信，我对外讲产品可靠性、技术先进性底气也足了，该产品带给我厂的阴影基本消除。为消除这一阴影，我们用了14年时间，难忘的14年，难熬的14年！期间军代表受牵连，厂领导逢会就检讨，给部队使用带来了多少次返工和麻烦。而这一切的根源，都是管理不到位和落后陈旧的设计思想造成的，今天我们庆幸出了好的新品，就要牢记××的教训。这样的历史不能重复，也不敢重复，因为没人会给我们第二次机会。设计一百个产品，只要一个设计失败了，给用户造成重大损失，我们就得从头来，否则，更严重的后果是自己完蛋。

　　GE走红，韦尔奇被神化，原因是韦尔奇成功实施了六西格玛管理。

　　我们从去年开始学习贯彻六西格玛管理，我知道，很难！这是企业管理上的一场革命。我多次讲过，达到六西格玛不是我们的目的，也许我们永远达不到六西格玛，可能几年后只能做到5.9西格玛，但我们要的是追求完美的思想，要培养的是把最简单的事情做好的工作作风。

　　近一年多来，宝凌的质量索赔、凌华的批量质量事故、电池质量上的不断反复等，太多的教训均源于设计不当或技术基础管理不到位。想不到、想到了做不到，同时存在，危险也时刻伴随着我们。

六西格玛的核心理念是体贴客户。

体贴客户指的是始于客户需求，止于客户满意。设计师们在设计产品时就要为客户创造新的惊喜。如果只满足于客户基本需要，那你只是个勉强合格的技术人员。

我们评价技术人员的水平和能力，通常的做法是看设计了多少张图纸，解决了几个课题，用了多少新技术，主持了几个项目。而很少用生产性、性价比、退返率去度量。这就造成了同客户需求之间的差异。你设计的产品在厂内可能很好，而产品出厂后，客户不领情，因为你不能满足客户的要求。一百次服务中，有一次大的偏差，客户满意度就是零。实际上你已经被否定了，那时厂长、总工对你的"高度评价"已没有实际意义。我们已经有太多这样的例子，这就是"100-1=0"的真正内涵。

（本文系作者2003年在科技工作会上的讲话）

要遵循规律做事

我今天讲话的题目是《要遵循规律做事》。这里所说的规律，实际上是企业管理的规律。企业管理的规律很多，我想要告诉大家的，是适合我们企业做事的规律。我讲四点：第一，劲往战略方向使。第二，努力去做对明天有好处的事。第三，创新就是自我否定，持续改进，不断完善。第四，强力推行制度化生存。

人在社会中，要适应、遵守的规则很多，做企业也有其基本规律。我们说某企业有个好领导，实际上指他相对成熟，更能正确理解和使用"权力"与"自由"这四个字。我在这里所说的规律，是围绕"权力"与"自由"这四个字来剖析，而不仅仅指他如何努力工作。行使权力不是意志与情绪的随意宣泄，而是对发展与平衡的调节艺术。在我们民品发展过程中，有成功有失败，对民品形成的亏损，相当一部分同志是负有责任的。我今天谈这个事情，不是追究谁的责任，而是要反思一下，在从计划经济走向市场经济的过程中，我们交了一些该交的学费，也交了一些不该交的学费。今天大家可以探讨，今后遇到此类问题我们少交点行不行？我们有些同志交的学费是有价值的，在本次经营工作会议讨论的过程中，你可不可以坦率地把你交的学费、吃的亏，来一个反思，大家在一起可以共励、共勉，今后少犯些。一段时期，在管理部门，一些同志把"权力"看得很重，太看重自己的头衔：我是某个厂的厂长、经理，我就要说了算。太善于拍板，就因为"权力"二字害得我们许多同志交了过多的学费，给企业造成了损失。所以在这里我把"权力"与

"自由"四字拣出来，大家好好地、坦诚地讨论一下。

"自由"的第一个层次是对人性、对自身的认识，确保自己有"人味"；第二个层次是对必然的认识，即对市场空间、对企业环境及企业内部资源状况，特别是人力资源状况的认识。我们反反复复强调人力资源状况，就说凌云万正，他们在用人方面是比较活的，这是它的机制决定的，我们国企这点做不到。可我们也有自己的优势、自己的特色和特点。我们就得面对自己的困难、自己的优势去分析。所以我们必须对自己内部的人力资源状况有一个清醒的认识。我把子公司经理看得比我们厂级副职重，把我们的技术尖子看得比我蔡苏昌重，他们是企业的宝贝啊，他们是企业真正的财富啊！人力资源管理的激励机制必须立足于这一点。有些同志总是看到自己为企业干过什么，动不动就跟工厂讲条件，但你想过没有，没有这些技术尖子，他们做不成，哪有你啊？一定要明白企业的支撑点在什么地方。我们这些当干部的就是要为他们创造良好的工作环境，指出他们向哪个方向走，保证他们的生活质量，而不是想着为自己做点什么事。这就是说，对人力资源状况的认识直接影响到决策的正误。

第三个层次是对权、名、利、自由与必然的全面驾驭。在充满诱惑的社会面前，国企领导人要保持正常的人性何其难也，能洁身自好，抵制诱惑的简直不是常人。在这个环境中你还能洁身自好，夹着尾巴做人，你还要领着这个企业往前走，你是什么？是特殊材料制成的、按规律办事、按原则办事的人。虽然向你伸手的人瞪你眼睛、吐你唾沫、见你躲过了，你内心也很痛苦，但你必须直起腰杆子来，你必须按原则做事。你不这样做，企业完蛋你完蛋啊！你被别人不理解、误解甚至委屈，你得忍受。你不想忍受，就别坐这个位置。别人可以耍滑头，但你耍不了。因为你没有退路。你一耍滑头这个企业的管理原则就完蛋了。

企业领导人不断地在"探索—成功—失败—再探索—再成功"的循环中体会权力与自由的涵义，企业也在领导的体会中上升、下降、调整、上升……不断地重复。问题在于我们能否学会按规律做事，少一些失败。

那么，哪些规律是我们应当主要遵循的呢？我讲几个方面。

一、劲往战略方向上使

我们企业的战略，在《十年指导规划》里应该说讲得非常清楚了。重点就是军民品并重，目标是"百年凌云"。五年之内，在无线电导航数据链领域里，能够跻身于国家军品主导地位的企业；民品方面，车载、电子产品、高频组件等能够形成规模，成为行业的主导企业之一。这就是在企业"十年规划"里涉及的。不论各位是何职责，在管理层，还是在执行层，均是"将"之用，而非"帅"之用，要明白这种区别。除我之外，在决策层这个集合里，大家也是"将"之用而非"帅"之用。在座的有管理层的，有执行层的，真正明白了，就要深刻理解企业的战略方向，一切努力都应向战略方向上走。

"百年凌云"是我们的奋斗目标。为了这一目标，我们确定了四个方面的战略措施：一是企业文化建设；二是对军民品持续科研投入，技术改造；三是国内国际两个市场协调开发；四是人力资源体系的完善。这四个方面协调发展，我们才能整体前进。而协调发展的内涵，是要大家用扎实有效的具体工作成果去填实它。就是说要一点一滴去做。有些方面我们就做得不好。有人说在厂里抽个烟，扔个烟头，是小事，不必小题大做。我从来不把这事看作小事。从严治厂是保证我们企业一切管理往前走的最基本的东西，含糊不得，放松不得，但也最难。

当你单位的利益同工厂整体利益有矛盾时，你必须从整体目标出发，调整自我。请大家明白，劲要往战略方向上使。我想举几个例子，一是从严管理的文化；二是产品技改的概念；三是制度建设方面的规矩；四是关于成本方面的理念；五个是关于"和"文化。应该注意，这些措施都是为了实现我们的战略目标。

二、努力去做对明天有好处的事

在企业，对明天有好处的事，就是培育企业的核心竞争力。企业核心竞争力，我一直认为是保有人才的能力，是产品、制度、文化的综合，是从每个人每天的点滴小事中体现出来的。现在，有一种倾向，只要厂长说了，就得照办。我们有几个干部，在工作中总是讲"这是厂长说的""××事是厂长定的"，当基层提出异议，也拿厂长的决定去压人。表面上看，是维护厂长的权威，实际上，是教条。如果厂长的决定是错的，基层的建议是对的，你该怎么做应当是很明白的。在这方面，总工程师、质管处做得较好。他们能从实际出发，启发引导大家做正确的事，这是对企业的真正负责。我有些决定可能跟下面的对不上号，你知道我的决定错了，你得给我提醒一声，咱们就得按正确的去做啊。明知不对，将错就错，那麻烦岂不更大了？麻烦出来还得你和我共同去补漏。所以说，努力去做对明天有好处的事，这就是判别工作是非的标准。我们培育企业竞争力，就是这个概念。

三年前，我们成立进出口业务部，我也不知如何指导他们的工作，只是明确要求：一是两年内培养2名熟悉国际贸易的人；二是知道我们产品向哪个方向去改进方能跟上国际市场的需要。这些做到了，再谈以后的事。当时小杜问我怎么做，我说我不知道。我只是给你明确两点，你要啥条件我给你，我给你搭舞台你去跳。因为我不知道该怎么做，我要说你必须怎么怎么做，如果对了还好，如果错了呢？2001年，我们实现了培养人的目标，2002年，有了出口的实践，今天才可以提出国内国际两个市场协调发展的战略措施。现在三大产品子公司虽然侧重不同，但在国际市场上均已有了扎实的进展，这与出口的引导是分不开的。2003年凌华公司虽然电调产量干得很少，但是，凌华公司上半年实际上没有亏，为什么？就是因为上个月有将近十万个出口的分配器，效益增升，这就是出口带动的结果。

有很多事情在今天这个社会上是没法超越的。其实，有时我也有很多复杂心态，对上、对下、对自己方方面面有很多认识还不成熟，重要的是你要不断地克服自己的复杂心态。当你有了某些权力后，仅仅做到不向利益伸手还不够。由于利益的趋同,你周围会有不少赞美你的人,其目的虽然不尽相同,但有些赞美肯定会对你的明天带来负面影响,要学会区分,而这一点才是更高的要求。若你个性是个爱热闹的人,你得少些热闹,学会耐得住寂寞,把聪明与激情放在思考问题上,放在对家庭和企业的责任义务上。这样的累积修炼至少对明天没有坏处。当你单位吃些小亏,对工厂全局有好处时,我希望你能学会吃亏。

我在这里谈到措施的同时,实际上还是谈一个"心态"问题。2000年以后,虽然我跟班子成员在一起共事,有缘分,也有感情,但我有意识地与同班子所有成员在感情上保持距离,我不得不这样做。只有保持距离,对每一个同志,才能够公正地看待他的工作。我也是个爱热闹的人,但到了厂长位置上,就得淡化这一点。有所得就有所失啊。不这样奉劝自己,就无法评价谁干得好谁干得差啊。弄不好会出现谁和你跑得勤、能玩在一起、到你跟前说点好话,你就和谁近,是不是这个理?我现在还必须坚持我这种生活工作方式。我希望同志们理解,厂领导理解。逢年过节,我甚至把自己关在家里,也不进任何一个厂领导的家门。但技术人员、尖子技术人员住院我肯定会去,老弱病残有事我肯定会去帮。我这样做似乎没有人情味,但只能这样,因为国企太复杂了。

很多人由于历史的"惯性",只看关系,只看谁和谁近,不看工作,传统的"和"文化是不讲原则的。在这种思维中,七六五厂要建立特色文化,就要从我这任厂长做起,能够引导这种文化,七六五厂就能在各方面上一个档次。凌华公司这几年属于艰难期,但我们应该看到凌华公司这两年在产品开发上所走的路子是对的。有段时间,相当一部分同志想从凌华公司调出来,托人,有时一托托到管我们的上级机关和领导。但这是原则,我不能办呐!我给你办了,凌华公司领导就没法管了。我希望大家谅解。

三、创新就是自我否定,持续改进,不断完善

创新是企业的灵魂。几年来,我们坚持不断开拓创新,今年又提出

"当你每天不能为提高效率而工作时,你的存在就没有意义"。其目的只有一个,就是鼓励全员每日反省,应当说还是有较大成绩的。列条挂账,问题上墙,是最原始也是最有效的工作方法,使很多单位对问题不能视而不见,处理问题的速度明显加快。蓄电池厂、工艺所、规划部在这方面做得比较好。但也有部分单位对创新的理解不全面,未抓住创新的主体——人的利用和激励。

国企的事情很复杂,并不是抓住了文化理念创新这个纲,其他问题也就迎刃而解了。客观地说,我们企业没有谁会否定创新的重要,没有一个单位不愿意把工作做好。现实中,大家谈的最多是如何改进管理,使工作更上一层。但意识到努力工作,意识到创新重要,并不等于就解决了这个问题。问题上墙了,也可能仅仅是上墙了,是应付检查的。文化理念的创新需要科技进步、管理制度和机制创新的支撑。国企几十年懒散的文化沉淀,巨大的传统文化惯性,不讲原则的"和"文化等形成的思维定势,必须依靠科技进步、管理制度和机制的创新来改变,促使其均衡协调发展,只有做到了政策制度上的关联和互动,理念的创新才能适应市场变化的要求,产生质的飞跃。譬如,要使价值观不变成口号,政令就必须通,定下的规则,必须执行。否则,视而不见,企业文化只能是虚的,产生不了应有的作用。

职能部门创新重在制度的系统性和有效运营情况的评价、改进。业务部门创新重在经营体系的运行是否符合市场规律和工厂实际,在执行中评价、改进。基层单位创新重在围绕产品解决实际问题,满足用户需求。厂领导的创新,重在思维方式上,始终要明白自己该干什么,要不断换个角度看问题,发现问题,不断研究政策,完善和建立制度。你要评价别人,你要在管理上引导别人,你就得在某些方面要比别人内行才行。

最近我看到广东省省长的一个讲话,广东省已经感觉落到了长江三角洲的后面。原因是什么呢?广东省在深刻反省后认识到是文化底蕴不够。广东人挣点钱以后显得很浮躁,很狂妄,把消费看得很重,把名气看得很重。可是现在全国一百户最重要的企业里排名，长江三角洲一带几乎占到60%。而长江三角洲的大企业家、包括温州一带的赫赫有名的人物，大部分都不是大喊大叫，而是保持低调，察言观色地学习别人先进的东西，一个劲干自己的事情。所以长江三角洲开放晚，上升快。我们厂领导、我们的干部、我们企业一定要学这种工作方式。搞产品，搞经营，一定要低调，低调平实。中层干部的创新重在不断否定自我，创建能培育人才成长的氛围，要让人愿意跟着你干事。

以上是我分不同的层次向大家提醒一下我们创新的方向。

四、强力推行制度化生存

一个真正的企业管理者，他的职责是研究政策，建立制度，把培养人、当好老师放在首位。我现在的工作重点就是全力培养子公司经理。我认为，在我们企业目前的状况下，子公司的经理应该是这样的两类人：一种是"联络型"的人，他们不要求所有人都和自己意见一致，能包容不同观念，能和最广泛的人群打交道；另一种是为人低调，甚至有点内向，但很有主见的人。而他们是否成熟的第一条，也是我要考察他们的，即看他是否会带头认真执行自己制订的制度。如果他连自己制订的制度都不执行，制度意识淡漠，就不要期望他会去趋同总公司的战略目标。

在管理企业方面，我们的领导不乏智慧和谋划能力，而缺的是对制度执行到底的决心和韧性。而执行不力的原因在于不认真、不细致。对于制订的制度，有的领导也总是"解释从宽"，不断富于"弹性"，腿跑得挺勤，但凡开罪人的事就"人味"十足，弹性有余，刚性不足，公正不见了。台上讲从严，讲"下不为例"，而在执行中总能找出各种"灵活"的理由。殊不知，这一次次小小的"灵活"积习成性，积少成多，其结果便是我们又回到了"无原则"的状态。这种做法实在令人汗颜。从严治厂条例执行五年，还有上班睡觉、抽烟的，这实际上就是对管理者麻木状态的回应。工厂将培训、进修作为最高奖励，但执行中却并未以公开的程序选送最优秀的人去，这是对厂长诺言的否定。我们在这方面有两次是失误的。既然作为工厂的最高奖励，竟然出岔子，我不太理解。公示就是让大家提意见，行就行，不行就不行，有问题赶紧去查，在这些问题上影响我们的基本政策，我们就犯浑了。

我点的这些具体现象和事例，目的是让大家透过这些现象和事例，回顾和反思我们的工作，分析思考一下其深层次的原因何在？到底是哪儿出了问题？也算是我们在思维方式、工作方法和作风上的一次"回头望"。我想要使制度得到完全彻底地执行，就得花大力气培养两个意识。

1. 用"不信任"来确立制度的存在意识

这里首先要明确的是，企业与员工之间是一种相互依存、彼此需要的关系，不存在谁感激谁的问题。不是感情推动着工作，而是事业维系着感情，在维系中感情不断变化，加深或淡化与本人的工作好坏相关联。大河有水小河满，你的工作对企业有益，反过来你也受益，为企业也为你，这就是关联关系。所以大家一定不要老讲你为工厂出了多少力，你如何为了工厂，首先为了你自己，为了你的家庭，其次为了这个企业。要把这个概念整明白。只有这个企业存在了，你才在这里有价值，你才能得到你该得到的。这就是关联关系。制度从某种意义上讲就是不信任，而人情的价值恰恰是信任。我们企业太惨痛的教训就是用信任来代替制度，特别是在用人上。现在是大家为了彼此的需要，淡化感情，用不信任来确立制度意识的时候了，全员要习惯于制度的存在与制约。要习惯这个概念，特别是子公司的经理请你牢牢记住。你如果坐在这个位置上，千万跟下面少讲感情，谁能给你干事儿你就用谁，不能干事儿，那就不成。

2. 用制度来巩固"缺我"意识

"谁是企业最重要的人，最重要的是离客户最近的人。"这是我们的价值观。我们企业缺少了离客户最近的人，就是最大的损失。培育不出懂技术、懂管理又被客户接受的人，说明我们的制度有问题，起码没有起到应有的作用。因此，人力资源体系的主要任务就是让全员明白"区别对待"的含义和自我价值，即有用才有价值。

我曾多次说过，企业离了谁都可以，但离了有用的人就是损失。有一个理念，就是用"区别对待"来引导大家争做企业离不了的能人。所以，人人都要自问：离了我是否会给企业带来损失？如果缺了你无所谓，甚至更好，那么你就要努力跟上，否则就得走人，命运在你手中。企业通过"区别"让你反思自省，培训就是帮你提高。若我们的制度留不住有用的人，那就出了大问题。好的制度是在留住有用之人的同时，让其持续保持激情，而不是在有用的人离去后再去总结教训。若制度将无用的人区分不出，有用之才激励不成，势必会陷入新一轮低层次的人才危机之中。

目前，我们已出现了这种可怕的苗头。有一部分人已经干不成事，已经"沉淀"下来了。我们有什么办法呢？有不少中青年已换了不少岗位，偶然干好过一段，但受实际能力的限制，已难有发展和提高。而他们对此还不自知，反而怨天尤人，总觉得工厂对他不公平，他们实际已成为工厂的负担。怎么办？办法只有一个：对他们强制换观念、培训、转岗甚至淘汰。作为在市场上挣饭吃的实业，你能对这些已成负担的人老讲感情而养起来吗？不能，你不敢养。养多了，企业完蛋。按我们现在的产品结构、人员状况，大概有五百多人在岗是"待业"的，至少是工作量不饱满。我们是个国有企业，你不能把愿意努力工作、或者说能力稍微差一点的人，都撵出工厂，得给他适当的岗位，收入可以比别人低一点，给他机会让他提高；实在不行的，再培训；还不行，就得让他走人。

在这里，我给我们的干部打个招呼，你得明白，假如你的亲属或者说你的子女在厂里，如果你的夫人或者丈夫在前20%的范畴，你们对工厂是非常重要的，工厂离不了。假如你很优秀，是20%范围内的，而他（她）虽不属于5%但如果属于后面20%的人，坦率地讲，你应该更努力工作，为了他（她）的饭碗。我们企业目前最重要的是由前面的这20%的人支撑着企业，还有60%的人，是"你让我干我能给你干好"，能往前走。另外有20%～30%的人，是别人帮着，这些人就要掂量掂量，你就不能索要得太高。还有极少数不干活的,你就得走人,因为你影响到干活人的情绪和创造力,因为你影响效率。这就是我为什么把"区别对待"看得非常重要的原因。

规律是科学。企业的经营发展有其自身的规律,违背了这些规律,也就是违背了科学,做事自然不会正确。没有规矩不成方圆,我们必须遵循规律去做事。这个道理你能弄明白更好,若一时未想明白,请你不妨闹中取静,静下心来想想。因为只有在寂寞中才能冷静,在寂寞中才能清醒地看明白周围的一切。你不妨学着养性,过段时间就会弄明白。哪怕明白了"盗亦有道",也算我今天没白讲。

(本文系作者在总公司第五次经营工作会议上的讲话)

国企改制要善待历史，换位处置，预埋未来

国有企业要生存发展就必须改革，这已无须争论。关键是如何改，并改出实实在在的效果和效益？近年来，我们在内部改革改制方面不搞"翻牌公司"、不跟风，而是坚持求真务实，追求"简单、实用、有效"。我们的目的是通过以产权改革为特征的内部改制，找到企业的活力源和动力源，引入一种新的激励机制和运营机制，并以此求得企业的持续发展。这一改革的核心就是要解决"为谁干"的问题。在此，我就我们公司在产权改革方面的一些做法作一汇报，大家共同探讨。

一、国企现状的分析

党的十六大提出，除少数必须由国家独资经营的企业外，都要积极推行股份制，发展混合所有制经济，实现投资主体的多元化。具体到我们企业，就有一个国有资产退出的问题，如何退出？我们在十六大以前就开始了这方面的探索和尝试。根据"产权清晰、权责明确、政企分开、管理科学"的十六字方针，建立现代企业制度，国有资产从绝大部分竞争性领域退出是历史必然。但在具体运作中有些问题是必须弄明白的，也无法回避，策略是：走小步，不停步，温和理性，不走极端。

在产权改革中，国企老总们面临的情况是比较复杂的，他们要认真思考以下几方面的问题：

一是现行组织结构如何处置、整合，因为多年来这一组织是老总们安身立命的土壤。

二是现行体制下如何实现资本平滑地切换，国企产权"买卖"的合

法性与授权问题暂时还无法律支撑。部分地方的产权改革以国有资本存量太大难以交易为由，采用所谓"界定"原则，即以行政划拨将其从"国民所有"界定为内部人所有。实质上"卖方"缺位。这种"空麻袋背米"是否会有"秋后算账"的阴影存在，值得求证。

三是不论是以何种方式"买"后，企业管理者与职工两个层面的"善后"问题，部分实施MBO的国企是以融资方式进行的，产权交接后债务压力巨大，"过度分红"由此应运而生。在国企改制、领导层持大股的新局面下，国企职工也全面走向市场，若竞争无果，就不再是下岗职工，而成为被社会保障"边缘化"的失业者。正因为此，职工可能对最后一顿"丰盛"的晚餐并不领情。个别情况下的干扰可能使企业经营不下去。

四是改制后老总的政治、经济、管理上的待遇又将如何？不能不想。

因此，国企改制不仅是经济问题，也是高度敏感的政治问题，所以要老总们调整心态，并算好账。

一是算历史账。国企是特殊历史时期的产物，国有资产中暗含了对广大职工的社保承诺，由历史形成的企业社会负担异常突出，不能不面对。

二是算政治账。国企承担了计划安置职工的历史负担，改制可能伴生大量下岗，不稳定的因素不能不考虑。

三是算未来账。国企改革一开始就讲产权清晰，事实上产权是清晰的，而问题是产权所有者缺位。因此，改革的关键在于真正的所有者接盘，而不管是法人还是自然人，是民资还是外资。问题在于如果国企的历史账无法顺利解决，政治账就无法得到保证，将来谁又愿意做这个危险的接盘手呢？

据以上分析，我们在改制中执行的策略是：善待历史，换位处置，预埋未来。

善待历史是指不忘国企的历史和现实状况。

换位处置是指在改制中要充分体现员工的利益，考虑他们的心态和环境。

预埋未来是指在改制方案设计中，国有资产从竞争性领域退出是历史的必然和市场需要。改制的顶层设计要预计进去。

二、改制策略执行中应重点解决三个问题

1. 通过产权改革尝试解决"为谁干"的问题

国有企业员工"为谁干"一直是个敏感的问题。以前正统的观念认为是为国家干、为集体干、为社会干。在市场经济的今天，我们更应该从人性化的角度去看待这个问题：人是有尊严和欲望的，也是讲利益的。在我们企业处于相对困难期，员工的期望值较低，部分有才能的员工由于舞台小其潜能还没有发挥出来。特别是极个别现今非常优秀的人才当时还缺乏自信，因而对自己要求较低。随着企业的发展，生存问题解决之后，提供给部分人的舞台随之增大，一部分人把目标定位为体现人生价值，持久地做好更多的事。而大部分人则把人生目标锁定在"为谁干"，如何干才能使自己有更多的利益和发言权？这是一个十分现实的问题。因势利导地解决好这些问题可以促进企业持续发展，遏制则会很快导致企业低效率运行。产权设计中要使骨干和有才能的员工持股，让他们能当家做主。

2. 合理设置股权，保证"统一管理，各自为战"

地处西部的国企，规模都不大，主业突出的不多，多元化经营较普遍，加上西部地区市场狭小，达不到企业所要求的最低市场门槛，支撑不了企业规模化经营，在股权设置上就得考虑内部资源的整合和有效利用。特别是人力资源的有效整合，至少在改制初期对子公司经营者其各方能力不能有效把握的前提下要保持股权设置上的优势，即"统一管理，各自为战"，而不是"各自为政"。

3. 考虑产权不断流动的属性

产权本来就是不断流动、不断重新优化配置的，如果没有产权的反复交易、反复流动，也得不到产权的优化配置和合理价格。问题在于内

部人初期持股的心态是：一部分人希望永远持有；一部分人希望该脱手时就脱手；还有一部分人压根就不想持有。而就企业发展而言，希望持有股权的内部人在一定时段内是能对企业的发展有益且关联度最大者，而不是无关联的股东。故初期要考虑流动，要么不允许关联度不大者持股，要么通过一种方式向关联度最大者适度集中，在流动中体现价值或合理配置资源给优秀者所有。

三、运作和设想

近年来，我们总公司生产经营持续发展，主要得益于连续不断的改革改制。我们改制的方针是：小步快跑，量力而行，适度风险。为了详尽说明我们产权改革的思路和设想，在此，有必要对我们公司的改制历程作一回顾。

1. 改制初创期（1998—2000年），主要做了以下几件事

◇清产核资，将劳动服务公司整体改制为宝鸡凌云工贸有限责任公司。

◇积极推行分公司制，先后组建成立房地产开发公司、运输公司、机动能源公司、工模具公司等。

◇根据《公司法》组建成立深圳市宝凌电子股份有限公司，其中总公司法人股占50%以上，其他是员工持股会和社会法人股。

这一阶段虽未触及产权制度的根本性改革，但由于将市场竞争机制引入企业内部，积极推行划小核算、按劳分配，对于调动生产经营积极性起了很大作用。

2. 改制进步期（2001—2002年），主要做了以下几件事

◇对运输公司、房地产开发公司、工贸公司进行资产重组，由经营者、管理骨干及全体员工出资购买自然人股，置换部分国有资产退出。改制后，运输公司、工贸公司的股本结构均为国有股超过50%，其余为自然人股。房地产开发公司股本结构与工贸公司相似。这是我公司在产权制度改革上的初步探索，当时既有政策层面的压力，又有来自员工观

念和承受能力方面的压力。我们通过不懈的努力，终于迈出了这一步。经理层买得高额股（利益与风险挂钩），改制单位全体员工都出钱买了股。由于这三个公司人少，资产规模小，所以是我公司产权制度改革的初步尝试。

两年来的实践证明，这三个公司的改制均取得了明显成效，最突出的是房地产公司和运输公司。房地产公司打破常规，开发外部房地产市场，兴建了"凌云佳园"住宅小区，2002年年末竣工后全部售出，取得了良好的经济效益与社会效益。运输公司创办了凌云驾校，在经过一年的市场运作，已声名遐迩，学员期期爆满。这两个公司经理说，这都是改制给形势逼出来的。

◇吸引昆山民营企业投资，组建凌云万正印制板有限责任公司。我方担任董事长后，主动提出让对方担任企业经理。目的是引进吸收民营企业经营之道。

◇吸引多方投资，对凌华公司进行有限责任公司改制。目的是引入规范的公司治理结构。

◇对部分分公司、分厂实行模拟子公司机制运作；对子公司单位推行年薪制考核管理，以高回报激励创新经营者，调动了经营管理层的积极性。

◇组建物业公司，将后勤单位逐步分离，推向社会。从2002年起，物业公司及后勤范畴的职工医院、招待所、幼儿园等单位均实现了自主经营，自负盈亏，费用基本自理。

3. 改制深化期(2003年)

以经营者持大股与产权多元化为特征的深化改制，是总公司2003年重点工作之一。本着"突出重点，逐步深化"的原则，这次深化改制的主要对象是民品子公司，重点是宝凌公司、凌华公司等。为此，总公司成立了深化改制工作组，制定了《实施方案》与《岗位股管理细则》，经总公司职工代表组长会审议通过，现已进入实施阶段。本次深化改制的特点是：

◇ 依据员工工作岗位的重要程度设置岗位股，主要由子公司经理、各部部长及生产、技术、管理骨干等出资购买。总公司领导及其他单位管理、技术、生产骨干经批准也可入股。目的是引入新的责任与分配机制，激发活力，促进发展。

◇ 促进产权多元化。以宝凌公司为例，改制后国有股减持，岗位股占总股份达 50% 以上。

◇ 鼓励经营者持大股。《改制方案》中明确了不同岗位的持股数。持股数量最多的是宝凌公司经理，为 50 万元，最少的是各部门业务骨干，为 5 万元。

◇ 实行"在岗持股，离岗退股"。即岗位股不转让，不交易，不继承。持股员工因调离、离职、退养、退休等多种原因离岗时，其所持有的股份统一由子公司按当时的净资产值予以回购，作为预留股份，转卖给后续到岗员工。经营者若不任职，即于当年经离任审计后退股。因此，岗位股的管理是动态的，是有序流动的股份。对特别优秀并做出重大贡献的员工，按一定程序，允许其离岗后以自然人身份持有股份，并行使股东权力。

我们要在政策允许的范围内，加速国有资产的退出速度，力争在三年之内除军工部分以外，其他各子公司国有股减持到 40% 以下，但不搞人人持股。同时让知识资本参与分配，对骨干员工采取"岗位＋期权"的方式予以奖励。

我们在产权改革上虽有创新和尝试，但始终坚持按照国家的改革政策行事。我们在主辅分离以及分离方式上，将企办民营和组建有限责任公司有机结合，制定相关政策，用民营化的方式去经营。这里的"民营化"与私有化是两个概念：企业是大家的（更重要的是 20% 骨干员工的），产权是清晰的，股权是动态（岗位股）的，只是引进了民营企业的经营方式。即始终让与企业关联度最大的人和企业紧紧地融合在一起。要让每一个员工都明白:企业的兴衰关系着每个人的利益,特别是主要经营者的利益。

今年将完成对宝凌公司、凌华公司、凌云科技、蓄电池厂的深化改制工作,今后三年,在国企改制方面,我们将本着"务实、有效、创新"的思路,不懈努力,总结经验,扩大范围,加大力度,循序推进,探索一条适合我们凌云公司实际的、有利于公司持续发展的改制之路。

(本文系作者在省信息产业系统改革研讨座谈会上的讲话。2004年发表于《西部论坛》,中国人民大学书报资料中心复印报刊资料《体制改革》转载)

奉公先要克己

一个人的最终成功和追求,很多时候是不以财富而论的。因为钱到一定程度,与你的生活已经没有关系了,在宝鸡房子八万十万就有可能住得较好。一家人平安,孩子能够得到一个比较好的教育,有个自己喜欢的工作,社区环境幽雅,早上有地方锻炼身体,下班后打打扑克下下棋,同事邻里之间宽容和谐。我说,这就是高质量的生活。我们"活人"的追求就是这些。而要持久拥有这些,就先得自己平安,平安就得自律。

企业有不少的东西靠制度是规范不了的,很多时候靠的是良心和素质,靠的是企业文化的提升与平和的心态,这种调整是必不可少的。对管理者来讲,不管你有大权力也好,小权力也罢,人在任何时候,都要把心态调整到一个适当的位置。所以,贪小便宜也好,内部的横向攀比也好,切记"欲"不可恶性膨胀。

在宝鸡这个地方,要想活得像沿海城市一样,就要同舟共济。每个人都得尽职尽责,尽心尽力。如果制度有缺陷有漏洞,就要提醒领导去注意它,而不是钻制度的空子。做手脚钻空子,或许当时发现不了,也可能很长时段内也发现不了,但是被发现被查处是早晚的事,你肯定会寝食不安!因为被发现的概率毕竟还是比较高的。这几年在技改的过程中,我们1.4个亿的资金,有没有问题呢?有小问题,没大问题。如果放在七六五厂以前的那个环境里,恐怕得给检察院送几个吧!这是因为我们的管理氛围发生了质的变化,有效的管理和好的文化氛围起到了作用。

奉公先要克己

有句成语叫做克己奉公。讲的就是"奉公"必须首先"克己"。要想让企业管理再上一个台阶，仅靠中层干部的管理还不行，相关管理层都应从自己分管的领域把好关。为什么不让厂级领导开单位的车？为什么不让任何单位设两本账？为什么不让领导自己管钱又批钱？为什么不允许业务部门的干部请职能部门的同志哪怕业余时间吃喝？就想造成一种自律的氛围，哪怕委屈了这些同志。因为你手中有权力，你就得受点委屈。这至少使大家从直观上能看得到一种正气和作风，能弘扬一种精神。也只有这样，企业文化才能落到实处。今天借渭滨区刘检察长给大家讲预防职务犯罪这个话题，我也算是有感而发。

让七六五厂垮掉需要怎么做

如果让七六五厂垮掉，该怎么去做？

这话听起来有些"反动"，但对企业的经营和发展来讲，有时就得从反向的角度去思考问题。只有这样才会对企业存在的问题、面临的危险看得更清，认识得更深刻。今天我想站在反方的位置谈点自己的看法，对大家有所警示。

一、决策出现重大失误

一是投资决策若论证不充分，盲目上，会有灾难性后果。假如再上一个类似蓄电池的投资项目的话，我们厂差不多就完了。决策层一定要明白了自己能干什么！

二是在机制上不能实事求是。跟风走，机制是否有效是相对的，一定要同企业现实相结合。在机制上几年来我们走的路是对的。大家比较熟悉附近几个兄弟厂，大多把运输公司解散了，有的把好几百辆车都卖给私人。现在的情况又怎么样呢？大家想一想，在市场经济环境下，国企的员工，能自己出去面对市场的可能不超过20%，80%的人依附于企业还能做些事，离开了企业特别是离开了这个团队，做不成事的。那些人当初买车的时候高高兴兴，一两年后车坏的坏，卖的卖，赔的也赔完了。混不下去又蹲在工厂门口要求上班，要生活费。你拿他们怎么办？我们在运输公司的问题上比较慎重。首先是想透了，大部分人不能面对市场，但整体拧成一股劲是完全能够面对市场的。现在运输公司成功运行并发展已证明目前这种模式是正确的。

二、培养不出人才

一是任人唯亲，堵塞了人才成长的通道，庸才成为当政的主流，人才即使有也难以发现，六年前用人的教训历历在目，我们该牢记不可重温昨天的故事。

二是自以为是，不给有潜能的人压担子，提供舞台。没有锻炼的平台，如何区分谁是人才。看看各分厂的厂长们，年轻的也差不多四十出头了。这就是我们的危机啊！我当设计所副所长的时候是29岁，当生产副厂长时是36岁，几个当时提得最早最年轻的中干，现在也是人到中年了。所以想对工厂真正负责，就得睁大眼睛盯着你周围的人才。这几年分配进来的学生在各个岗位都有了，得给他们压担子。三五年以后，断层就接上了。现在随着工厂规模的扩大，一部分同志挑大梁的能耐和知识面都不够。所以我说，五十岁以下的干部一定要加强学习。其次，把眼睛放在三十岁以下的年轻人身上，要非常负责任地培养这帮年轻人。如果你只管你这一届而不管后备人才，就是对建设"百年凌云"事业的玩忽职守。

三、尽力不尽心

一是厂长不能正确把握"霸气"与"霸道"。将霸道作为管理的主要方式，听不进意见，不与人沟通交流，自以为是，形成看厂长脸色做事的氛围，人们不去区别事情该不该做，而是给厂长做。如果这样，厂长也就干到头了。上个月，在设计所侯刚伟工作台前，看他用的电容器好大，就问他："你用这么大的电容器，多笨重啊！"他悄声说厂长不成啊，我用进口电容器当然好了，但进口的一个要几千块钱，我用这个可以省一大笔钱！后来我发现他用的工具"滤波器"也是自己制造的。他说："我买一个滤波器8000块，我现在做成这样子几百块就够了！"这就是我们设计师现在的观念。放在以前，8000元买一个装上去多漂亮！现在他们却想办法自己去做。用他们的话说，我得把成本做下来啊！这就是对工厂真正的负责。如果尽力不尽心，大手大脚的"败家子"做派，工厂也会被整垮的。

二是厂长民主，企业制度规范。但由于厂长威信很高，形成了厂长怎么说就怎么做的文化氛围，不少同志跟着感觉走，意识上认为厂长说的肯定是对的，那么，万一厂长错了呢？他是人，不是神，有很多事情等他发现可能就晚了，这是我现在怕的呀！

目前，我们企业是比以前强了，我要忠告同志们的是：我们仅是一个挂着大企业头衔的小企业而已。骄傲需要资本，但骄傲增加不了你的资本。我们每个人所做的事情都不是那么伟大，都应当把心态调整得理性平和一些，为了"活人"，我们没有理由不保持活力。有很多事情都得蹲下去躬身认真学习，带头实干，多听逆耳忠言，遇事从大处着想，待人宽容大度。这样的话，可以防止以上三种情况出现，企业可以百年永恒。

胜利是一种信念

2003年还真有几件值得令人振奋的事：一是债转股开始实施；二是重大科研项目取得突破；三是机制转换初显成效；四是企业文化在管理中的作用凸现；五是客户和社会对我们企业的信任感增强。实际上几年来每年进步都不大，但六年累积下来，还真迈了一大步。于是乎有不少人问，你们管理的诀窍是什么？我不知道怎么回答。我多次讲过，管理是一种悟性，悟性靠尽心、靠思考、靠责任、靠良心和天资。自己不思悟，不实践，别人教不来，也学不来。但我坚信用市场经济规律，用从善之心管理企业的理念确是支撑我们度过艰难期的精神因素。

我们员工综合素质已有提高，干部的管理水平整体表现还可以，能适应市场、会应变的干部也在得到员工的认同，尽管数量不多，但每年有增加，也是值得高兴的事。

我在同干部沟通方面，下了较大功夫，重点部门的干部几乎每月都要交换意见，鼓励他们讲真话，正确应对困难。大部分干部能听进去，部门业绩已可以说明问题。但个别负有重要责任的干部，看到他那么努力工作，令我心疼，令我感动，而不佳的业绩又使我不安，问其什么都明白，路子好像也对，但员工不认同，业绩差。问题在哪里？令人困惑！

有一个干部，多次有人反映同他打交道较难，商量一致意见的工作安排，好干、想干的，他很痛快；但是，当有难度时，想方设法在"人"与"事"之间躲避、周旋。你去检查他，他要么倒打一耙，要么矢口否认当时所说的话。我一想，这个干部换了几个单位，开始都不错，有工作热情，有能力，时间稍长，员工就不认同他，说他说话不算数。现在看来，他做人不诚实。他管理上的不长进，多次失败，其原因应该在做人上寻找。

我曾说过，管理上有一种可称之为艺术的策略，即善意的"无事生非"，其立足点就是"善"字当头，本意是好的，故结果即使差些，也会被人谅解。而恶意式的抵赖，无理强辩三分这种人干什么事恐怕都不会成功，不会有人同你再打交道。联想到我们企业，欺骗客户一回，就等于骗了自己；自欺欺人的企业，哪里会有明天？

庆幸的是，我们明白这个道理，教育员工诚实做人，用诚信打理企业；遗憾的是，个别干部仍然不明白。

人生就两件事，做事和做人。为社会做点事，为他人做点事，为自己做点事，借工厂提供的"舞台"为员工做点事，体现了自身的价值，就算是为己种善果。从善之心让你对人宽容，做事拿得起放得下，就可以做好。应当明白，企业有了发展，我们需要应对的问题也在不断变化。

在新的一年开始之时，有两点需要关注：

一是一批管理骨干临近退休，随着企业规模扩大，人才青黄不接的问题更严重。问题的根本在于促使人才成长的各项措施只是部分起了作用，个别领导深入基层少了，患了看不清人才的近视眼。对此，我们只有全面检查、评价用人机制，坚定不移地贯彻区别对待，加速人才的引进、培养、培训，大胆起用新人。我倡议并鼓励有志于管理的同仁，在安心本职工作、心态平和的前提下，可以表现自己，可以同领导交换意见，自我推荐，可以提管理上的建议，勇敢地同领导谈心，不要有顾虑。怕羞，你成不了事。

二是随着企业效益的相对好转，功成名就、"摘桃子"的心态抬头。不少人对费用的增长、市场竞争之艰难视而不见，只算自己今年该比去年多收入多少，工作条件、居住环境应当比以前改善多少，子女、家属该得到什么样的照顾，这些要求都无可厚非。但当某一要求不能满足时，就以工厂讲"善待人"但未"善待他"而理论。诚然，这些人确实曾为工厂做出了贡献，不可否认的是，他们已得到了他们该得的。工厂讲"善待人"，首先指的是善待全员这样的群体。譬如，对离退休人员的一些福利政策就是对这一群体的善待；科技兴厂政策就是对技术人员的善待；后勤不是包袱、社区建设和子女教育的巨大投入就是对全员的善待。全员是由单个组成的，对那些有特殊困难的员工、家属给些帮助是雪中送炭之举，是人性的体现，不是普通员工类比之理由。

　　实际上，我们企业多年来的怪圈是那些会叫、敢吆喝的确实得到了超越他们贡献的好处，而恰恰是这些人不满意者居多。其次是离领导近的人，好处得多了，把比别人多得好处当作理所当然或特权，稍有不如意，就委屈的不得了。如果他们看看全年加班加点、不声不响的设计师们的努力工作状态，看看在生产、经营一线默默奉献的员工，看看曾为工厂发展贡献一生而退休金很低的退休员工，应当知足，应当惭愧。

　　人啊！知足者常乐，否则就是自寻烦恼。因为我们企业在艰难中之所以生存下来，是努力把"公正、公开、公平"当作最该遵守的规则，把"不让雷锋吃亏"当作我们的理念。那些老想靠小贡献得大便宜的人只有调整自己的心态，才可以融入我们的团队，否则，该被淘汰了。我的苦恼是不断苦口婆心地教育这些人，而他们总是难以理解，时不时出些难题，没办法，只有不断地讲，政策上尽量完善，引导他们变化。

　　我也是个情绪易波动的人，有时自己也有委屈，难办的事情太多，每到这时，要么静静地看看书，要么到后面的山上走走，同朋友聊聊天，不断地反思，不断地强迫自己冷静。每当克服了困难，企业向前走一步时，我就有胜利的喜悦，有种快感。正是这种信念，支撑我不断调整自己。所以说，胜利是一种信念！

　　当我们企业不断强化面对困难的这种信念时，我们就应该有好的明天。

"方圆"与"应变"

我要讲的题目叫"方圆"与"应变"。分以下几点跟大家交流。第一，企业管理的"方"与"圆"。第二，企业领导的心态，重点讲企业领导的"七个明白"。第三，企业党委的定位，在目前状况下怎样发挥企业党委的作用？第四，关于企业文化建设，重点讲一下企业文化建立的过程。第五，学会应变，讲三点：应变的基础、应变的思维、应变的方法。

一、企业管理的"方"与"圆"

"方"与"圆"在企业管理中是具体的。譬如，"圆"的策略，人常说，在社会上、在有点权力的"场面"上要做一番事业，有两种人不可"得罪"：一种是小人，你不能得罪。为什么？小人谋人不谋事。你没有时间天天去和他周旋。但是不惹他，也不用怕他，你明知小人很有可能随时会出来兴风作浪，也要带着大家前行，不敢倦怠。在厂长位置上除了向前走以外，别无选择，这里体现的是策略；另一种是强者，不与强者树敌。站在企业厂长层面上所谓的强者，绝不是企业里的任何人。是什么人呢？譬如说，其他企业的厂长，社会上有一定地位并和你打交道的人。和他们相处，讲和为贵、讲谦让，这里体现的是"圆"。

企业在市场上拼杀，同军队打仗一样，必须"从严治企"，就得按规矩做事。由于"人治"的惯性，员工一时不能适应，只能采取强制手段，即为"方"。

有时候有些地方，就要委屈一些人，委屈中干，甚至委屈厂领导。让他们用"委屈"给全厂示范。所以，"法治"建设是一个强制的过程。

在强制的过程中，你不能让员工的弦始终绷得那么紧。人要有压力，要有危机感，但是还得有让大家释放压力和危机感的方式渠道。这时候，就得倡导一种"善"的文化、"和"的文化，即刚柔相济，这就是"方圆"。

企业管理，真的没有一个什么高明的办法可以"套用"就能成功的。完全不是那么一回事。昨天的成功不可能代表你今天的成功。所以企业管理，就是 X+Y=Z，就是在这三个变量之间寻求一种动态的平衡，也就是企业生产力和生产关系之间的动态平衡。内方 + 内圆 + 外圆 ⇒ 目标，如果把 X+Y=Z 延伸一下，变成企业的平衡方程的话，内方 + 内圆 + 外圆 ⇒ 客户需求（目标）。这是我理解的企业管理的动态平衡方程式。

"内方"指的是什么？就是企业制度，即有形的东西，可操作的东西。对于企业而言，如果不搞制度化生存，不搞评价，就不要妄谈企业管理。企业管理有三个阶段：人治，法治，文治。最低阶段，三个人办一个小企业，你可以没有一整套的管理制度（简单的规则也许要有），完全靠人治。十个人一百个人，老板强一点，可以制度少一点，人治的成分大一点，事无巨细你得过问。但是企业达到一定的规模，你想发展的时候，没有制度是不成的。即使有了制度，没有评价也是不行的。

"内圆"指的是什么？就是让无形的东西在企业起作用。人，是比较复杂的。你不知道他心里想的是啥。制度规定的东西，他可能非常努力地去做了，做到了99%，发现问题心里就想：我最好不提，提了，万一领导不高兴怎么办？等你发现问题再去追溯的时候，可能把客户已经给丢了。所以，软的东西，文化的东西，就是要补这一点。制度管不到的地方，靠文化来补位，他发现做这件事情有问题，制度就那么规定的，而且往前再走一步，能够做得更好的时候，他就要努力把它做得更好，这就是"内圆"。内圆是势，是价值观。

"外圆"就是顺应和适应。这中间，有无奈的顺从，也有把各方面的东西分清楚、搞明白以后，主动地顺应大环境的意思。

譬如，企业内部的环境，我和党委书记可以去创建它；外部环境，宝鸡市的环境，是市委书记和市长的事儿，作为企业厂长，只能是适应环境。国家的市场经济大环境，你只能去适应。

要明白企业是在市场里生存，是在政府领导之下的，即使民营企业，也不能不把政府当回事呀！但你也不要同政府贴得太紧。要明白，你是做实业的，你和政府之间关系，是功利性质的。政府对企业有利的事情多跑，不利的事情躲远，就这么简单。当你的企业发展到一定程度，政府该给你的会给你，而你自己处于政治上的钻营心态去刻意追逐那些，没有价值。肯定会分散你的精力和注意力，特别是在重大问题的决策上，受政策的引导很正常，若受政府某个要人的引导，你离失败就不远了。我们身边看一些曾经风云一时的实业家，支撑他的一定是他企业的实绩。实绩一旦滑落下去，以前给你的"人大代表""五一劳动奖章"的光环，有用吗？所以企业必须做到"低调平实"四个字。

二、企业领导的"七个明白"

企业领导心态的调整是保持良好状态的前提。而要调整心态，必须明白几个问题。

一是国企领导要明白似官非官，又做"官"的事儿，别想着去当什么"好人"。国有企业在目前复杂的环境下，普通员工面对工作、子女上学、就业、住房等等生活压力，有时候是很不理智的。你给他讲道理有时候讲不通，不管用，这时候你就得有恰当的应变思维，有承受委屈的心理素质，即学会先当"坏人"，或者说"坏人""好人"一起当。

二是民企的老板要明白，机制不是国企特有，只是因为社会的原因国家叫得响一些，民企同样存在着机制问题。甚至民企的机制与国企同样迫切。只是民企倒闭了不去找政府寻求关怀罢了。有句话说：富不过三代。在民企老板创业的时候，家族式的创业，可能干得不错；到一定规模以后，如果不去转机制，不去建立现代企业制度，不去建立竞选的规则和制度、不去按照市场经济规律运作，企业很难存续下去。

三是要明白市场经济，处处是陷阱。只有特殊材料制成的人，才可以经得起诱惑。无论国企和民企，经营者一定要明白，企业家是市场教训出来的，不是从书本上学来的。所以政府不要过分地关注谁成功了，谁抓住某个机遇把企业做大了，好像刹那间其人伟大得不得了。有时候还要多关注一下那些在困境和极度的困难面前起步并默默贡献的那些人，他们经历了过多的磨难。磨难，才是企业家宝贵的一笔财富。企业家必须经实践证明是一个"通才"，是可以驾驭变革的人，也就是说，可以应变的人。必须经历从将军、参谋到元帅的这种转变，这是一种脱胎换骨。这种脱胎换骨核心指的是心灵的净化，做不到这一点，就别谈你能做什么企业家。

四是要明白干部与员工的关系因为利益已经到了较难调和的地步。在我们企业里，问题还不太明显。但在沿海及一些发达地区，甚至在一些改革步子比较大的国有企业里，这种利益矛盾已经很突出。普通员工是很现实的，他们的收入往往用当地的生活水准来衡量，譬如当地的生活水准如果是年均六千块钱，一般员工一年能挣一万、一万二，算是不少了，就觉得满足了。可是干部中的大部分人在心态上不是用当地的生活水准去衡量自己的收入，而是用当地权贵们的收入水准去衡量。两者的参照标准不一样，普通员工的参照标准很现实，而干部们的参照标准是对市场经济的曲解。市场经济认可的价值观是能者多拿，中国传统的"官本位"认可的是当权者多拿，当官的总比老百姓强——要不然从古到今怎么那么多人挤着要当官呢？

干部一定要善待员工。你不善待员工就存在不下去。你必须把员工当人看。在厂长书记这个位置上，你不能觉得我就是这个企业的"天"了，千万不能不把老百姓当人看哪！你让老百姓给你低个头是可以的，你让老百姓比你低一等，这个企业就没法整。

五是要明白"从严"和"善待"不矛盾，它们是对立统一的关系。而且这种善待，必须是发自内心的。反过来，善待是以它逆向的制度来保证的。每年年终员工对干部有考评权。大家不要说这个考评划圈不起作用，当你不认真的时候它就不起作用。比如，你对你单位的干部工作不满意，你看旁边有人的时候，你还是不情愿地给他划一个"好"，那是你的问题，不是我的问题。权力给你了，你采取什么态度，那是你的事。恰恰这几年，每年被淘汰的两三个干部还是严格尊重了员工考评结果的。所以，我们所说的"善待"，是以它的逆向的制度来保证的。

在企业当干部的毕竟是少数，企业里的干部和社会上的干部是两码事。你要调整这种关系，你给企业里的干部的压力要到位。对中层干部，第一个是苛求、理解、支持；对普通老百姓来说是亲和，解决实际问题。对干部首先是苛求，绝不是首先理解他们，要给压力，要他们始终把百分之二百的劲使出来，让他觉得当这个官真是不容易啊！让他得夹着尾巴做人。

我曾经给深圳一家颇有规模的大公司老板讲善待人的时候，他问：我给我公司两千多打工仔打工妹发薪水也很可观啊，你要我还怎么善待他们啊？我说，我给你举一个例子。你必须从你自己做起，把给你打扫卫生的那个打工者发自内心地给他人格的尊重，你就做到"善待人"了。在你的公司里，他是最低的岗次，你能不能做到对他人格的尊重？这就是分水岭。以此去净化你的心灵。

六是要明白不管是民企还是国企，企业做到一定程度的时候，不是企业离不开你这个厂长经理，而是你这个厂长经理的一切都依赖于这个企业。

七是要明白企业生存的环境好与坏，不是政府想尽一切办法给优惠政策，引进了多少外面的企业进来，而是你以何样的胸怀怎么对待了已经在你这里的企业家。特别是在目前整个环境不很规范的情况下，如何保护在探索中越了一定"规"的企业领导人，如何给他们以宽松的环境。如何以正常人的心态去对待他们。"似罪非罪不为罪"，能包容他们就包容他们。做不到这一点，今天去查一下，明天去查一下，你一年查三次，这个企业早晚非垮不可。它偷税漏税怎么查都可以，没有重大问题就别折腾这些事儿。

说心里话,国企领导人有几个是善终的?在现在,这是一个高风险的企业呀,为什么高风险?环境啊!他们在做着高风险的事情。碰上一个小人他就完蛋了。尽管他谨小慎微,不得罪人。我这几年免了那么多的干部,现在他是不说,有些方面也许他不知道,心态如果不好的话,他能心安理得?外围的环境太复杂了。如果政府要人心目中没有这一点,这地方的企业很难有发展的环境的。

为什么我说好人坏人一起当?这里所讲的"坏人"的一面,就是摆不到桌面上的一些事儿。我有时候不知道自己是人还是鬼,反正我说我"人鬼不是",但我良心在。我曾经带着这个困惑问过我的老师,我说我现在真不明白现在这个好人坏人的标准。老师笑了。他说:毛泽东时代,好人和坏人是价值观的一个标准。毛泽东时代真有好人坏人的标准。你在生产队的地里偷一块包谷,他就把你划为坏人之列,认为你品德有问题。那时候价值观非常明白:为人民服务,"老三篇"。可是市场经济走到了今天,人们的道德观念、价值观发生了重大的变化的时候,用传统的好与坏去划分人的一些行为,已经是不合时宜了,特别是不合现在的时宜。在目前这种状况下,只有愚蠢人和聪明人之分(我指的是道德规范范畴的可不是法律规范范畴的)。法律范畴,法与非法还是有严明的区别的。你想要做一个聪明人,还是想做个愚蠢人?你去衡量。

当社会进步到一定程度的时候,道德的趋同一定是大事。譬如说,市场经济规范到一定程度,我们国家再发展二十年,大家还是要讲善待人和合理运行规则的。那时候的道德趋同是相互之间和谐、相互之间包容。但是目前情况下做不到。那么你这个厂长、经理就得顺应这个环境。如果能够在当地为国企创造这样一个和谐、宽松、包容的发展环境的时候,也将是政府之幸、企业之幸。当然,这也是我们做企业的这几年的困惑,深深的、胆战心惊的困惑。

三、企业党委的中心工作

首先，厂长要明白什么？这是共产党的天下。你是共产党任命的厂长，可别认为你当了厂长了，现在是厂长负责制，就把党委书记不当回事。书记你要明白什么呢？效益是目标，经营是中心。厂长、书记就要围绕一个中心去运作，相互支持，相互谅解，把企业的事情做好。共产党的天下，经营是中心，企业必须这样去考虑问题。

我们企业决策民主，管理权威。厂长和书记最容易产生分歧的是什么呢？就是在用人问题和重大投资问题上，最敏感的是用人。我们这几年是怎么做的呢？第一，不搞动意；第二，我和书记两个意见不一致的人，从没有上过会。不上会，多沟通，可以争论，如果有分歧，搁下来，咱可以在一个圈子里再去争论，但当我们两个意见不一致的时候，是不上会的。六年多时间，我印象中只有一次，在研究干部的时候有一些分歧意见：能不能把另外一个干部按程序做一些考察进行一下调整？因为第二天我要出差，再没有时间了。所以我当时和书记商量了一下：唯一这次动意一下行不行？书记说可以。这才唯一动意了一次。正因为在用人问题上我们很透明，按规则行事，我们党政配合得很好。

我在厂里不管人，不管物，不管财。财，有总会计师；物，其他相关领导和业务部门分管着；书记管干部管人事。是不是我的话就行不下去呢？没有，该放的权全部放下去，但有一点我们很清楚，企业是一个经营实体，企业的一切活动是以厂长为中心的。在这个问题上和首长负责制的概念是一个道理。在企业经营的这一环境里，书记想一切办法给厂长擦屁股，错了，你给他"摆平"，下来再跟他讲，跟他争论。你可不能去捣鼓他。

另外，厂长心里要明白，在目前这种对国企管理的现状下，不管是什么法人治理机构、董事会、监事会，实话讲，没有几个起作用的。上级机关监督不住啊。真的，远离呀！半年一年来一回监督得住？骗鬼。老百姓更不敢监督啊，他们监督不了。谁能监督？党委书记监督厂长。

所以，厂长本人一定要发自内心地接受党委的监督。如果党委书记把厂长监督好了，对老百姓负责，对上级机关负责，对厂长本人也是一个真正的负责啊。在这一点上，我认为我们企业是做得比较好的。

大家也可能感受到了，党在变，共产党在变。我举个例子：前苏联共产党解体了；罗马尼亚、南斯拉夫党解体了；中国共产党、朝鲜的党还存在。我们这些党之间的理论都是一致的：马克思列宁主义。但做法是各异的，效果是大不一样的。前苏联共产党解体以后情况是怎样的呢？它的拥护率开始还在50%多的份额，现在占到多少呢？大概9%。上述几个国家的共产党组织为什么纷纷解体了？为什么只有中国共产党不但存在下来、而且还能得到老百姓的拥护呢？没有人民支持的政党，是没有价值和意义的政党。前苏联共产党如果在国家变革之后跟着变革，或许50%的份额他们能做得到。但是他们没有变革。今天，我们党在变。我们国家的改革是共产党领导的，共产党在改自己啊！与时俱进，实事求是，三个代表，是非常伟大和有意义的啊！它决不是冠冕堂皇的话。它表明了共产党把老百姓的利益，把老百姓对共产党的支持，当作它办党的最大宗旨。它这样做的时候，这个党明天才会存在，否则我们这些共产党员们明天就可能会变成其他党了，没有人民的支持，你怎么可能存在呢？我们的党在变，那么，我们这些做基层工作的这些人，我们难道能不变吗？如果把三个代表和与时俱进变成口号，我们真就错了。所以要为老百姓做点事，我们自己的思想一定要跟上。

如何将思想政治工作融入企业文化之中？我认为，思想政治工作就是做人的工作的，对于企业，就得融入企业文化之中。实际上，一个名字两个叫法。你把企业文化做好了，人的思想问题解决了，自然而然，人的行动就统一了嘛！我们鲜明地提出了一个口号：不让党员吃亏，不让雷锋吃亏。我当时是这么讲的："如果我厂长老让党员跟着我吃亏，谁还入党？厂长、书记两个人不也是拿的年薪高收入，我俩不是党员？凭什么让我的普通党员老是跟着我吃亏？默默无闻、无私奉献的人，发现他，把钱要给予他，要表彰，要引导。"

再一个是党政不分家。我们厂没有专职支部书记，书记都是兼行政副职，要么兼行政正职。我们企业是分层管理的，从大的子公司到总经理，五级。做不到五级就不要设副职，要么你这个副职就兼室主任或者工段长去；分厂厂长、职能部门到总经理之间，四级。除设计所和三千万以上资产的子公司配备三个领导以外，所有单位管理干部不能超过两名。党委书记兼的是我们的副总经理。那得明确概念，在行政上是为我负责的。在党务这一块，他是为党的上级机关负责，也是对这个企业负责，他是一把手。

我们企业连续几年来，每年发展新党员几十个人，每年要求入党的年轻人（包括中年人）一直保持在一百五十多个。每年进行一次党课培训几乎没有缺席的。好多地方说发展党员愁找不到苗子，我们厂不存在这个问题。不能让党员吃亏——只要是党员，提干的幅度肯定要比其他人快一点。有些重要地方放一个党员我就放心一点。当然，我也经常教育我们的党员，牢记四个字：善心如水。虽然厂子里不让党员吃亏，但作为党员自己，你做任何事情，要牢记共产党的宗旨：全心全意为人民服务。党员是要为人民服务的，为这个国家做贡献的，那么你在做事情的时候，就不要把个人考虑得太多。你做过的好事，做出的贡献，就像流水一样流过去了。不要怕别人没发现你。不要刻意去让别人去发现。这就是"善心如水"的含义。我经常这样教育我们的党员，也这样教育我们的干部。

四、企业文化建设

我先说一下什么是企业文化。书本上对企业文化的定义五花八门。我对它的定义是：企业文化是全员认知的行为准则。既然是全员认知的，它就没有绝对统一的规则和规范。

沿海企业是沿海企业员工认知的规则和规范，宝鸡是宝鸡的，国外是国外的，它不可能有统一的企业规范和标准。文化，它是一种熏陶。

英国人说三年培养出一个绅士，我说，中国培养一个大家闺秀恐怕一代人还不止。家风家风，要文化的熏陶和知识作铺垫啊。文化的作用是什么呢？是持续竞争力之体现。一个企业，一个单位，能不能长久存在下去，取决于你的企业文化。

我很关注海尔，很关注美国的 JE，我也很关注华为，现在也很关注 TCL 的李东生。这些企业能够存续下来，包括他们的领导人更迭以后，企业能够传承下来的，应该是他们的企业文化，而不是某些产品，产品随着他们不断的更新换代就换掉了，可是文化传承了下来。这样的企业才能够持续下去。

企业做到什么份上才叫有了企业文化呢？它是标志是：强势领导的淡出。企业扭转危局需要强势领导，但当强势领导抓住某个机遇把企业推上去了以后，想把企业持续做下去，在渐渐推行过程中再建立企业文化，你的行为准则，你的价值观和你的企业实际融合起来，和你企业所在的环境融合起来，你这个强势领导在什么样的情况下，能够做到？当你把权放下去以后，企业能够非常按规则地运行下去，面对企业的一些重大问题当你点到的时候，而且在很短的时期里把企业的人力、物力、财力能够调动起来。这时候，你就刻意去培养企业一种运行的制度化生存的规则。在什么情况下就能证明这种规则形成了？那就是：制度化成为一种全员认知的东西。

企业的制度不在于大，不在于细，不在于全，有些企业的制度能装半卡车，但有用的不多，大家看的不多。企业的制度一定得简单、实用、有效。我们企业有一个"二十五条"，我刚当厂长的时候，企业可谓百废待兴，我就规定了一个"二十五条"。其中都是大家日常工作中能够碰到的，85% 的事情在这里面都很明确，剩下 15% 的可能非常系统，非常多，你用到了的时候可能才去看，这些东西你要有，但是你只是按业务上的事情去做它。企业制度里有一个概念：企业制度是谁制定，谁执行，谁评价，谁来监督评价的人，这四个方面一定要成为闭环。很多企业能做到谁制定，谁执行，但过一段时间，制度就不起作用了，就是没有评价。没有评价，制度就会衰减的。稍微好点的企业能够做到评价，但做不到监督评价的人。

举个例子，我们企业在我刚开始当厂长的时候，因为那时候财务制度比较乱，有一段时间，我要集权；等慢慢理顺的时候，我要放权。放到什么程度呢？放到制度化管理成为一种必然之时，直到大家各负其责，按规行事。再譬如，我今年曾经有一个月只拿的是生活费。我们管后勤的一个副总经理也拿了一次（月）生活费，我们规定，厂级领导拿生活费，全厂要通报。生活费只发四百元左右。对厂级领导来说，拿生活费他一个月要损失多钱，可想而知。去年有六个厂级领导被全厂通报拿了生活费。

我在厂里分管了两个单位，一个是总经理办公室，一个是规划部。我每个月能否拿上奖金不是我说了算，而是我们规划部那个业务员根据我的管辖范畴给我按量化考核的东西算。如果我该拿奖金，他算出来就有我的；如果我不该拿，他就把它扣掉了。如果我不该拿他来问我，他的奖金就没有了，就这么个规则。超出他的职责范畴之内，有分管考核的副总经理，他去问副总经理；超出副总经理权限的，他才问我。一般情况下考核制度就非常明确了，没有必要来问我呀。规范了，各部门按职责权限和业务去做，这才能叫做评价。

我刚当厂长前两年，我规定，五百元以上的业务费必须经过我签字，我不在的话书记签字。当时我们总会计师，我在期间都让我签了，我不在时一直是书记签的，但有一次他没让书记签，他就自己签了。他可能没想到我会在年底让监察审计处把所有单据翻出来，查一下，把所有发生的业务费用核对一下，共一万六千元，按规则他要得到处罚的，越权扣100%，一万六千元钱全部要从他工资里减掉的，没有商量余地。后来财务部两名部长说，我们还有点责任，总会计师承担了八千元钱，财务部两个部长各承担了四千元钱。全厂发了通报。这就是规则。

现在，用政府的话说，要讲政治，但始终是权大于法的。运用到规则上，许多事情还是权大于法的。这时候，领导人意见，你就得听；领导的事不说，但你也悄悄给人家去做了。企业不能讲政治呀，企业讲的是"度"。什么叫"度"？企业里领导明明做错了，给工厂造成重大损失的事情，领导还固执的要坚持，你要想办法去弥补，要么拖一拖，得讲个"度"。不能明明领导说错了你还去做，最后给他燉了一堆烂摊子，最后领导还要收拾你的。空头政治对企业没意义，挣钱才是硬道理，赚不来钱，一切都是空的。当然在政府做事要讲政治的，不讲政治不成。

另一方面，非常重要的一个问题是：谁来监督、评价职能部门？因为我们对基层的评价是职能部门，职能部门如果不执行制度呢？那就由厂长和相关方面评价，专门评价那些评价别人的职能部门。我们厂有四名同志，当了多年领导的老干部，经验比较丰富。他们退下来了以后，我把他们调到办公室，专门评价和监督职能部门是否执行了制度，专门挑人事、财务、规划、质量管理、科技处等部门的毛病，挑主管厂领导的毛病。企业里的管理和社会上的管理是一个概念，企业里的职能部门相当于社会上的公检法，他们是权力部门；企业里的业务部门如检验处、质量管理处、计量处、动力处，这是企业里的业务部门。我们还有一条规则：三大部门（人事、财务、规划）的部长，在任何情况下，未经主管的厂领导同意，不许接受下面单位的吃请。否则，发现一例，就地免职。你权很大，待遇给的很高，你别弄这事。

我们的管理是真正意义上的闭环，收入分配都是非常透明的。任何中层干部未经主管领导同意不许在下面拿一分钱。我们所有中层干部的收入，包括我本人和班子成员的收入，到每年四月份的时候要给全厂公示的。我们不允许任何单位发"红包"。发"红包"是对制度不信任的体现。你第一年发薪水的时候可能有不合理的地方，赶紧修改制度，到第二年的时候不就好一点了吗？去年春节前我到北京出差，走之前我把厂领导叫来，我给他们讲：马上要发年终奖了，我给职能部门交代过了，他们自己去算。算出来是多少钱，你们看一下往下发就完了，不要给我打电话。任何一个厂领导也不许为难职能部门去打招呼给某单位某干部照顾，绝对不允许。

我们每个月没有哪两个中层干部的收入是一样的，全部量化。而有些部门、机关单位工作怎么量化？它有个规则。有些地方完全量化不起来的时候，那就是稍微模糊一下。绝对量化是做不到的，但还得有个规则。在这一点上，大量的事务性的东西看他们的工作效能。

企业文化形成到一定阶段后，管理制度就会成为一种自然。领导在与不在，大家都按规则在做。企业文化的理论根据，是中国传统文化和西方管理理念的融合。就是说，任何现代的先进文化管理思想要在中国服水土啊。不要认为西方的现代管理思想引进过来就能把中国的企业办好。那是童话，根本不行的。在国外学MBA后，回国聘请担任总经理的，有几个成功的？不多。必须服中国的水土。一定要把中国传统文化掺进去。

2001年有一天，我走在上班的路上，有一个员工问我："蔡总，冒昧地问您一个问题，你为什么能当厂长？为什么还能当好这个厂的厂长？是必然的还是偶然的？"我觉得他问的话蛮有点意思的，便说："这么给你回答吧，我当厂长是上级机关任命的，因为咱们的前任领导辞职了，我当时在深圳，把我调了回来。"我告诉他说，刚开始当厂长的时候我很自信，我觉得我能当一个好厂长。这种自信使我当了。这既不是偶然的，也不全是必然的。要说偶然，那是厂长位置空下来了，我有机会，上面把我认命了；要说必然，那就是我这么多年做事的风格使然。

我当时大学毕业分到四分厂，从上班的第一天起，这个分厂打水的任务就是我一人包了。当时住在单身楼，离厂区很近，等别人来的时候，整个车间打扫干净了，水给提好放在那里了。别人都实习一年，我实习了四个月后到设计所去了。到了设计所我还是这么做。我好像没有想过那么多，全当锻炼身体呀。其次一个就是，宝鸡市人大常委会副主任叫周允庄，当时他是我的室主任。我在这个人身上学了一招，他是一个作风很严谨的人，他每天一上班，拿个本子记个一二三四五，天天如此，这么多年，他坚持了。我受到启发，觉得他这一点很有效，每天一上班，五分钟时间，一二三四五，做了的事情打个勾，没做的事情打个叉，然后再琢磨今天的一二三四五。这么多年来，常年坚持下来了。这就培养了我的工作条理性。随着年龄增大以后，有些容易忘的事情这样就不会忘掉，会提醒你去做好该做的事啊。所以做任何事情都得有条理。

其次，我虽然是工科毕业，但我认为我不是一块做技术的料——虽然我曾经做技术还不错。我因为一个项目设计的成果曾获"五一"劳动奖章。我到设计所第三年时，有一个很大的军品项目，当时我也把它做得很成功。但我始终定位我的志向不在技术，我的兴趣点是在管理。所以，我花了四年时间，将中国人民大学经济管理那一套书全部看完了，当时囫囵吞枣，50%的全都交给老师了，但是我知道在啥地方该去找它。又花了两年时间，把英国剑桥、美国哈佛等这些老牌的资本主义国家的资本主义理论，共三十多本，统统读了一遍。凡是有数据记录的地方统统不看，只看那些管理理论方面能使我明白一点的东西。99%的我没记下，但我也知道该从啥地方去找了。我用十年的时间，不是研究，而是琢磨中国的传统文化，儒家的东西。包括到现在，我仍然在琢磨。虽然琢磨的不精，但我下功夫在做。所以在这些知识的积累上，我还是做了一些铺垫。再次，在演讲方面，我把做企业特别是较大一些企业厂长的讲话的才能当作一种技能来训练，就像在车间当钳工、当车工，要有基本技能一样。一个人不可能给所有人把你要讲的事情讲清楚，你必须在有限的时间，把你的想法给大家讲明白。为培养自己演讲的技能，我花了许多年的时间啊，对着镜子啊！所以一般情况下，我讲话是不拿稿子念的。不管我面对的是什么人，就是提纲。到了这个场合一看，对象不同，再去调整。当然主要还是讲企业管理了。

企业家不是什么MBA教育出来的，而是市场经济教训出来的。大家知道我经常检讨反思，刚当厂长时也有过决策失误，也造成一定的损失，但我一直以此为鉴，正因为交了学费，不断反思，我才变聪明了。在用人和重大决策问题上不再冒进，知道这个企业能干啥、我自己能干啥了。现在看来，厂长的成熟也需要代价啊！

从我们厂大门进来，正面有一面文化墙，文化墙的正面有33个字：成功的团队来自于区别对待，即保留最好的，剔除最弱的，并力争不断提高标准。这是美国通用公司前总裁杰克·韦尔奇的一段话。他说，搞企业，没有诀窍，就是搞好区别对待，分出好、中、差。好的，给予继续保持；中的，通过一定的培训和教育，使他向优秀方面转化；差的，通过激励使他向中等方面转化；再不行，末位淘汰。我们企业文化墙的背面，是企业的理念、价值观。更主要的是，中国的传统文化法、道、儒。核心体现了一个"善"字，体现了一个团队精神。

为什么前面讲区别对待，后面讲"和"文化法、道、儒呢？我们现在做的是市场经济，市场经济有一个非常著名的假设。这个假设是有理论依据的，而且经过二百多年资本主义国家的经济验证，证明是正确的，即市场经济下，人都是自私的。也就是说，企业在设定制度的时候，不要把人都想象得那么好，就应当想着其不会自觉地去执行制度，你就要用制度去规范他。我们做的是市场经济，就得面对和认可这一假设。但我们又是中国的企业。西方人的价值观是自由，竞争，个人价值。既然我们做的是中国的企业，你就得善待人。你就要像道家观点那样，无为而治，顺其自然。儒家的思想是：人之初，性本善，讲"和为贵"。法家的思想家认为人性恶，这就得靠我们结合现实，结合中国的国情，把它们糅合在一起。这就是企业文化的理论根据。

企业文化的特点是什么？我给它总结了六个字：创新，自然，包容。这不是口号，是企业真正要做的、实实在在有效的文化。创新、自然、包容的文化，也可以称之为企业里的先进文化。创新在此不用多说，我们的列条挂账、问题上墙，就是要我们的干部和员工不断地反思自己去做事。自然里面包含有：你要顺其自然。自然，就是规则，自然就是道，道，就是法则。所谓包容，是指价值观的包容。国有企业和南方的民营企业进行合作，你就不能强求人家完全认同你的价值观，两种文化融合的时候，你就得包容人家，允许人家尝试。如果老想着人家挣的钱，你多分一块，事情就弄不成。特别是南方的一些民营企业，在市场的运作上是有其特征的，你就得包容，用其长处。

其次，企业文化成熟的标志是：强势领导的淡出。当强势领导淡出之后，靠什么来保持这个企业持续的竞争力？靠文化。这种文化是什么？是"臣有为而君无为""臣不知君之所在"。当企业文化形成并发挥作用的时候，员工感觉不到你这个领导在领导他，但事情做得很顺当，做得很好。制度在不断地完善，制度在人们的心中。当这个强势领导退位的时候，继任的领导如果仍然是强势领导，他会不断地完善制度，将企业向前推进；如果继任者是个弱势领导，那么制度、文化会帮助他成长；如果这个领导不行，制度和文化会制约，甚至让他下台。这才叫有了真正的企业文化，企业才真正具备了持续发展的能力。这就是我不断倡导和想建立的"百年凌云"式的文化。

以下就我们企业文化和企业现阶段的价值观作以说明。

1. 善待他人，你会时时有一个好心情

就像座右铭一样，我们反复强调：人和人在一起共事，为了什么？为了快乐。能和人在一起高高兴兴工作，多好呀！从自己做起，善待别人，同时强调，干部一定要把老百姓当人看。你可以用规则去要求他，但他不允许你不把他当人看。

2. 企业最无价的东西是人心，凝聚力的体现是人气

企业效益始终有好有差，赶到某个机遇后，效益上去了；大环境稍微一不好，效益又下去了。当他对企业有了人气、有了人心的时候，企业在市场上碰到再大的困难，也能扛得过去。"人气"和"人心"要靠企业一班人去精心的培育。特别是企业一把手。自律和他律，必须结合。

3. 区别对待

好多企业在人的问题上没招，搞"一刀切"。我们企业没搞减员增效，没搞下岗分流。我们企业没有待岗的，没有待业的。2000多人的厂子除两三个不好好干、淘汰下来的以外，没有下岗的。国企员工太可怜了，你把他推到社会上去，他怎么办？哪怕他能力差一点，只要他努力，给他一份事情做，挣钱少点总可以吧？要给他一口饭吃。但这中间要"区别对待"的。企业最糟糕的事情是"一刀切"。我们厂不搞什么五十五以下、五十八岁以下之类的"一刀切"政策，我们每年按5%进行末位淘汰。淘汰下来的进行培训，合格后才能重新应聘、上岗。

4. 简单的、实用的、有效的，才是最好的

力求要求全员做任何事情，把最简单的事情做好。我们要求设计师一张图纸能解决的问题决不允许画两张图纸。我们厂在下产品的时候是怎么下的呢？你设计成本能节约一元钱，这其中50%的就是你的；如果超出设计成本的怎么办呢？必须从你的工资奖金里减掉。可靠性非常高啊，所以多领或者说损耗一个螺母螺钉他都不愿意，因为那牵涉到他自己的钱啊！产品从设计到出厂，直到客户方反馈意见，反映的所有问题全部追溯，然后到年底全部公示。问题最多的设计师就是最差的设计师，就得淘汰下来。客户不认可你，有什么价值？没啥可商量的。这么连续搞下来，我们已经淘汰了4个设计师。

5. 谁是企业最重要的人

最重要的是那些跟客户最接近的人。

如果说企业的党委书记、副总经理，你离客户不是最近的，你就不是企业最重要的，尽管你处在最高权力上。谁离客户最近，谁就是最重要的人。没有处在生产经营一线，离产品、离客户远的人，你就不是企业最重要的人，就是辅助工作。必须给自己有此定位，企业，不是以你权力大小论重要程度。我们做的是实业。这不是一句话或者说一个理论，我讲的这些东西在我们企业全以制度作支撑的。

6. 权力失去监督必然走向腐败

我们所有的管理全部闭环。这几年我们有一个明确规定，首先一点，我不和客户见面。除非是非常关键的老朋友。这几年，我们每年基建大概四千万左右吧。加上设备，资金流量是比较大的了。我也有一些亲戚朋友，他们有的变着法儿找我，我在任何情况下都不见面。有些介绍过来的，我交给主管领导去由他们评价。我站的层面是比较高的。我们厂盖的房子，99年进雨季的大学生中绝大部分住到120平方米，600多元一平方米的房子不用装修直接就可以住，天然气直通，地板也铺了，铝合金门窗，每天晚上有热水澡，问题是房地产公司没有赔钱，它们是股份制啊。不但不赔钱，还赚钱啊。就因为他们按规则去做了。

我从没有去干涉或者说给介绍工程队之类，企业不是干这事的。有一次，1100万的设备在厂招待所招标，住了七天时间，到最后一天，有一台大设备定不下来，我去看了一下，没有任何一个厂领导去招待所介绍什么人，去做这些事情。我们一个副总工程师在那里负责。不允许任何人去插手这些事儿。这就叫按规则。正因为如此，企业里小问题有，大问题没有。权力失去监督必然走向腐败。顶层把它首先得做到。

我不是说违规的事情一点不做。有些事情，第一，对企业有利；第二，制约着企业，有些事还得去做，但不能超出内部的规则。内部必须明白，党委书记起码知道，总会计师起码知道。然后在一定层面必须告知大家：这是我们的企业环境和内方外圆中的"圆"——大家要理解。花一分钱挣十元钱的事情谁不干？不干就是傻瓜。这些事情我们得做，但是内部有规则。能说得明白，也能说得清楚。

五、学会应变

我讲一下应变的三个方面。

1. 应变的基础

不管国企民企，应变的基础是机制，民企和国企同样都面临机制问题。市场经济本身有其规律：适者生存。国有企业不适应市场经济，就得调整，实行多元化，让它符合市场经济的规律。我们在这个问题上是怎么做的？坚持"善待历史，换位处置，预埋未来"。这十二字方针，是我们厂产权改革的根本，也是我们必须遵循的原则。另外一个必须遵循的原则是：坚持"统一管理，各自为战"。我们一定不能化整为零。所以在产权改革的顶层，我们必须遵循这"两个原则"。

我认为，我们企业在此方面的做法是符合中国国情的。善待历史，即在机制转换和改革改制过程中，一定不能忘记现在已经退休退养的员工，不能忘记他们在历史上为企业做出的贡献。不能割断这一段历史。他们不能完全交到社会上去。换位处置，爱国家，爱政策，加速民营化，允许经营者持大股。没钱，企业可以给你贷，这符合国家大政策。这时候，如果企业高层管理者心态上发生一些变化，说心里话，有些人想捞一把的时候真的到了。想办法利用政策打一个"擦边球"，还是容易的。你是想捞一笔，还是想让企业持续存在下去？你要想一想，这个企业如果存在下去了，老百姓有饭吃了，你就可以多待几年，你做了表率，你还有点人缘。所以在这个转制过程中，一定不能忘记现在的普通老百姓，换个位置想一想，你在任何情况下，都是国家政策的既得利益者。

改革开放初期，农村当时的改革从战略上分析，是非常符合中国国情。也是做得非常成功的。问题在于，后面，国家在政策的调整上，没有考虑大战略层面上的农村的这种改革，面对新的矛盾，必须随之有相应的政策做弥补。而不是如"三农"问题，到今天才去想办法解决，付出的代价太大了。特别是中国的人多，劳动力资源的无限供给，是极大的社会问题，也是任何国家政府不能绕开、不能回避的问题。

现在，国企改革同样面临相应的问题。国家的政策、文件是非常仔细的，可是地方政府只考虑眼前利益和当届效应。这时候，企业领导人如果头脑不清醒一点，想着捞一把，弄个几百万哪怕几十万，即便破产了，转制了，老百姓没饭吃，那不是他的事。如果你还要在这里生存的话，三十个五十个没饭吃你也许能对付，三千个五千个你对付得了吗？

这种后果三五年以后很快就会显现出来,你这个企业领导者就是企业的罪人,你最后还得为企业买单。

善待历史、换位处置不等于不改革。预埋未来的含义是:国有企业的顶层设计一定要符合市场经济的规律,然后分步实施。我们厂在股份制改制中,国有股占41%,每年员工的福利、工资部分按规格提够,因为这部分是企业创造的自有资产,剩余部分可以存入银行,同银行协商,然后再由企业担保,从银行贷给我们的优秀员工。允许20%的优秀员工持股,评估下来一元钱,你必须掏一元钱的现金。30%你自己拿出来,70%的企业出面给你在银行去贷,而且是动态的,即在岗持股,离岗退股,你离开这个岗位的话,你的股份必须退出来。如果你这个经营者一股一元钱持着大股,五年以后你不干这个工作了,干别的去了,五年以后核算结果你的一元钱变成了五角钱,那你的损失你得担着,你无话可说,你没经营好嘛!五年以后变成一百元钱了,那你该拿这份高额回报啊。改革的核心是让与企业关联度最大的人始终对企业保有发言权,而不是你把这个企业传给你的儿子,传给你的孙子。"善待历史,换位处置,预埋未来"的涵义就在于此。

2. 应变的思维

应变的思维是什么?没有人有永远的高潮。企业也一样,它总是高低起伏不定的。而且与国家大势有非常大的关系。在这里的思维方式,一定要把"问题"和"机会"区分开。你一定要把你最主要的精力和企业里的人、财、物放到能创造效益的机会之中,而不要把精力投入大面积地处理一些问题。这就是企业领导者在经营策略的选择上。经营企业始终是10%的产业创造了80%的效益,而不是100%的产业都创造效益,那种企业可能不存在。

我们企业业绩已经连续六年在增长,按现在的预测,两三年里增长似乎没有太大的问题。这是因为,我们这几年保持清醒头脑的结果,也与国家发展的大势有非常大的关系,我们抓住了军工发展的机会。但是,当这个机会消失的时候，你有多大的本事都没有用。企业在经营过程中始终是有起伏有振荡的。所以我们做企业，一定要有一个良好的心态，在高潮的时候保持清醒的头脑，在低潮的时候要保持一种激情，保持一种信心，包括"挺"，挺过来就好了。当然，也要有应变和克服困难的决心和措施。而企业文化在企业处于低潮的时候更会显示它的功力。"精品工程"的经验和体会告诉我们：企业管理到一定程度的时候，要相信自己，借风扬帆，乘势前进。这就是应变的思维。

3.应变的方法

就是遵循规律做事。别异想天开，别逆水行舟。人生两件事：做人和做事。不管做人做事，都要认真，顺其自然。只有这样才能把心态调整得比较平和。只要我们掌握了这种应变的方法，企业文化的建立和联系就会是一种自在、平和、理性、渐进的过程，而不是"作秀"，或是做给别人看的东西。

与人相处时别强人所难，做实业同样如此。做实业一定要"天时、地利、人和"都占住，必须顺应自然规律。在中国西部、在宝鸡这个地方，别说想把企业做多大，能生存、能活下来，你就了不得。能想着做特大型企业，是极个别企业的事情。但不管你大还是小，在你的行业里，你得有特色。我对企业好与差的评价是：企业从事的行业是一千万，它占有了五百万，它一定是了不起的企业，它也有可能左右这个行业；如果企业从事的行业是十个亿，它只占到一个亿，它不是强势企业。一个亿和五百万比较起来，它远远大于五百万，政府可能非常关注这个企业的，可惜啊，五百万的企业五年以后可能还存在，一个亿的企业五年以后可能还不见了。因此，我们站在企业角度去评价的时候，我是看它有没有特色，在行业里的地位如何。这就是应变的方法。

有了应变的思维，有了应变的基础，有了应变的方法，企业在任何情况下，都要不断调整员工的心态，不管碰到多大的困难，咬着牙，要挺下来。胜利是一种信念。要始终想着：明天，只要你努力，不管大与小，都会有收获的。当然，你得脚踏实地去奋斗，一定要在经营中去体现管理，而不是在管理中去体现经营。

我们的企业走到今天，所面临的困难已经和以前不能相比了。那时候我们要集权，因为太困难了。改制过程中产生的问题和矛盾与生存过程中产生的问题和矛盾是不一样的，人的心态也已经发生了非常大的变化。我们今天的成就毕竟是从艰苦的奋斗中得来的。我自己时时提醒自己：要有一种胜利的信念；要有战胜困难的决心和信心。在这个时候，重要的不仅仅是效率，而是对未来的把握。这时候对决策层提出的要求，已经和以前不能同日而语。对员工，不是因为你勤奋努力做事就是个好员工，你还得不断地学习，更新知识，跟上企业的发展实践。我们提出的"在管理中体现经营"，从现在起就要变成"在经营中体现管理"。在对待机会的态度问题上，不要把机会看得太重。有了机会你抓住了，也别当成本事和能耐。因为成功有时候确实是机会的因素，而不是你的本事。如果一味地飘飘然然，下回成功的可能就不是你了。所以说的胜利是一种信念，就是指一定要让企业的"内功"起作用。"内功"就是企业文化，就是全员勤奋加聪明地工作！

谢谢大家！

（本文系作者2004年8月11日在宝鸡市思想政治工作研讨会上的讲话）

开放的团队才能保持强大

我们凌云人变得比以前更加自信,对未来也越来越充满希望。其根本原因是从"科技兴厂"政策取得了切实的成效,大家从"从严治厂""制度化生存"中体会到规范管理对企业的益处。新产品研发速度的加快,客户认知度的上升,都印证了我们在产品研发中思维创新的重要作用。譬如,军品研发中的刚性设计、密闭措施、可供灵活选择的接口板、外观可视性评价、软件无线电的应用等等,无不体现出思维创新的成果。

更令人高兴的是,在产品设计过程中,形成了技术人员之间相互交流、相互学习的氛围。WL-11机组、WLT-11机组,160#机组,均在这方面带了个好头。特别是160#机组每天下午用半小时讨论当天工作遇到的问题,大家互相交流,互相启发,互相补充,能形成充分的争论,最终通过集思广益,统一思想。结果是机组的每个人都从与别人的交流中得到提高,大家相互取长补短,机组的整体水平也得以提升,这就是开放式科研的尝试。这种方式若能在军民品的科研、工艺、技标、设备管理等方面推广,养成好的交流习惯,并形成风气,那么,我们企业的科技管理就会进入一个更高的层次。

开放式科研的内涵:一是一个好的技术人员要多看别人的长处,乐于让同事分享自己的体会,为同仁的进步感到高兴。而要如此,自己必须从心灵深处解放思想。二是能做到相互批判,敢于否定权威。技术权威是企业的宝贵人才,对于权威的界定,以前的概念是指资历深、经验丰富、有突出的成就、在某个技术领域有独到见解、可以指导别人工作的人。我们企业这样的人才很少，为了多出技术权威，今天我们对权威的界定增加一条：即能够"带头否定自己"，能够在不断挑战与"接招"中提高自己。技术部门的领导要引导并努力创建这种挑战的氛围，激励"权威"摆正自己的位置。若你单位的管理状况是下列三种情况之一，你的管理就是失败的：无人挑战；有实力但不敢挑战；缺乏竞争意识，不愿接受挑战。此三种现象足以说明你单位缺乏创新意识，这种环境中的权威是虚假的。三是善于利用信息和技术资源，通过"借脑"的方式向别人学习。处处留心、事事有心就会长学问。

特别是年轻人，骨子里要有勇于发表自己观点的魄力，若能用批判的眼光、实事求是的态度看问题，分析问题，就意味着你个人具备了能正确地作出"生命中的重大选择"的能力，你的成才就有希望。

走出去，请进来，"借脑"等做法，使我们企业的产品研发上了一个台阶。"百年凌云"的奋斗目标，要的不仅仅是一支具有一定数量、较高质量的科研队伍，更重要的是这个团队具有不断出尖子人才的"创新思维"，使其形成一个真正开放的集体。在这个集体中，不论学历、资历，大家均有民主意识，经常一起自由讨论，通过广泛地交流、思考和批判，不断创新，不断提高。你教我，我教你，他教别人，大家共同向外人学习，共同提高。在这种宽松的学习氛围中，能形成充分的争论。长此以往，大家都会有长进，工作就会有乐趣，人生就显得很充实。

中庸之道是中国的传统文化，"批判""挑战""接招"等字眼充满火药味，似乎与其格格不入。我的解释是科研和管理中善意的"批判""挑战""接招"均是具有积极意义的中性词，善加运用，对企业和个人均大有益处。这次技术工作会我希望大家记住这几个名词，并把它们运用到工作中。这样，我们这支队伍就会充满活力。

（本文系作者2004年在技术工作会议上的讲话）

让行动与理念一致

上下同欲者胜,企业文化的作用就是培育干部员工具有"上下同欲"的意志和精神。共同的理念、价值观是上下同欲的前提和行动纲领。企业在市场中拼搏,生死始终相伴,如要长久立于不败,真正起作用的不是厚厚的几大本企业文化册子,而是几条简单易懂的核心理念。如果什么都包括,什么都照顾到,这种面面俱到的理念只会是充充门面而已。

英国有句古话讲"三代人培养一个绅士"。对于企业而言,企业文化的培育、核心价值观的形成,是一个漫长而艰辛的过程。中国民企"富不过三代"的状况,从另一个侧面印证了企业持久经营之艰辛,印证了培育企业文化和核心价值观之紧迫和必须。尤其在中国的国情下,市场现实环境是企业速生速死的肥田沃土。如何扬长避短,适应环境,改变环境,则是培育核心理念和价值观的关键。

军工机遇使我们企业较快地走出了低谷,但内讧、内耗、失误、外界干扰等因素也是从反面促进我们走向成熟的重要因素。企业经营过程中经历一些压力和磨难,的确不是坏事。正是因为有压力和磨难相伴,我们才能更及时、更深刻地发现自己的不足,从而使自己更趋成熟,达到意想不到的效果。如果没有这些不利因素,企业只能做顺风船,行得越远,危险就越大。该经历的事情经历了,企业的后续发展便有了经验基础和心理准备。所以,经验和教训都是我们的宝贵财富。

"以阶级斗争为纲"造就了一批只知琢磨人、不会干事的"能人"。曾几何时,不少这样的"能人"是企业的弄潮儿,今天他们若良知回归,忆起往昔一定是悔不当初。有此警示，促使我们倡导和推行"和文化""善待人""以人为本"等理念，结果小人少了，会干事的能人多了。

进了国企即为"主人"。干好干坏一个样，企业成了庸人不断增加的温床，十几年的亏损即是明证。有此警示，才下决心治疗"国企病"，实施"区别对待"，分出好中差，通过转换机制，淡化"主人"意识，最终形成了"有用才有价值"的价值观。

多元化使我们企业忘记了自己的主业，分散了力量，导致全员受穷。正是有此教训，我们坚决贯彻不搞多元化，而是在自己的产业链上延伸，才使我们把自己能做的那么点事做得有些眉目，虽然还谈不上良性发展，但现有产品发展方向是对路的。坚持不搞多元化，在自己擅长的产业上做强，做出特色，这一理念已经深入人心。我们也培养了一批明白此理的人。

在不完全竞争的市场经济初期，由于不以用户需求为立足点的产品设计，导致我们不被用户接受。电视机、电子琴、蓄电池、8#机等产品存在的设计缺陷、质量问题，促使我们痛下决心，坚决贯彻用户服务"三个一"、认真实施质量责任追究制度，实施"精品工程"，包括采取问题上墙，列条挂账的工作方法，最终形成追求完美的质量文化。我们明白了自己生存的基点就是用户。挣了用户的钱，就得提供让用户满意的服务。"满意"二字，做起来的确很难，可是难也得去努力做。

企业凝聚力不足，与干部自律和他律不到位有直接关系。当干部毕竟比老百姓强，如果在干部位子上不干正事或干不好事，致使员工心气不顺，企业正气自然不聚，干啥不成啥实为必然。这种现实警示我们：必须从干部心态调整、作风整顿入手，从小事抓起，倡导"把最简单的事情做好"的作风，要求干部"夹着尾巴做人"；实施管理评价、末位淘汰；告诫干部"权力失去监督必然走向腐败"等，在制度上形成闭环。逐步形成了"企业最无价的东西是人心，凝聚力的体现是人气"的价值观。这一局面来之不易啊！只要有一个干部在自己单位撒野，你这个单位的人气就会不聚。切记，切记！

　　通过以上的回顾反思，我想告知同志们的是：今天我们的企业不缺理念，缺乏的是实践和贯彻这些理念的行动。我们现有的理念不是照搬于教科书，而是出自我们的经营管理实践。我们现在要做的就是巩固几年来的管理成果，不能让它总是停留在理念的层次上，而是让行动与理念一致。我们建立凌云文化，推出一系列管理理念，不是为了让外界或主管机关感到"赏心悦目"，而是为了坚持走自己的路，坚持做出自己的特色。我坚信，世界上没有一种通用的理念能让所有企业都获得成功，但是所有成功的企业都会始终不移地贯彻符合他们实际的理念。我们要实现"百年凌云"的目标，也不可能例外。

（本文系作者2004年在经营工作会上的讲话）

赴美散记

受电子局委派，我有幸参加了省委组织部组织的"领导干部经济培训班"。在美21天，所见所闻，感慨良多，中美差距之大，令人震撼。强烈的责任感和民族自尊心，促使我痛下决心，针对差距，结合本单位实际，从一点一滴做起，做赶超的垫脚石，把所学体现于实际工作中。

同去的大都是负责一方的领导。从能得到的信息中，我自信对美国社会有基本的了解。

从北京起程，我就开始记日记。刚到美国的一星期，每天日记都记得很正常，有很多感触和想法，后来就觉得无法坚持下去了。因为所见所闻是那样令人不可思议，美国基础设施的完善，环境保护的整洁程度，人与人之间友好礼貌的状况，多种族之间的和睦相处等，任何一件事既出于商业目的，又充分体现对他人的服务方便之考虑。

凡此种种，使我透过这些表面现象，认真思考：美国是如何达到如此高的精神、物质"双文明"的程度？是先有物质而促精神，还是先有精神而促物质，或者二者共同促进而实现的？这样的大系统能健康有序地发展，需要高度发达合理的社会制度作基础。资本主义制度是否可以这样去看待，我充满了疑问。所以后来的日记，我不再做流水账，而只是提出问题，分析问题，至今我的问题仍无十分完整的答案，但大部分已有较粗浅的认识了。

第一，美国是一个多种族的国家，解放黑奴，逐步消除种族歧视，充分体现各民族的和睦相处，是美国社会安定、相互共存的重要原因。

在参观访问地方政府时，看到黑人公务员所占比例较高，而且显得是那样自信、自豪，看上去思想上是真正放松的。从社会职业分工来看，墨西哥人大多从事建筑工程类工作，黑人大多从事警卫、警察、文秘、公务员等工作；白人大多从事商业企业、教育等较高层次的工作；中国人文化低一些或者还不稳定的人大多从事服务业，文化较高的同白人所从事的职业没有太大差别，这反映了美国社会按各民族的传统、个人文化内涵择业分工，各得其所、人人敬业的良好风尚。

多年没有战争，民族大和解，完备的民主制度促进了社会整体上的安定团结，从而实现了政治、经济双重繁荣。

第二，对于"人权"，在国内的理解和在美国的感受是不一样的。

在国内，我们往往站在政治角度上理解人权，对于美国对我国"人权"状况的干涉很反感，认为"人权"必须结合一个国家的民族传统、历史文化。西方文化和东方文化有差异，因此所阐述的"人权"内容也有较大差异的。

刚去美国那几天，有位留美人士说，国内没有人权，没有尊重，我听后还反驳了几句。一个星期以后，我在反思追想，只要把政治不涉及到"人权"之中，美国人倡导的"人权"，实际是人与人之间的相互尊重，在遵守法律和制度的前提下人的一种权利；只要作为一个人，不管其社会地位、文化层次、种族状况，是否为美国人，只要在美国的国土上，都应当有权利得到尊重。这实在是社会文明进步的象征，是人类社会高层次的一种发达，也是我们倡导的精神文明的内容。这样的"人权"，我们应当学习、推广。在美期间，处处受到的尊重和帮助使我深感有一种做人的自信。

第三，八月二十九日去红木公园游览，有件事我久久难以忘怀。日记上是这样记述的：今天上午 8：00 去红木公园，原始状态保存完好，我印象最深的是在森林的纵深处，有两个工作人员绕着一个参天大树修人行道，成为一个新景点。他们先画线，然后把路经过的地方的小树苗一棵一棵地移栽到别处。那股认真劲,使人感动。这种情况要是发生在我们国内,往往是铲掉了事,而他们在森林深处无人监督也要移栽。由此可见,环境保护意识深印在每个美国公民的心中,工作之认真是高度敬业精神的体现。我们缺乏的就是这种"认真劲"!

这件事我对工厂的中层干部、技术人员作报告时反复讲了两遍。认真、敬业,把事当事干,是我们中国人、我们这一代人要身体力行去倡导推行的。向美国人学习就应该学习这些。人家环境好,工作条件好,靠的就是这种敬业精神创造出来的。

第四,当然,这次美国之行,还有很多其他方面的启示。譬如我们改革开放的政策是否正确?改革开放能否成功?通过老师讲台湾地区、新加坡、美国的发展史,更坚定地认为邓小平开创的改革开放政策是正确和英明的。在目前情况下,由中国共产党领导,在政治社会稳定的前提下稳步推进改革,符合中国国情。目前出现的一些问题,是改革中不可避免的,应当重视,加以克服,但主流、大方向是正确的。俄罗斯休克疗法改革,在政治多元化变革之后,证明是不符合其国情的,人民和国家为此付出了高昂的代价。这样的对比,使我对国家和国企暂时碰到的困难能正面理解了,也对前途有了信心。

回来后的第三天,我召开了全体中层以上干部会,第四天又召开了全厂技术人员和管理人员会议。在讲中美差距的同时,重点讲美国社会的敬业认真、文明礼貌,讲这方面的差距我们如何去缩小。从正反两个方面的事例,用历史唯物主义观点正确看待在共产党领导下进行改革开放的必要性和正确性。这不是大道理,而是实实在在的成功之道。美国的有识之士大多盛赞我国在政治社会稳定的前提下推行的改革开放政策。尽管这种变革是艰苦的,可能涉及我们每个人的利益,但只要对国家、对民族有利,我们只有积极主动地投入其中,当垫脚石,旁观、埋怨只会被时代潮流遗弃。当前也只有团结一致,把企业的事情搞好,才是唯一出路。

安居才能乐业，美好的环境能激发人的进取心。台湾地区、美国的发展史已证明了这一点。我回来后，专门召开工厂环境改造工作会议，下决心用两年时间把我厂两个家属院规划建设成全宝鸡市最好的家属院之一。我们从十月份起每月专拨绿化费2万元，用于硬件建设，这项工作已全面启动。对技术尖子创造宽松生活环境的工作已开始摸底，征求意见。"尊重别人就是尊重自己"的活动已由党委纳入精神文明建设的内容之中。对"劳模""十佳青年"、青年管理干部的学习活动、转变观念换思想的教育、学习参观活动也开始部署安排。对国外有识之士告诫的国企出路，一是政府创造宽松环境，二是企业内部人员精干、富余人员有处去的警示，特别是对人员如何精干的问题，仍在思考对策。

这次学习培训，另一收获是从众多领导身上看到的敬业、认真精神，使我从这些人身上看到了陕西经济发展的希望，受益匪浅。他们中的很多人将成为我的朋友和良师。

附录

强化管理从严治厂条例

第一章 总则

第一条 为了适应社会主义市场经济体制的要求，强化管理，严明纪律，促进生产经营，针对内部管理中某些纪律松弛、执章不严的问题，特制定本条例。

第二条 全体员工都要严格遵守总公司的各项规章制度，任其职，谋其事；在其岗，尽其责；勤奋工作，讲工作质量，讲工作效率，讲工作业绩。如违反了总公司规章制度，应承担相应的责任，接受相应的处罚。在纪律和制度面前，人人平等。

第三条 建立健全责任和压力分解机制。各单位都要对本单位的任务指标层层分解落实到个人，使人人有具体的任务指标，有相应的经济责任，有直接的市场压力。同时，应根据本单位的具体情况，对各类人员实行不同时段的考核制度。考核的基本内容是：任务指标，工作质量，遵章守纪。考核结果与奖罚挂钩。单位领导，是所在单位执行本条例的第一责任人。

第二章 劳动纪律

第四条 上班号响，员工应到达工作岗位；下班号响，方能离开工作岗位；违反劳动纪律，迟到、早退、中途离厂，发生一次，处罚30元；旷工1天，处罚60元；旷工2天，处罚150元；旷工3天及以上，待岗 3 个月；连续旷工达 15 天或 1 年内累计旷工达 30 天，解除劳动合同。未按规定手续请假（含零星假）而休假，按旷工论处（危急突发事件，如危重病情、交通事故、紧急救险、紧急公务等经调查属实的例外，下同）。

利用公出证离厂办私事的，发生 1 次，处罚 50 元。

上班时吃食物（连班规定的吃饭时间除外）、睡觉或做与工作无关的事情，无故脱岗、串岗、聚众聊天，私自到有沐浴设施的单位洗澡的，发生 1 次，处罚 30 元；值班人员在值班期间，擅离职守，发生 1 次，处罚 50 元；造成设备动力运行事故或引发治安案件的，待岗 3 个月；情节严重的，作专项处理。

下班号未响，有 3 人以上聚集在单位门口前的，处罚当事人 30 元，处罚单位 300 元，处罚单位领导 50 元。

第五条 总公司领导离厂 1 天（指出差及各种休假，下同）及以上时，向总经理或党委书记请假。中层干部离厂 1 天及以上时，向总公司主管领导请假。未请假的，发生 1 次，处罚 50 元；处理私事的，按旷工论处。

第六条 单位考勤记录不完整、不真实、隐瞒或袒护本单位员工违纪事实的，发生 1 人次，给予考勤人员、责任领导、违纪人员各处罚 50 元，并处罚单位 300 元。

第三章 治安纪律

第七条 员工违反门卫管理制度强行出厂的，发生 1 次，处罚 50 元；私带公物出厂的，扣收公物，并处罚 100 元；辱骂门卫值班人员的，待岗 3 个月。

门卫值班人员违反规定私放他人出入厂的，发生 1 人次，处罚 50 元；私放公物出厂或出生活区，发生 1 人次，处罚 100 元，并负责追回公物，追不回的等价赔偿，并待岗 3 个月；私放外单位车辆进入厂区的，发生一车次，处罚 30 元，同时处罚用车单位责任人员 100 元。

门卫值班人员不如实进行人员出入厂门登记，或登记后不按规定上报的，发生1人次，处罚50元；累计发生3人次的，待岗3个月。

受理门卫值班人员报告的部门不按规定处理的，发生1人次，处罚直接责任人100元，处罚主管领导50元。

第四章 安全文明生产纪律

第八条 穿拖鞋、短裤、背心、裙子出现在机械加工场地的，违反安全操作规程操作的，发生1人次，处罚30元；穿拖鞋进出装配大楼或穿工作用白大褂在厂区院内走动的，发生1人次，处罚20元；单位全月受罚达3人次及以上的，扣罚主管领导月奖，达5人次及以上的，加扣岗位工资，同时扣罚其他领导月奖。

第九条 在厂区及其他禁烟区吸烟的，待岗3个月；中层干部，在禁烟区吸烟的，解聘（免去）职务；累犯3次及以上的，解除劳动合同。

在现场检查时，发现办公室烟味浓重，扣罚在场人员每人100元；单位领导或室主任在场的，加倍处罚；办公室无人的，处罚单位主管领导50元，再次发生的，加倍处罚。

单位卫生责任区发现烟蒂或烟盒的，按每个处罚单位100元或200元。

第十条 违章违规操作，造成设备或人身事故的，处罚3个月奖金加岗位工资；事故严重的，待岗并作专项处理。在工作场地嬉戏打闹的，各处罚50元；造成人身伤害的，所发生的医疗费全部自负，治伤期间按事假论处；造成公物损坏的，在工资中等价扣罚。

第十一条 在生产工作场所乱摆乱放物品，不符合定置管理要求的，每发现一次，处罚30元；不予纠正，一年内重复发生的，加倍处罚。在工作和生活场所私接私改线路，违章违禁用电或电器，私接水暖排水管影响供热压力的，发生一次，处罚200元，再次发生的，加倍处罚。在生活区私养家禽、家畜的，在公用场地乱堆乱放杂物的，未经居委会批准私自摆摊设点的，每日23时至次日6时进行娱乐等活动妨碍他人休息的，发生1人次或1户次，处罚50元。私改房屋结构的，不按规定安装户外设施的，私建非法建筑物的，发生1户次，处罚500元，在限期内不予整改的，加倍处罚。工程组织单位在工程结束后5日内不清运工程垃圾的，发生1次，扣罚组织单位当月工资总额的5%，处罚主管领导50元。在限期内拒不改正以上行为的，加倍处罚。

在厂区主要干道乱堆乱放杂物，通知后仍不及时清理的，发生1次，处罚责任单位200元，责任领导100元。随意将本单位废弃物、垃圾倾倒在其他单位卫生区的，一经查实，处罚单位300元，单位领导100元。

第十二条 单位领导或执章执纪人员对本章所列违规行为有意回避，不予制止的，或在听到他人检举报告后袒护隐瞒不按规定上报并作处理的，发生1人次，处罚50元；在违规现场却不制止、或制止无效又不报告违规行为的，发生1次，按直接违纪违规人员所受处罚的50%处罚。

第五章 质量纪律

第十三条 不履行质量责任，不遵守质量保证体系文件规定的；发生质量问题隐情不报的；虚报质量指标的；私自补料加工零件或代用元器件或违反其他工艺纪律的；因错检、漏检造成自制件、外购件、外协件成批不合格的；不按质量认证程序或审批规定私自改变合格器材供应单位的；在质量体系现场审查中发现不合格项后不按要求整改，同一问题再次出现的；因工作质量差造成严重失误的，发生1项次，扣罚直接责任人两个月奖金加岗位工资；情节严重的，待岗3个月。发生上述情形，单位领导有隐瞒事实，袒护责任人行为的，扣发其3个月奖金加岗位工资；情节严重的，待岗3个月；属单位领导直接指示或知情不禁放任发生的，处罚其3个月奖金加岗位工资，同时解聘（免去）职务。

第六章 经营纪律

第十四条 利用物资采购、承揽工程、外协或其他工作之便，营私舞弊，损害总公司利益，经查证属实的，待岗并作专项处理。

有意向外部泄露总公司经济技术秘密的，或私自将总公司产品图纸、技术资料带出与外界搞技术合作的，待岗并作专项处理。

单位未经报批自行开建工程项目的，增置或处理固定资产的，用单位资金购置通讯工具的，或未经重新报批自行变更项目内容增加投资的，除所形成的固定资产归总公司所有外，每发生1项次，同时处罚单位领导500元。

第十五条　生活服务单位或人员在接受员工服务请求后，水、电、暖、煤气维修4小时内，房屋维修3日内不作处置的；或服务质量差造成申请人利益受损的；职能管理部门在接受基层单位或人员工作请示后3日内不作明确处理的，扣罚直接受理人当月奖金。单位领导受理后3日内不作明确处理的，扣罚单位领导当月奖金。涉及本条的个人投诉由居委会受理，1日内向职能管理部门报告。单位投诉由规划部受理，1日内向总公司主管领导报告。职能管理部门的工作服务质量由总公司主管领导监督、检查、考核，考核结果向总经理或党委书记报告，并在中层以上干部会上公布。

第七章　财经纪律

第十六条　单位业务招待未按规定由总公司领导按权限批准或超过批准额度报销的，由批准人负担全部费用的80%，其余20%由经办财会人员负担。

第十七条　未经总公司主管领导签署意见，总经理或总会计师批准，单位年度费用和用款超出财务计划的；或经总经理或总会计师批准追加后又超支的，超支部分从单位工资总额中扣除。

未经总会计师批准，差旅费超过报销标准而报销的，超额部分由报销人和越权批准人各负担50%。

第十八条　职能管理部门的领导和管理人员未经总公司主管领导同

意，不得接受基层单位的公款吃请。私自接受吃请的，吃请费用由请吃人和吃请人各负担50%。

第八章 奖励

第十九条 员工主动检举违章违纪人员属实的，检举1人次，奖励50元；检举中层以上干部的，奖励100元。

执章执纪人员严格执纪的，每执纪1人次，奖励20元；对中层干部执纪1人次，奖励30元；对副总师及以上干部执纪1人次，加倍奖励。

第二十条 投诉、检举违章违纪人员的员工及执章执纪人员，其投诉、检举和执章执纪行为受总公司保护。

第九章 附则

第二十一条 总公司现行制度中与本《条例》规定不一致的，以本《条例》为准。本《条例》中未涉及的内容，以现行制度为准。制度规定与国家有关法规相悖的，以国家有关法规为准。

第二十二条 本《条例》由各职能管理部门及各专门执章执纪组织对口监督、检查和考核，并承担相应的管理责任。必要时可制订相应的实施细则。各职能管理部门及各专门执章执纪组织或人员发生失职行为时，员工可向总经理投诉。

第二十三条 对投诉人、检举人或执章执纪人员寻衅闹事、打击报复的，待岗3个月；情节恶劣、后果严重的，作专项处理。

第二十四条 本《条例》在执行中发生的处罚或奖励的款项，由执章执纪部门（组织）或执章执纪人员于当月上报党委工作部（对中层以上干部）或人事部（对员工）。党委工作部和人事部审查汇总报总公司主管领导审批后，书面通知财务部在受处罚人或受奖励人工资性收入中扣发或加发。扣发不足部分在次月续扣。对单位处罚的，在该单位工资总额中扣发。工资不由总公司财务部发放的，由人事部在审批该单位工资总额时扣除或增加,并跟踪监督、检查、落实。作专项处理的,按处理决定执行。

第二十五条 本《条例》由职能管理部门按职责对口解释,总公司办公室负责最终解释。

中层领导干部年度考评办法

一、考评目的

为公正评价中层领导干部工作状态及工作结果，建立中层领导干部优胜劣汰的激励竞争机制，鼓励中层领导干部在工作中发挥积极性、主动性、创造性，根据总公司中层领导干部管理办法，对中干工作进行年度考评。

二、考评原则

分层打分，综合评价，末位淘汰。

考评从德、能、勤、绩四个方面综合打分，最高分值100分，由职工、中干、公司领导、职能处室分别打分；结果汇总，综合评价，排队；按5%的比例对排在末尾的中干，解聘淘汰。对年度工作成绩特别突出的中干，进行奖励。

三、考评内容及标准

1. 德（25分）：主要指中干一年来的政治表现、思想品德和作风。分五个子项：

（1）政治立场和政策水平（5分）：思想上、行动上、政治上与中央保持一致（2分）；模范地遵纪守法（1分）；及时正确传达公司有关文件政策精神（1分）；自觉执行厂规厂纪和各项规章制度（1分）。

（2）原则性与廉洁性（5分）：坚持原则，给职工做表率（2分）；廉洁自律，无损公肥私、贪污受贿、多吃多占、公款消费、侵害职工利益等问题（1分）；账物清楚，内部分配合理（1分）；及时向职工公开有关事务（1分）。

（3）道德品质（5分）：思想、工作、生活作风正派，严于律己（2分）；不推诿扯皮，勇于承担责任（1分）；敢于讲真话、办实事、求实效（2分）。

（4）作风民主，团结共事（5分）：班子团结（2分）；能虚心听取不同意见（1分）；群众观念强，善于听取群众呼声（1分）；能配合其他单位搞好工作（1分）。

（5）学习情况（5分）：自觉学习政治理论及业务知识（2分）；按时参加有关学习培训（1分）；学以致用，解决实际问题（2分）。

2. 能（20分）：主要指中干履行职责所需要的组织领导能力及文化专业知识水平。分为四个子项：

（1）业务能力（5分）：能正确分解总公司生产经营方针目标，拟定本单位切实可行的计划、措施方案（2分）；能把握工作的节奏，正确认识当前形势（1分）；懂管理，管理思路清晰，具备相应的文化专业知识（2分）。

（2）组织领导能力（5分）：适时组织动员职工完成任务（2分）；工作能不断创新（2分）；较好地协调内部与外部的关系（1分）。

（3）处理问题能力（5分）：有预见性，能敏锐地发现问题（1分）；能客观、公正地研究分析问题（2分）；能果断、妥善地解决处理各种问题（2分）。

（4）表达能力（5分）：讲话简练易懂（2分）；主题和思路清晰（2分）；讲究领导语言艺术（1分）。

3. 勤（15分）：主要指中干的工作态度和工作效率。分三个子项：

（1）责任心与责任感（5分）：以公司的发展及增加本单位职工的收入为己任（2分）；平时工作勤勤恳恳，尽职尽责（2分）；有开拓精神（1分）。

（2）创造良好氛围（5分）：能用人所长（1分）；坚持大胆使用人才、

培养人才（2分）；能以身作责带动职工（1分）；单位内部工作环境宽松，职工心情舒畅（1分）。

（3）纪律和出勤（5分）：无违反工厂规章制度现象。

4. 绩（40分）：主要指工作的业绩和结果、质量。分为两个子项：

（1）业绩（30分）

A．任务指标完成情况（只选下列其中一条打分）（10分）

完成及超额完成任务（最高10分）

基本完成任务（最高8分）

未完成任务（最高6分）

B．本单位生产工作任务安排组织方法得当，措施有力（5分）

C．对本单位（部门）工作敢抓敢管（3分）

D．对本单位职工适时进行思想作风、业务教育（5分）

E．职工的收入有所提高（职能处室：服务到位，能及时协调解决实际问题）（7分）

（2）质量（10分）：严格按照质量程序文件标准（或工作质量要求）组织生产、工作（2分）；坚持对职工进行质量（含工作质量）意识教育（2分）；有质量保障措施（2分）；没有出过质量事故或者较大的差错（4分）。

四、考评方式

1. 中干于11月初将自己工作情况向职工公布

2. 打分

（1）职工打分：由中干所在单位职工，根据中干工作总结，对照考评标准，按《中干年度考评评分表》内容要求逐项评价打分。此项平均分占中干综合考评的50%。

（2）公司主管领导打分：公司主管领导按《中干年度考评坪分表》内容要求逐项打分。此项平均分占20%。

（3）交叉打分：由生产经营单位中干与处室中干按《中干年度考

评评分表》内容要求相互交叉打分。此项平均分占综合考评的10%。

（4）职能部门打分：由党工部、人事部、财务部、生产部、规划部、质管处、总公司办公室对中干进行打分。此项平均分占综合考评的20%。

五、工作组织

此项工作由党委工作部、人事部、工会联合进行，两名员工代表参加，党委工作部负责。考评结果汇总后，经党政联席会审议，进行公布。

财务稽查管理办法

第一章 总则

第一条 为了适应总公司集中决策，分权经营的体制，加强财务监控，维护财经法规，保障资产安全、完整、保值、增值，特制定本办法。

第二条 在总公司财务部设"稽查员组"，代表总公司对设有独立银行账户的分支机构行使财务稽查职能，其工作直接对总经理和总会计师负责。

第三条 财务稽查员依照本办法行使职权，被稽查单位要主动积极配合，任何组织和个人不得拒绝、阻碍、干涉。

第四条 各独立核算的分支机构，在遵守国家财务会计法规和总公司财务会计制度的前提下，行使经营权。财务稽查员的基本任务是对被稽查单位执行总公司财经制度的情况发表稽查意见。

第五条 稽查工作必须以财经法规为准绳，一切从实际出发，维护总公司和全体员工的利益。

第二章 稽查人员

第六条 稽查人员必须熟悉企业管理业务，具备娴熟的财务会计业务和相应的文化与专业水准。

第七条 稽查人员必须遵守规章制度，忠于职守，秉公办事，清正廉洁，保守秘密。

第八条 稽查人员滥用职权、徇私舞弊、玩忽职守、泄露秘密的，依照总公司有关规定处理。

第九条 财务稽查员的考核和管理由总公司财务部负责。

第三章 财务稽查员的职责

第十条 财务稽查员为行使稽查职能，履行下列职责：

1. 检查各分支机构遵守和执行总公司财经制度与有关财务会计决定、指令的情况。

2. 核实各分支机构资产的保值增值情况和经营成果的真实性、全面性、一贯性。

3. 督查各分支机构的领导人、会计机构负责人、会计人员履行财务会计核算与管理职责的情况。

4. 考核各分支机构财务计划的执行情况和应上缴总公司各种费用款项任务的完成情况。

5. 向各分支机构提供财务会计核算与管理的咨询。

6. 总公司赋予的其他职责。

第四章 财务稽查员的工作程序

第十一条 对在总公司住地的年经营收入一千万元以上的分支机构，每月进行一次财务稽查；其余分支机构，每半年进行一次财务稽查。

第十二条 对各财务稽查要素，每年度内至少进行一次稽查。

第十三条 稽查员按照下列程序进行财务稽查：

1. 稽查前3个工作日，通知被稽查单位，做好准备工作。

2. 听取被稽查单位会计负责人、会计主管人员的情况介绍。

3. 依据被稽查单位的情况介绍及提供的有关资料，实施稽查。

4. 向被稽查单位发表初步稽查意见。根据实际情况，予以修改完善。

5. 发表正式稽查意见，并呈报总经理、总会计师。

第五章 财务稽查员的权限

第十四条 财务稽查员履行职责，有权采取下列措施：

1. 要求被稽查单位和有关人员提供与稽查事项有关的文件、资料、财务账目及其他有关的材料，进行查阅或予以复制。

2. 要求被稽查单位和有关人员就稽查事项涉及的问题作出解释和说明。

3. 建议被稽查单位和有关人员停止并纠正其违反总公司财经制度、财会决定的行为。

4. 如遇给总公司和职工利益造成损害的事项，建议采取必要的补救措施。

第十五条 财务稽查员发表的稽查意见，有关单位和人员应予采纳。

第十六条 财务稽查员对稽查事项涉及其他单位和有关个人有权进行查询。

第六章 其他规定

第十七条 财务稽查员只对被稽查单位提供的资料和情况发表稽查意见。被稽查单位对所提供的资料和情况的真实性、完整性、全面性、一贯性负责。

第十八条 外埠分支机构要对财务稽查员提供必要的办公和食宿方便。

第十九条 财务部建立稽查业务档案，保存稽查员业务工作底稿、发表的稽查意见书及其他有关资料。

第二十条 本办法由财务部负责解释。

总公司科技成果评定与管理办法

第一条 目的：为进一步落实科技兴厂方针，调动广大科技人员和全体员工的积极性、创造性，推动总公司科技进步，特制定本办法。

第二条 适用范围：总公司科技成果包括如下成果

1. 纳入总公司年度科技开发综合计划的项目。
2. 纳入总公司年度重点产品技术攻关计划的项目。
3. 纳入总公司工艺攻关、试验计划的项目。
4. 未纳入以上计划但通过总公司鉴定的项目，含技改、技术革新项目。

以上成果应通过设计定型或最终技术鉴定方可申报。

5. TQC成果，应通过TQC评审小组评审并获三等奖以上者。
6. 重要标准化、质量管理与优秀科技论文成果。

第三条 成果申报

总公司科技成果每年申报并评定一次。

每年12月底前，凡具有符合第二条要求的科技成果的单位，填写《总公司科技成果申报、评审表》（见附件一），由本单位签署意见并盖章后连同鉴定证书、技术总结报告一并交科技计划处，工艺攻关、试验成果和技改技术革新成果需工艺所会签后交科技计划处。

第四条 成果评定

科技成果评定由总公司科技成果评定委员会以会议形式审议。

科技成果评定委员会由总工程师或其代表任组长，其成员由副总工程师、设计所、工艺所领导以及部分厂聘专业评审员组成。根据申报成果的专业需要，必要时还可聘请其他单位有关人员参加评定组。

科技计划处负责组织会议和文秘工作。

评定结果按总公司科技成果特等、一等、二等、三等的形式给出，并给出是否申报上级科技成果评定的结论。

第五条 总公司科技成果等级划分

总公司科技成果划分特等、一等、二等、三等共四个等级，划分原则如下：

特等：军品：开发中采用了较多新技术，可作为工厂基本型的型号产品，应具有国内领先或国际同类产品的先进技术水平。

民品：涉及新领域，采用较多新技术，单价1万元以上的产品。原有领域新开发的年产值达1000万元以上的产品。

一等：军品：新开发的、在基本型基础上的派生产品，引进样机，国产化成功（装机量20部以上）的产品，应具有国内先进或国际同类产品技术水平。

民品：涉及新领域、采用新技术具有国内先进水平，单价在1000元以上（或年产值达50万元以上）的产品。原有领域、新开发的年产值300万元以上的产品。

其他：对工厂长远发展或近期效益影响重大、有较高技术含量的产品，攻关、工艺试验成果或技改、技术革新成果或其他成果。

二等：军品：改型、改进产品，或新开发、有一定技术含量、效益较好的整件、组件产品或较重大的攻关成果。

民品：采用新技术，可为工厂带来较好经济效益（电调或蓄电池类产品年产值100万元以上，其他产品20万元以上）。

其他：具有较高技术含量、对工厂近期效益或长远发展有较好影响的攻关、试验、技改技革、标准化、TQC等成果。

三等：军品：改型、改进的组件、整件；作用较好的攻关成果。

民品：系列化开发、业已鉴定，但因市场变化未能形成规模效益的产品。

其他：有一定技术水平的攻关试验、技术革新、标准化、TQC以及其他成果。

第六条 科技成果管理及填发证书工作

科技成果汇总、评定、上报与资料归档管理在科技计划处。

科技成果证书按个人填写发放，每年在年底成果评定后进行。

科技成果证书由个人妥善保管。

第七条 科技成果奖励

科技成果奖励见总公司"科技开发奖励办法"。

第八条 附则

本办法由科技计划处解释。

经济责任制考核奖罚办法

1. 总则

1.1 总体办法保持稳定，局部方面改进完善，适度加大考核力度，促进企业持续发展。

1.2 认真贯彻工作责任和压力分解机制，实行责权利挂钩与工作责任不转移原则，充分有效地调动员工积极性。确保经营目标的实现。

1.3 以内部改制促进机制转换，以量化考核强化经济责任，形成职责明确，奖罚分明，优胜劣汰，良性发展的局面。

2. 适用范围

2.1 总公司各单位。

2.2 总公司各类人员。包括：总公司领导、中层干部及各类岗位人员。

3. 月度考核

3.1 考核内容

3.1.1 生产管理，由生产部主考核，标准分 25 分。内容：军品生产准备、齐套及品种是考核重点；民品的关键是以销定产、确保合同。

3.1.2 经营管理，由规划部主考核，标准分 25 分。内容：经营指标、综合管理等。

3.1.3 科技管理，由科技处主考核，标准分 20 分。内容：新品研制，技术攻关，技术管理项目等。

3.1.4 财务管理，由财务部主考核，标准分 20 分。内容：成本、费用、利润、上交、资产、价格、投入产出等。

3.1.5 后勤管理，由居委会主考核，标准分10分。内容：家属区与通厂区道路环境卫生；后勤单位管理。接受投诉，负责监督、检查、督促、协调、考核及奖罚。

以上五项标准分合计100分，综合用P表示。

3.1.6 质量管理，由质管处主考核，标准分为1（Q因子）。

3.1.7 安全管理，由生产部主考核，标准分为1（S因子）。

3.1.8 现场管理并入生产管理考核。劳动人事、设备能源、精神文明并入经营管理考核。

3.1.9 考核公式

M=Q×S×P/100＋重要不转移责任事项考核加扣分/100。

3.2 奖罚计算

3.2.1 人均月奖＝月奖基数×[月军品产值计划完成率×0.3＋月军品货款收入计划完成率×0.3＋军民品品种、利润综合评定系数（0～0.4）]。

3.2.2 总装分厂浮动收入计算

月度总额=[人均月奖×人数×N＋岗位工资总额＋浮动工资总额＋技术岗贴总额]×M。

全员能力系数N=（完成工时／能力工时）×（考核工人人数／定员人数）×调节系数（1.1）。

能力工时＝制度工时×考核工人人数×计划出勤率×计划工时利用率×计划达额率。

3.2.3 处室单位浮动收入计算

月度总额=[人均月奖×人数×处室月奖系数×岗位系数＋岗位工资总额＋浮动工资总额＋技术岗贴总额]×M。

处室月奖系数按0.7～1.0评定。

3.2.4 中层以上领导干部，其月度浮动收入挂钩奖罚系数与其分管单位或分管业务加扣分一致。

3.3 考核程序

3.3.1 每月5日前,各处室单位向规划部填报《月度主管目标、重点工作小结计划表》。

3.3.2 每月6日前,各主考核单位向规划部报上月考核结果,规划部负责审查、调整、汇总。

3.3.3 每月10日左右,由总经济师主持月度经济责任制考评专题会,研究考核奖罚有关问题。

3.3.4 规划部负责按月发布"考核公报",并将考评结果转报人事部、党委工作部,以便计算奖罚并及时兑现。

4. 季度考核

4.1 只适用于按季考核的任务指标,如销售收入、货款收入、利润总额、上交费用等。

4.2 季度考核与季度末月的考核合并进行,考核结果反映在季度末月的考核公报中。

5. 年度考核

5.1 年度考核指标分类及标准权数见附件1。

5.2 年度综合考核结果与年终奖基数挂钩。

年终奖发放标准待年末视总体效益及支付能力确定。

5.3 单位的年度综合考核挂钩奖励系数 $G=E \cdot F$,分项计算如下:

(1) 考核指标完成综合系数 $E=C \div D$

其中 $C=\Sigma B$,即全部考核指标实际权数之和

(B= 指标标准权数 × 年度计划完成率 A)

D 即全部考核指标标准权数之和。

(2) 考核指标完成综合强度系数 $F=[M(1月)+\cdots\cdots+M(12月)] \div 12$。

5.4 中层以上领导干部,其年度综合考核挂钩奖励系数,与其分管单位或分管业务加扣分一致。

6. 特殊考核

6.1 对子公司、分公司等经营型分支机构以及部分有创收能力的分厂、处室单位进行特殊考核。由规划部、财务部、人事部、公司办组成的经济责任制监管组负责制定考核细则，经总经理批准后执行。

6.2 在定员基础上，按照综合能力、工作总量、作业环境、基础条件等核定工资总额。单位收入与效益挂钩，个人收入与业绩挂钩。

6.3 按月考核预支，分季逐项挂钩，年末全面清算。具体工作由经济责任制监管组组织实施。

6.3.1 每月 5 日前，被考核单位务必将上月考核项目完成情况报规划部。

6.3.2 单位的月度考核奖罚计算额为：

150 元 × 人数 ×（M-1）（正为奖，负为罚）。

6.3.3 被考核单位应按总公司按月下达的预支工资总额制定内部分配方案，不得擅自超支。

6.3.4 财务部负责下达经营型分支机构"利润目标分季计划"和"上交费用计划"，并于每季初 6 月前将上季度各单位完成情况报规划部。

6.3.5 季末综合挂钩调整数 = 季度工资基数 + 按挂钩规定计算的增减数 - 累计月度预支工资总额。

6.3.6 年末清算时，收入、成本、费用等核算口径必须与经财务部审定的财务计划口径一致。

6.4 核定工资总额不包括年终奖、保健费、岗贴、劳保及中干工资、奖金，其余个人收入均含在内，总公司不再计发加班费、夜班费等。各单位应严格按岗位职责与考核业绩统筹兼顾、合理分配，一定要向业务骨干倾斜。

6.5 考核期内若遇调资，则增加工资总额基数，预发比例不变。单位实际平均人数若比定员人数增减 3% 以上时，可对工资基数作相应调整。

6.6 特殊考核单位的年终奖,原则上费用自筹,并与全年任务完成情况及考核得分挂钩。

6.7 单位人均收入水平（包括劳务提成）,超过总公司平均水平 30% 以上时,对超出部分按 50% 计征调节费。

7. 有关规定

7.1 重要不转移责任事项考核规定详见附件 2（略）。这一部分是考核重点,各单位务必十分重视。有关事项说明如下:

（1）本规定针对生产经营中的突出问题和薄弱环节,集中了部分需要进一步加强考核的重要事项。分管理责任与直接责任两部分,逐项明确了对有关单位及领导的奖罚规定。一般情况下,对直接责任单位奖罚力度应大于管理责任单位。

（2）对于非责任单位原因造成,并无法预防与控制的特殊事项,将予以特殊处置。

（3）本规定所涉及的主考核单位,应按要求明确考核负责人,并于每月 6 日前向规定部填报上月考核结果。

7.2 中层以上干部工资、奖金由总公司统一考核发放。要加大考核力度,个人收入既与总公司综合效益挂钩,又与本单位完成任务挂钩。具体考核细则由党委工作部另行制订。

7.3 十二分厂检验工月奖水平为所在分厂月奖水平的 85%,其他分厂检验工均由质检处考核计发。

8. 附则

8.1 本办法自 2001 年 1 月 1 日起执行。

8.2 本办法解释及修订权归规划部。

经济责任制量化考核实施办法

1. 总则

1.1 为了强化经济责任,使其考核评价更趋科学合理,促进生产经营和各项工作任务的完成,特制定本办法。

1.2 经济责任量化考核应遵循"适用、实效"的原则,符合"任务指标具体、岗位责任明确、量化考核到位、挂钩奖罚到位"的要求。

1.3 本办法是总公司年度《经济责任制考核奖罚办法》之补充,应与年度《经济责任制考核奖罚办法》合并执行。

2. 适用范围

2.1 总公司各单位。

2.2 总公司各类人员,包括:总公司领导、总经理助理、副总师、单位领导及各类岗位人员。

3. 考核指标

3.1 指标设置的依据

3.1.1 各单位的《职责条例》,各级、各类人员的《岗位职责》。

3.1.2 总公司年度《方针目标责任书》。

3.1.3 总公司年度生产计划、销售计划、科技计划、质量计划、专项技改计划、更新改造综合措施计划、职工教育培训计划、费用指标及用款计划。

3.1.4 副总师及以上干部《经济责任书》。

3.1.5 总公司年度《创新突破工作计划》。

3.1.6 经总经理批准的工效挂钩单位的年度《考核细则》及经总公司各主管领导批准的各单位的年度《方针目标展开计划》。

3.2 指标设置的原则

3.2.1 选择最基本的、最主要的、实质性的指标。

3.2.2 指标要具体、明确、量化。

3.3 考核指标的分类及标准权数（见下图表）

指标序号	指标类别	标准权数	说明
1	利润	40	适用总公司、子公司（厂）
2	内部利润	40	适用分公司（分厂）
3	货款收入	50	包括产品销售货款收入、科研、试制、试验费收入
4	销售收入	30	含统挂生产部的"劳务收入"指标
5	经营性收入	30	适用非产品经营单位
6	劳务货款收入	30	适用子公司以外的生产经营单位
7	军品品种产量批次进度	40	
8	科技开发项目	40	包括科研、新品开发，重点产品技术攻关，工艺攻关试验，技术革新
9	固定费用	30	
10	综合及专项费用	30	
11	上交总公司费用	30	适用有上交任务指标的子公司（厂）、分公司（分厂）
12	工业总产值	10	适用有生产任务的子公司（厂）、分公司（分厂）
13	重点工作项目	30	
14	创新突破工作项目	20	
15	重要不转移责任事项	—	用于统计计算任务指标完成强度系数

4. 月度考核

4.1 对单位：按年度《经济责任制考核奖罚办法》将加、扣分量化为"月度浮动收入挂钩奖罚系数"M：

M=M1＋M2

M1=Q•S•P/100

M2=［重要不转移责任事项加分（＋）、扣分（－）之代数和］/100

M 值四舍五入精确到小数点后四位。

4.2 对单位领导：其月度浮动收入挂钩奖罚系数同所在单位。

4.3 对副总师：其月度浮动收入挂钩奖罚系数分两种情况确定。

4.3.1 对只分管业务但不分管业务单位者：

M（副总师）=1 ＋ M2（副总师）

M2（副总师）为被考核人分管业务范围内重要不转移责任事项加分扣分之代数和 /100。

4.3.2 对既分管业务又兼管业务单位者：

M（副总师·兼）=M1（副总师·兼）＋ M2（副总师）

M1（副总师·兼）为其兼管业务单位的 M1（兼管一个业务单位时）和 M1 的平均值（兼管两个及以上业务单位时）。

4.4 对总经理助理：其月度浮动收入挂钩奖罚系数的确定同副总师。

4.5 对总公司领导：其月度浮动收入挂钩奖罚系数。

M（司领导）=1 ＋ ΣM2（分管单位）

M2（分管单位）为被考核人分管业务单位重要不转移责任事项加分扣分之代数和 /100。

4.6 考核月的 M 值由规划部于次月 13 号前分别向人事部（各单位）和党委工作部（中层及以上干部）传递，用以计算月度浮动收入。

5. 季度考核

5.1 季度考核只适用于按季考核的任务指标（如销售收入、货款收入、利润、上交费用等）。

5.2 季度考核与季度末月的考核合并进行。考核结果反映在季度末月的考核结果中。

6. 年度综合考核

6.1 年度综合考核是对被考核单位（人员）年度各项任务指标全面

的最终的考核。

6.2 年度综合考核结果与年终奖基数挂钩奖励。

6.3 年终奖基数由总公司根据年度生产经营任务完成情况、效益情况、支付能力及各单位考核任务指标构成情况综合确定。

6.4 单位"年度综合考核挂钩奖励系数"的确定程序：

（一）确定被考核单位；

（二）分别计算各项"考核任务指标年度计划完成率"A；

（三）分别计算各项"考核任务指标实际权数"B，

B= 指标标准权数 •A，（指标标准权数依据3.3）；

（四）计算全部"考核任务指标实际权数之和"C，C=$\sum$ B；

（五）计算全部"考核任务指标标准权数之和"D；

（六）计算年度"考核任务指标完成综合系数"E，E=C÷D；

（七）统计计算年度"考核任务指标完成综合强度系数"F

F=[M（1月）＋M（2月）＋……＋M（12月）]÷12；

（八）计算"年度综合考核挂钩奖励系数"G，G=E•F。

6.5 中层及以上干部"年度综合考核挂钩系数"的确定。

6.5.1 单位领导：同所在单位。

6.5.2 副总师及总经理助理

分两种情况：

（一）对只分管业务但不分管业务单位者：按其《经济责任书》所列任务指标计算确定，程序同6.4。

（二）对既分管业务又兼管业务单位者：应单独统计计算其"年度考核任务指标完成综合强度系数"。

F（副总师•兼）或（助理•兼）=[$\sum$ M1（分管单位1—12月）＋M2（分管业务1—12月）]÷12

其余同6.4。

6.5.3 总公司领导：G（司领导）= $\sum$ G（分管单位）÷分管单位个数。

6.6 当个别单位、个别人员的"年度综合考核挂钩奖励系数"≥1.5000 时，取 1.5000。

6.7 各单位和中层及以上干部的"年度综合考核挂钩奖励系数"由规划部于次年 1 月 20 日前分别传送人事部和党委工作部，用以计算年终奖。

7. 附则

7.1 差旅费、辅料消耗及办公费等三项可控性费用指标已纳入经济责任制量化考核。年度结算，节奖超罚。超计划支出部分从单位及其领导工资收入中全部扣罚。节余部分，差旅费按 10%，辅料消耗和办公费按 5% 给予奖励。

7.2 军品生产专项奖、现场管理奖、科技开发成果奖、效益奖、经营者年薪及其他特别奖励按相应的评审办法执行。

7.3 本办法只考核到各单位及中层以上干部。各单位可参照本办法的原则方法制定出适合本单位的经济责任制量化考核办法。

7.4 本办法的原则方法亦适用于对某一重大专项任务的量化考核。在实际工作中可以参照运用。

7.5 本办法自二〇〇〇年三月一日起执行，由规划部负责解释和修订。执行中的问题，可随时向规划部反馈。

凌云式的"质量细节"

这几年,陕西凌云电器总公司对质量管理工作给予了高度重视,没讲大话,没喊口号,没做表面文章,扎扎实实做每一件事。这取决于公司领导对产品质量的理解,更取决于公司领导对市场竞争的体会和认识。

坚持按程序办事是做好质量工作的基本原则。质量文件是大家沟通意图、统一行动、依法办事的依据,总结这几年质量体系运行的经验和教训,总公司及时对质量文件进行了统一修编,对部分文件进行了修改、补充和完善;对长期不用、不修改的文件进行了删除,把原来120个程序文件缩减到93个,提高了质量文件的适宜性、可操作性和有效性,体现了"简单的、实用的、有效的,才是最好的"原则。

质量意识教育注重用事实说话。从2001年起,总公司先后对设计所、总装分厂、蓄电池分厂、质检处、宝凌公司等单位进行了质量意识教育,不讲大话套话,就讲身边发生的真人真事。通过一件事、一个质量问题、一个通报,使大家明白一个道理,弄清一个程序。这种做法,很受大家欢迎,职工喜欢听,记得牢,影响深,效果好。同时,总公司每季召开质量分析会,总结、讲评、通报质量问题,并在《凌云报》开辟"质量曝光台",对典型质量问题进行分析、点评,举一反三,不要犯重复性错误,不要犯别人犯过的错误。

质量考核先从领导做起。考核是个最敏感的话题,质量考核中,总公司始终坚持在质量问题面前人人平等的原则,力求做到客观、公正,以事实为依据,以理服人。2001年5月,因质量认证现场审核问题较多,扣罚了总经理1个月奖金,其余10名中干也受到了不同程度的处罚。2001年初,总公司把中层干部在职期间各单位发生的质量问题进行了统计、公布,让大家来评判谁的质量意识强。为进一步强化领导干部的质量意识,总公司拟制了《中层干部质量意识评价办法》,每年对中层干部的质量意识评价一次,打分排序,作为干部考核、奖励、任免的依据。对员工的考核,总公司拟制了《废品损失责任追究的有关规定》,凡因个人原因造成损失的,按比例承担一定的损失费用。该办法从2001年8月1日起实施至今,责任追究涉及设计人员、工艺人员、操作者、检验人员、资料管理人员、售后服务人员、采购人员共七类人员。质量考核已规范化。

满足用户要求是衡量质量工作的标准。总公司开展的用户服务"三个一"活动已取得了一定的成效,员工的质量意识、用户服务意识得到了加强。

有一次,在检查用户服务"三个一"的实施情况时发现:进出口部于2003年6月2日发往日本东芝公司30只DAJ151B产品中,用户发现有2只印制板的接地点与框架漏焊,进出口部接到用户信息后立即以书面形式反馈给凌华公司。凌华公司十分重视用户反馈的质量问题,公司领导批示让工艺和品质部门立即进行原因分析,并采取纠正措施。通过工艺和检验人员认真分析得知,造成质量问题的根本原因是:操作者将多只产品同时摆放在托盘内进行补焊;焊盘检验人员也犯了同样错误,造成不良品流入用户手中。

凌华公司对操作者进行了工艺纪律教育,对责任人进行了扣罚,要求操作者必须按工艺文件进行操作,加强了检验工作,并将造成质量问题的原因、纠正措施形成书面文件,3日内提交给了用户。同时,他们对本批产品进行了追踪后发现,本批共生产约8000只(发往大连和日本);发现问题时库存产品有157只。他们立即对产品进行了复查,结果发现4只有同样问题,立即进行了返工处理。检查结束时,公司领导深有感触地说:"开发一个市场不容易,而丢掉一个市场只要出一个质量问题就足够了!"

开展六西格玛活动是总公司一项长期任务。从2002年5月起,总公司对以上干部和有关管理和技术人员进行了六西格玛知识培训,目的在于要求大家在实际工作中,能够贯彻不断优化过程、不断改进、追求完美、体贴用户、满足用户的这种思想、理念和文化。2002年8月份,凌华公司和蓄电池分厂分别成立了六西格玛项目小组,按照定义、度量、分析、改进、控制的活动程序,通过10个月的努力工作,取得了一定成效,2003年9月23日顺利通过了厂级评审。

蓄电池分厂通过采取改变极板中心条尺寸、镘刀材料、细化工艺文件等措施,把涂板流水直通率由原来的94.4%提高到现在的98.3%(西格玛水平由3.1提高到3.6),平均每万片涂板减少废品损失189.7元(年减少废品损失约18万元)。

凌华公司通过采取改变印制板材料、刷胶网板的网孔形状、增加两个接地焊盘等6项措施,解决了分配器和分支器掉片问题、隔离度不良等问题,使流水直通率由原来的74.2%提高到现在的90.6%(西格玛水平由2.1提高到2.75),平均每万只产品减少成本2387元(年减少成本约11.5万元)。两个成果的完成,为我们今后开展六西格玛活动积累了经验。

求真务实是质量工作的生命,敢于管理、敢于负责是凌云人做事的风格,深入现场、调查分析、尊重事实是凌云管理层做事的基本准则,防止同类问题再发生是管理工作的重点。"用追求完美的思想和严格的质量责任追究制度来确保让用户满意"是凌云的质量管理文化。凌云质量管理层的工作准则是:从小事做起,把最简单的事情做好,用追求完美的思想去做好一个设计、一个工艺、一个零件、一个试验、一个分析报告、一个不合格品审理等工作,用高质量的产品和服务去赢得用户的满意!

在人力资源开发中如何"区别对待"

人力资源开发是对现有人力资源进行激励、选拔、培训，但开发以员工绩效评价为基础。以前，陕西凌云电器总公司对员工进行业绩考评，从2000年起，逐步引入"区别对待"，使员工的绩效评价工作得以深化和完善。

区别对待是一种思想

区别、保留、剔除、提高是一种追求卓越、追求完美的思想，追求的不仅仅是目标，也包括了过程。凌云的区别对待有自己的特色，适应本企业特点。比如二八分配、人才工程、末位淘汰、业绩考评、竞争上岗等等。

企业的整个工作目标，整个组织职能，通过一个个具体的工作岗位职责和工作任务一一地对应于每位员工。员工的工作业绩怎么样，企业整体目标完成的怎么样，完全靠岗位职责和工作任务的完成程度来确定。员工在他所在的岗位上完成岗位职责工作任务的状况，就是他的工作业绩。

员工以现有的人力资源层次，是否适应现在的工作岗位？会出现胜任有余、基本胜任、不适应几种情况。

通俗地说区别就是弄清楚每一位员工：

人怎么样——智力、知识、技能、素质属哪个层次。

事干的怎么样——业绩和贡献如何，能否达到标准。

人与事结合得如何——是不适应，胜任，还是胜任有余。

一、怎样区别

区别就是在人力资源开发中，用业绩考核和综合考核的方法，对员工现实工作态度、工作业绩和素质能力进行量化考核和对考核数据信息的处理分析评价。

业绩考核侧重于评价员工"事情干的怎么样"，做出了什么样的贡献。综合考核侧重于评价"人怎么样"，员工的智力、知识、技能、素质水平高低，是否还有潜能。

对考核数据信息的处理分析侧重于评价"人与事结合的怎么样"，是胜任、适应，还是不适应，人的能力是否得到发挥，是否用其所长。

区别要客观公正，基层工作很重要，很关键。要认真做好单位内各岗位考核指标的量化表，领导要参与，要严格按考核规定办事，还要做好与考核有关的基础工作。比如：计划管理工作要有下达、有考核，岗位职责标准要不断完善健全，各类统计信息要及时准确地汇总等等。

在人力资源开发中，员工不是被动的，他可以用不断的努力去证明自己，去改变过去的评价，因此，人力资源开发中的区别是建立在尊重人、尊重人的价值、把简单的事情做好这样的基础之上的。

二、如何对待

对待是以"区别"过程形成的信息，指导用人、育人、留人、选人。各单位要以月度业绩考核分配月浮动收入，以月业绩考核成绩汇总分配年终奖，以综合考核和人力资源评价指导知人善任，因岗择人，了解下属，增强沟通，帮助员工改善和提高工作绩效。

人事部以人力资源评价指导实施激励，制订调整有关制度和政策，进行人事调配、晋升、加（降）薪、员工培训、人才流动、人才选拔。

三、效果

能做事善于做事的，能做事不做事的，没文凭有水平的，有文凭没水平的，能力差水平低的，各式各样的人都有相应的区分标准（打分值），员工都有相应的压力和动力去争取适应自己的岗位，员工心智趋于动态平衡，爱岗敬业成为自觉遵守的准则。现在，凌云的尖子人才已突兀显现，他们在产品研发、制造、营销、管理中发挥着核心关键作用。占员工总数20%的骨干队伍不断锤炼升华，撑起了凌云创新发展的一片蓝天。

人力资源开发中的区别对待

区别	评价	状态	对待
人怎么样	未开发层次	智力、知识技能水平低	合适的岗位或离岗
		未被培训	岗前培训
	未利用层次	学非所用、用非所长，不安心	流动（内、外）
	已开发层次	在岗位上充分发挥自己的聪明才智	素质、知识培训
事做的怎么样	差	连续几次	降薪并观察分析，调岗或培训
		偶然	
	一般	努力工作，爱岗敬业	正常加薪
	优秀	尖子、骨干、能手	超常加薪，脱岗培训进修，带薪旅游
人与事结合	不适应	想干，能力差	培训或调岗
		有能力，不熟练	加强培训指导
		有能力，不想干	劝辞
	胜任适应	发挥正常，情绪稳定	坚持培训，改进提高，让工作忙的人参加培训
	胜任有余	全部发挥，情绪饱满	改善环境，足够的激励和培训
		综合素质强，潜力大，业绩优秀	用其所长，量才晋升

跋一

感悟管理
——为《让管理无真空》出版而作

转型时期的国有大中型企业究竟应该怎么办？面临的困惑和挑战到底是什么？如何才能实现真正意义上的管理升华？这是摆在每一个决策者面前的必解之题。

应当承认，像我们这样的国企全国有好多，要解决的问题多元而复杂，大同小异，各有一本难念的经。有些企业可以说是面临着生死抉择的考验。作为国有大中型企业的厂长（经理），如何从"山重水复"到"柳暗花明"，从来没有什么秘籍和法则可套用或者可效仿，经验和教训只有自己去总结——我想这就是许多老总们心照不宣的苦衷所在了。能把其中的滋味一一道出来，并且能够给同行以反思和启示，实在是一桩难能可贵的事情。这就是我为这本集子作序的动因。

陕西凌云电器总公司是一个有四十多年历史的军工企业，也是一个由过去的计划经济走向市场经济后背负重壳、步履艰难的厂子。凌云的生存发展之路，可以说浓缩了同类国企的许多共性。作为几千号人的企业总经理蔡苏昌同志自1998年上任以来短短四年，就把这个负债累累、亏损严重的企业整合成一个管理水平和人才实力、资源、技术含量达到相当层次的企业，的确有不少值得总结的东西。我作为企业党委书记，与这位年轻有为的总经理共事多年，深谙他为人处事的笃诚练达及运筹决策上的魄力。他博学广识，思维超前，胆大心细，善于思考，是一个潜心做事的人。收编到这本集子里的文稿，其中所表达的观点和理念，应当说是他运筹操持企业并使其由弱达强、由衰至荣的历程体会，也是这一层面的国企决策者进行管理探究的感悟和独白。

毋庸置疑，管理没有固定模式，胜负成败往往相生并存。但是，作为一个成功的企业决策者，清晰的思路，理性的人本关怀，敏锐的应变力，应该说是克难制胜的法宝。这本集子的核心内容是管理上的创新；是现代企业制度与"以人为本"的贴合；是企业文化与企业核心价值观的具体操作；是尊重员工、善待他人、激活"人气"的本色体现。从这里你不难看出凌云干部职工观念的转变，以及多年来所具备的责任感、使命感、危机感和竞争意识的形成轨迹。其中《管理者的韧性和悟性》《总经理的反思》《从心态、悟性到企业文化》《凌云的危险》等篇章，贴肤把脉，对症下药，在疗治"国企病"方面有着独到的见解。需要说明的是，这里面不少文稿系蔡苏昌同志即席即兴所讲、所录，没有刻意斧琢，最先只是作为材料送给来企业学习调研的业内同行或向上级领导汇报用的，在收编成册的时候仅作了个别删改。

我们之所以把它结集成册，因为其中的管理成果和思想理念，是凌云这块沃土上培养出来的企业文化的结晶，是企业的一笔财富。除了供同行交流，还想以此成为我们的干部职工解读企业管理理念的一把钥匙。因为它不仅仅是"总经理的反思"，也是我们这个领导班子管理企业的写照。多年的领导岗位生涯使我深深感到，领导班子的状态和作为，是所有班子成员素质和能力的综合体现。但"班长"的能力和素质起着关键作用。同一个单位，相同的班子成员，不同的"班长"，会带出不同的班子。有个好"班长"，就能带出个好班子，就会政通人和，百废俱兴。蔡苏昌同志就是这样一位"班长"，凌云五年来求生、求强的发展实践就是明证。

市场经济不相信眼泪。如何在市场经济的海洋里驾驭好国企这条"大船",如何在激烈的残酷的竞争中适应变化,寻找新的"奶酪",已经成为企业员工特别是决策者们共同关注的课题。我想,看了这本册子会有所悟得。

孙 涛
2003 年 8 月

(作者原为陕西凌云电器总公司党委书记)

跋二

"百年凌云",感谢有你

屈指可数,我在凌云集团工作了三十八个年头,职业生涯的绝大部分时光都在宝鸡这块古老而又充满生机的土地上度过。自 2004 年从时任总经理蔡苏昌同志手中接过凌云一把手这副担子,到 2017 年把接力棒交给新任董事长李中健同志,也有十三个年头了。摸着满头白发,回望过往,深感时光飞逝,几多感慨,几度动容。只是相较于任职之初的忐忑不安,离任之际倒有了几分踏实、几分欣慰。

一路走来,虽然历经坎坷,但从未气馁,从没放弃。用忠诚和勇气,执着与坚毅,努力抓住每个可能带给企业发展的机会;用勤奋和实干,诚信与耐心,积极争取各项政策支持;用热忱和坚守,创新与变革,持续改善企业管理。在风风雨雨中始终保持着凌云这艘大船不偏离既定的航向,稳健前行。十三年间,凌云的总资产由 5.1 亿元增加到 28.5 亿元,增长了约 4.6 倍;营业收入由 3.3 亿元增加到 19.6 亿元,增长了 4.9 倍;利润总额由 749.2 万元增加到 7 643.6 万元,增长了 9.2 倍;员工人均收入由 2.05 万元增加到 7.66 万元,增长了 2.7 倍,连续十年综合业绩考评为 A 级,成为电子信息集团所属企业中发展最健康的企业,经济效益一直名列前茅。我想,交出的这份答卷,对国家,对企业,对员工,尤其面对亦师亦友、关心支持凌云发展的老领导苏昌同志,都问心无愧,我担当了责任，履行了使命，兑现了承诺。

在市场经济环境下，做实体企业难，做国有企业更难，做老国有企业难上加难，社会责任、股东利益、员工诉求各有不同，但又要统一和谐，不难都难。凌云的生存、发展、求强之路亦很艰难，但还算走得健康，走得协调，走得持续。细思起来，这都得益于二十多年来企业战略目标的清晰稳定，坚持专业化，保持定力，不冲动，不折腾；得益于发展理念的鲜明，坚持企业必须赚钱，不图虚名，不凑热闹，以经营成果论英雄；得益于制度化管理的持续推进，以问题为导向来完善制度，优化流程，固化成果，使制度体系日益完备，机制运行更为顺畅，企业管理更加规范；得益于企业文化的精神驱动，用凌云精神和价值观引导员工做对凌云有用的人，做对社会有益的人，让凌云文化成为企业发展、员工进步的动力之源；得益于初心不忘，让员工同步分享到企业发展的成果，真切感受到有质量、有尊严的生活状态，员工的归属感、凝聚力不断增强；得益于团队使命意识的自觉强化，忠诚于企业的员工队伍和有思路、会赚钱的管理者群体一并作为，共同担当……回顾至此，我要由衷地对这些战略、策略、理念、文化的发端者、启蒙者、我尊敬的老领导苏昌同志发自内心地说声谢谢！有你的关注指导，有我们这个团队在企业管理实践中不断丰富、升华、完善，才有了凌云今天这样一个良性健康的发展局面。

苏昌同志在凌云集团工作了二十二年，主政六年，对凌云有着非常深厚的感情。这不仅体现在他过去率先垂范，大胆革新，促使凌云的干部职工真正建立起了市场经济的思想观念和行为方式，更展现在他离开之后对凌云发展战略、产业选择、技术进步等宏观层面的悉心指导。这样的大爱，这样的情怀，让我们非常感动和钦佩。

今天，我可以欣慰的报告老领导，从凌云领导班子的有序交接，从凌云发展战略的持续推进，从凌云文化的不断丰富，等等，都显示着你所倡导的管理理念和求实作风将在凌云继续得以传承和光大，"百年凌云"的梦想正在一步步接近，请老领导放心！

借文集出版之际，以此作为一次工作汇报，希望不至画蛇添足了。

武润奎

2017 年 9 月于西安

（本文作者现为陕西电子信息集团有限公司总经理，原为蔡苏昌离开陕西凌云电器总公司后的继任者）

致谢

在出版第一本书《让管理无真空》时,我写了《善在心中》的后记,其中写道:

《道德经》有句话是"天道无情,常与善人",其意是自然规律对人不分亲疏,但却永远帮助有德的善人。

企业是社会的一分子,只要有了有道德素养的员工,企业就有了层次。别人愿意帮你,自我调控能力好,抗风险的能力自然就强,企业就有可能生存得长久一些。

我是一个个性很强、有刚欠柔的人。在企业的经历是我人生中最值得回忆的经历,在企业工作期间,我的搭档孙涛书记,为人厚道。我在前冲锋,他做后勤,我们两人刚柔相济,相互补位,班子方才和谐团结;我的继任者武润奎是个极认真务实不折腾的人,他继承并发扬了我们共同制订的战略和文化,使我们的企业发展壮大。还有杨永存、吴实忠、侯仲平、张国盛、阎玉儒、徐维屏、蔺华春、徐乃林等同仁,他们具体务实的管理实践,给我启迪和教益。

我真诚地感谢他们,感谢我们的干部员工。

我的妻子明事理,贤惠,她使我改了不少毛病。我能在事业上有小成,真庆幸有她的帮助;我儿子蔡昊黎已工作多年,总是我文章的第一个读者,品头论足议论颇多,文中也吸纳了不少年轻人考虑的与时代相适应的观点。

时隔多年之后,第二本书《享受管理》即将出版,关于出版的前因后果和目的,我已在自序中交代清楚,但总觉得言犹未尽,还有什么没有说出来,在纸上随意划拉时,不经意间"感恩"二字流出笔端。从多年的人生经历中,我深知感恩不仅是一种美德,一种生活态度,更是事业成功的重要因素和条件。

具体到这本书的编辑出版,要感谢的人和事就有许多。一是文中的一些观点、数据就出自《决策参考》《华为文摘》《国情备忘录》等专著;二是西安 MBA 学会成员的帮助,在每次学会活动前,许多演讲的主题都是共同碰撞,才擦出火花的;三是西北大学出版社,从装帧设计、内容编校到印刷出版,都给予了大力支持。特别是学会的李战民老师,在文稿的整理完善过程中付出了大量的劳动,很多文章的增删都采纳了他的意见和建议。可以说没有他的精心策划和从旁协助,这本书也不会这么快就与读者见面的。

值此《享受管理》一书付梓之际,对大家的支持和帮助,再次表示衷心的感谢!就像《感恩的心》这首歌中唱的:

感恩的心　感谢有你

伴我一生　让我有勇气作我自己

感恩的心　感谢命运

花开花落　我一样会珍惜

2017 年 10 月 18 日于西安